TECHNICIEN TERRITORIAL TECHNICIEN PRINCIPAL

Fonction publique territoriale

Catégorie B

Laurence Bréus-Gongora
ingénieur en chef territorial, membre du jury

Jérôme Labreveux
ingénieur territorial, responsable de formation au CNFPT, membre du jury

Bruno Rapatout
formateur au CNFPT, membre du jury

Collection dirigée par
Anne Ducastel

FOUCHER CONCOURS
FONCTION PUBLIQUE

FOUCHER

ISBN 978-2-216-11744-4 (Nouvelle édition)
ISBN 978-2-216-10448-2 (1re édition)

SOMMAIRE

PARTIE 1

Se préparer aux concours et aux examens

Les épreuves et les programmes des concours et des examens professionnels pour accéder au cadre d'emplois des techniciens territoriaux, des techniciens principaux de 2e classe (TP2) et des techniciens principaux de 1re classe (TP1) ont changé en 2011. Cet ouvrage vous prépare à ces nouvelles modalités.

FICHE 1

Devenir technicien territorial : les concours et examens professionnels

Comme pour de nombreux cadres d'emplois* de la fonction publique territoriale, l'accès à celui de technicien territorial est obtenu suite à la réussite d'un concours ou d'un examen professionnel.
Sous certaines conditions, les adjoints techniques territoriaux, les agents de maîtrise ainsi que les adjoints techniques territoriaux des établissements d'enseignement peuvent accéder au cadre d'emplois des techniciens territoriaux après avoir réussi à un des 3 examens professionnels.

! *Les mots suivis d'un astérisque sont définis dans la fiche Le lexique de la fonction publique territoriale.* *Voir Fiche 4.*

Les nouveautés des concours et examens

• Le nouveau cadre d'emplois de technicien territorial (décrets publiés en novembre 2010) comprend 3 grades* :
- en premier : technicien territorial ;
- en deuxième : technicien territorial principal de 2e classe (TP2) ;
- en troisième : technicien territorial principal de 1re classe (TP1).

• L'accès au grade de technicien se fait par concours ; l'accès au grade de TP2 par concours ou examen ; et l'accès au grade de TP1 par examen.

• Abréviation : dans la suite de cet ouvrage, plutôt que de mentionner au long « technicien territorial principal de 2e ou de 1re classe », nous utiliserons les acronymes, à savoir : TP2 ou TP1.

1 L'accès au grade de technicien

A. Le concours externe

• Comme tout concours externe, celui-ci est accessible aux candidats possédant un titre ou diplôme. La définition réglementaire concernant le concours externe de technicien précise que le concours externe sur titres avec épreuves est ouvert, pour 30 % au moins des postes à pourvoir, aux candidats titulaires d'un bac professionnel ou technologique ou d'un diplôme homologué au niveau IV sanctionnant une formation technico-professionnelle, ou d'une qualification reconnue comme équivalente correspondant à l'une des spécialités ouvertes au concours.

• Les candidats (homme et femme) élevant ou ayant élevé au moins 3 enfants sont dispensés de toute condition de diplôme.

• Les sportifs de haut niveau, figurant sur la liste des sportifs de haut niveau fixée chaque année par le ministre chargé de la Jeunesse et des Sports, sont dispensés de toute condition de diplôme.

B. Le concours interne

• Le concours interne sur épreuves est ouvert, pour 50 % au plus des postes à pourvoir, aux fonctionnaires et agents publics, aux militaires ainsi qu'aux agents en fonction dans une organisation internationale intergouvernementale. Les candidats doivent justifier, au 1er janvier de l'année du concours, de 4 ans au moins de services publics.
• À la différence d'un examen professionnel, les années de service effectuées en tant que contractuel sont prises en compte lors de l'inscription à un concours interne.

C. Le 3e concours

Le 3e concours est ouvert, pour 20 % au plus des postes à pourvoir, aux candidats justifiant de l'exercice, pendant une durée de 4 ans au moins, d'une ou de plusieurs activités professionnelles, d'un ou de plusieurs mandats de membre d'une assemblée élue d'une collectivité territoriale ou d'une ou de plusieurs activités accomplies en qualité de responsable d'une association (président, secrétaire ou trésorier).
Les activités professionnelles prises en compte au titre de ce concours doivent avoir été exercées dans des domaines correspondant aux missions dévolues aux fonctionnaires du 1er grade du cadre d'emplois concerné.

2 L'accès au grade de TP2

A. Le concours externe

• Comme tout concours externe, celui-ci est accessible aux candidats possédant un titre ou un diplôme. La définition réglementaire concernant le concours externe de TP2 précise que le concours externe sur titres avec épreuves est ouvert, pour 50 % au moins des postes à pourvoir, aux candidats titulaires d'un diplôme sanctionnant 2 années de formation technico-professionnelle homologué au niveau III (par exemple un DUT ou un BTS) ou d'une qualification reconnue comme équivalente à l'un de ces titres ou diplômes dans les conditions fixées par le décret du 13 février 2007 correspondant à l'une des spécialités ouvertes au concours.
• Les candidats (homme et femme) élevant ou ayant élevé au moins 3 enfants sont dispensés de toute condition de diplôme.
• Les sportifs de haut niveau, figurant sur la liste des sportifs de haut niveau fixée chaque année par le ministre chargé de la Jeunesse et des Sports, sont dispensés de toute condition de diplôme.

B. Le concours interne

• Le concours interne sur épreuves est ouvert, pour 30 % au plus des postes à pourvoir, aux fonctionnaires et agents publics, aux militaires ainsi qu'aux agents en fonction dans une organisation internationale intergouvernementale. Les candidats doivent justifier, au 1er janvier de l'année du concours, de 4 ans au moins de services publics.
• À la différence d'un examen professionnel, les années de service effectuées en tant que contractuel sont prises en compte lors de l'inscription à un concours interne.

C. Le 3e concours

• Le 3 concours est ouvert, pour 20 % au plus des postes à pourvoir, aux candidats justifiant de l'exercice, pendant une durée de 4 ans au moins, d'une ou de plusieurs activités professionnelles, d'un ou de plusieurs mandats de membre d'une assemblée élue d'une collectivité territoriale ou d'une ou de plusieurs activités accomplies en qualité de responsable d'une association (président, secrétaire ou trésorier).

• Les activités professionnelles prises en compte au titre de ce concours doivent avoir été exercées dans des domaines correspondant aux missions dévolues aux fonctionnaires du 2e grade du cadre d'emplois concerné.

D. Les examens professionnels

Il existe 2 examens professionnels d'accès au grade de TP2 : l'un d'avancement de grade et l'autre de promotion interne.
• L'examen professionnel d'avancement de grade est ouvert aux fonctionnaires justifiant d'au moins 1 an dans le 4e échelon du grade de technicien et d'au moins 3 années de services effectifs dans un corps, cadre d'emplois ou emploi de catégorie B ou de même niveau.
• L'examen professionnel de promotion interne est ouvert aux fonctionnaires relevant du cadre d'emplois :
– des agents de maîtrise territoriaux comptant au moins 8 ans de services effectifs dont au moins 5 ans dans un cadre d'emplois technique ;
– des adjoints techniques territoriaux titulaires du grade d'adjoint technique principal de 1re ou 2e classe comptant au moins 10 ans de services effectifs dont 5 ans au moins dans un cadre d'emplois technique ;
– des adjoints techniques territoriaux des établissements d'enseignement titulaires du grade d'adjoint technique principal de 1re classe ou d'adjoint technique principal de 2e classe.

3 L'accès au grade de TP1

Il existe un examen professionnel d'avancement de grade de TP1. Cet examen est ouvert aux fonctionnaires justifiant d'au moins 2 ans dans le 5e échelon du grade de TP2 et d'au moins 3 années de services effectifs dans un corps, cadre d'emplois ou emploi de catégorie B ou de même niveau.

FICHE 2

Les nouvelles épreuves des concours et examens professionnels

Alors que les concours et l'examen professionnel de promotion interne comprennent des épreuves d'admissibilité* et des épreuves d'admission*, les examens d'avancement de grade ne sont constitués que d'épreuves d'admission*. C'est-à-dire que chaque candidat à un examen d'avancement de grade passe l'ensemble des épreuves sans sélection intermédiaire (jury d'admissibilité*).

1 Les épreuves en tableaux

Les épreuves des trois concours de technicien

	Concours externe	Concours interne	3e concours
Admissibilité	**Réponse à des questions techniques** (dans la spécialité) 3 heures – Coef. 1	**Rédaction d'un rapport** (dans la spécialité) 3 heures – Coef. 1	
Admission	**Un entretien** 20 minutes - Coef. 1		

Les épreuves des trois concours de TP2

	Concours externe	Concours interne	3e concours
Admissibilité	**Élaboration d'un rapport avec propositions** (dans la spécialité) 3 heures – Coef. 1	**Élaboration d'un rapport avec propositions** (dans la spécialité) 3 heures – Coef. 1 **Étude de cas** (dans la spécialité) 4 heures – Coef. 1	
Admission	**Un entretien** 20 minutes – Coef. 1		

Les épreuves de l'examen de promotion interne de TP2

	Examen de promotion interne (pour adjoint technique et agent de maîtrise)
Admissibilité	**Élaboration d'un rapport avec propositions** (dans la spécialité) 3 heures – Coef. 1
Admission	**Un entretien** 20 minutes – Coef. 1

Les épreuves de l'examen d'avancement de grade de TP2

	Examen d'avancement de grade (pour technicien)
Admission	**Élaboration d'un rapport avec propositions** (dans la spécialité) 3 heures – Coef. 1 **Un entretien** 20 minutes – Coef. 1

Les épreuves de l'examen d'avancement de grade de TP1

	Examen d'avancement de grade (pour TP2)
Admission	**Élaboration d'un rapport avec propositions** (dans la spécialité) 3 heures – Coef. 1 **Un entretien** 20 minutes – Coef. 1

En savoir plus sur les épreuves

→ Toutes ces épreuves sont détaillées dans les parties de l'ouvrage correspondantes.

2 Choisir sa spécialité

A. Connaître les spécialités

Que ce soit pour l'un des concours ou l'un des examens, lors de votre inscription vous devrez choisir une des 10 spécialités suivantes :

- Bâtiments, génie civil
- Réseaux, voirie et infrastructures
- Prévention, gestion des risques, hygiène et restauration
- Aménagement urbain et développement durable
- Déplacements, transports
- Espaces verts et naturels
- Ingénierie, informatique et systèmes d'information
- Services et interventions techniques
- Métiers du spectacle
- Artisanat et métiers d'art

! *Il vous appartient d'être particulièrement vigilant sur votre choix de spécialité. En effet, il n'est pas rare que des candidats aient fait leur choix sans avoir étudié attentivement le contenu du programme spécifique de la spécialité envisagée lorsqu'il existe ou le cadrage formalisé par l'organisateur du concours ou de l'examen. Ainsi, ils peuvent se retrouver en grande difficulté durant les épreuves.*

B. Bien choisir sa spécialité

Que ce soit pour les épreuves d'admission des concours ou des examens, il ressort des différents rapports de jury que, dans l'ensemble, les candidats s'intéressent peu aux problématiques de leur spécialité.

On note également, et ce de façon récurrente, un manque de culture territoriale et peu ou pas de réflexion sur les questions de management. À ce sujet, le jury n'attend pas de vous une connaissance des grands courants du management, mais comment vous agiriez face à un problème quotidien d'encadrement.

! ***Attention à votre programme de révision !***
Eu égard à la définition réglementaire de l'épreuve, vous pouvez avoir dans le dossier non seulement des éléments techniques mais aussi des documents tenant compte du contexte juridique ou financier.
Il est donc nécessaire de mener une veille sur l'actualité juridique et financière des collectivités territoriales (par exemple en s'intéressant aux marchés publics).

3 L'évaluation

A. Des concours et de l'examen professionnel de promotion interne

- Les concours d'accès au grade de technicien et de TP2 ainsi que l'examen professionnel de promotion interne d'accès au grade de TP2 comportent des épreuves d'admissibilité et d'admission notée de 0 à 20.
- Les épreuves écrites sont anonymes et font l'objet d'une double correction.
- Chaque note est multipliée par le coefficient correspondant.
- Toute note strictement inférieure à 5 sur 20 à l'une des épreuves d'admissibilité ou à l'épreuve d'admission entraîne l'élimination du candidat.
- L'absence à l'une des épreuves entraîne l'élimination du candidat.
- Le jury d'admissibilité détermine le nombre total des points nécessaires à l'admissibilité et arrête la liste des candidats admis à se présenter aux épreuves d'admission.

! *Un jury d'admissibilité ne conserve au maximum que 2 candidats pour un poste. C'est-à-dire que si, dans votre spécialité (car le recensement des besoins des collectivités se fait par spécialité) il y a 100 postes, au maximum 200 candidats seront admissibles. Et donc la note (ou la moyenne des épreuves d'admissibilité s'il y en a plusieurs) du 200e constituera la barre d'admissibilité. Si celle-ci est de 12,50 sur 20, tous les candidats ayant moins de 12,50 ne seront pas admissibles. Il ne faut donc pas chercher à avoir uniquement la moyenne mais à être le meilleur des candidats.*

- À l'issue des épreuves suivantes, le jury d'admission arrête dans la limite des places mises aux concours la liste d'admission. Cette liste d'admission est distincte pour chacun des concours et de l'examen.
- Au vu des listes d'admission, la liste d'aptitude est établie par ordre alphabétique, et fait mention de la spécialité au titre de laquelle le lauréat a concouru. Le lauréat ne peut être inscrit que sur une seule liste d'aptitude d'un même grade d'un même cadre d'emplois.
- Le cadre d'emplois de technicien étant nouveau, il n'existe pas de rapports de jurys et de statistiques. Cependant, à titre d'information, vous trouverez dans le tableau ci-dessous, pour les 3 concours de TP2 (ex : technicien supérieur territorial), les pourcentages de candidats admissibles et admis pour l'interrégion Île-de-France-Centre en 2008.

Résultats concours 2008 Région Île-de-France-Centre	Admissibles (en %)	Admis (en %)
Concours externe	44,3 %	66,1 %
Concours interne	39,2 %	78,8 %
Troisième concours	56,7 %	74,3 %

B. Des examens professionnels d'avancement de grade

• Il est attribué à chaque épreuve une note de 0 à 20. Chaque note est multipliée par le coefficient correspondant.

• Ne participe à l'épreuve orale que le candidat ayant obtenu une note au moins égale à 5 sur 20 à l'épreuve écrite.

• Toute note inférieure à 5 sur 20 à l'épreuve orale entraîne l'élimination du candidat.

• Un candidat ne peut être déclaré admis si la moyenne des notes obtenues est inférieure à 10 sur 20.

• À l'issue des épreuves, le jury arrête, par ordre alphabétique, la liste des candidats admis à l'examen.

! *Contrairement à ce que vous avez pu lire ci-avant concernant les concours, pour un examen, il n'y a pas de notion de poste ni de ratios nombre de postes/nombre de candidats.*

• Le cadre d'emplois de technicien étant nouveau, il n'existe pas de rapports de jurys ni de statistiques. Cependant, à titre d'information, vous trouverez dans le tableau ci-dessous, pour l'examen d'avancement de grade de TP2 et de TP1, les pourcentages de candidats admis pour l'interrégion Île-de-France-Centre en 2008.

Résultats examens 2008 Région Île-de-France-Centre	**Admis (en %)**
Examen professionnel (pour adjoint technique et agent de maîtrise)	62 %
Examen professionnel (pour technicien)	68 %

FICHE 3 Après la réussite au concours ou à l'examen

Votre réussite au concours ou à l'examen de technicien, de TP2 ou de TP1 vous permet d'accéder au cadre d'emplois des techniciens territoriaux. Attention, à la différence de la fonction publique d'État, la réussite à un concours ou un examen professionnel au sein de la fonction publique territoriale ne vaut pas recrutement. Lorsque vous serez employé par une collectivité, en tant que technicien, vos missions pourront être très diversifiées ; pour mener à bien celles-ci, des formations obligatoires vous accompagneront tout au long de votre carrière.

1 Le recrutement

• Si vous êtes lauréat du concours, il vous appartient de rechercher un poste au sein d'une collectivité en répondant à des annonces (vous trouverez de nombreuses offres d'emplois dans les magazines suivants : *Techni.cités* – site internet www.territorial.fr et *La Gazette des communes* – site internet www.lagazettedescommunes.com), ou en envoyant des candidatures spontanées (démarche de recherche d'emploi identique à celle d'un salarié du privé). Vous pouvez également accepter que le centre de gestion mentionne vos coordonnées sur la liste d'aptitude afin que les collectivités intéressées puissent vous contacter directement. Il vous est également recommandé de consulter la liste des postes vacants qui est disponible auprès des centres de gestion.

• Dans le cas de la réussite à un examen, votre employeur peut vous nommer. Cependant, rien ne l'y oblige. S'il ne veut pas vous nommer, il vous appartient, comme un lauréat de concours, de rechercher un poste au sein d'une autre collectivité.

2 Le cadre d'emplois* des techniciens territoriaux

Les missions relatives au cadre d'emplois des techniciens territoriaux sont formalisées dans le décret relatif au statut particulier de ce cadre d'emplois.

• « Les membres du cadre d'emplois des techniciens territoriaux sont chargés, sous l'autorité d'un supérieur hiérarchique, de la conduite des chantiers. Ils assurent l'encadrement des équipes et contrôlent les travaux confiés aux entreprises. Ils participent à la mise en œuvre de la comptabilité analytique et du contrôle de gestion. Ils peuvent instruire des affaires touchant l'urbanisme, l'aménagement, l'entretien et la conservation du domaine de la collectivité. Ils participent également à la mise en œuvre des actions liées à la préservation de l'environnement. Ils assurent le contrôle de l'entretien et du fonctionnement des ouvrages ainsi que la surveillance des travaux d'équipements, de réparation et d'entretien des installations mécaniques, électriques, électroniques ou hydrauliques. Ils peuvent aussi assurer la surveillance du domaine public. À cet effet, ils peuvent être assermentés pour constater les contraventions. Ils peuvent participer à des missions d'enseignement et de formation professionnelle.

• Les titulaires du grade de TP2 et TP1 ont vocation à occuper des emplois qui, relevant des domaines d'activités mentionnés précédemment, correspondent à un niveau d'expertise acquis par la formation initiale, l'expérience professionnelle ou par la formation professionnelle tout au long de la vie. Ils peuvent assurer la direction des travaux sur le terrain, le contrôle des chantiers, la gestion des matériels et participer à l'élaboration de

projets de travaux neufs ou d'entretien. Ils peuvent procéder à des enquêtes, des contrôles et des mesures techniques ou scientifiques. Ils peuvent également exercer des missions d'études et de projets et être associés à des travaux de programmation. Ils peuvent être investis de fonctions d'encadrement de personnel ou de gestion de service ou d'une partie de services dont l'importance, le niveau d'expertise et de responsabilité ne justifient pas la présence d'un ingénieur.
• Les membres du cadre d'emplois exercent leurs fonctions dans tous les domaines à caractère technique en lien avec les compétences d'une collectivité territoriale ou d'un établissement public en relevant. »

3 La nomination

A. Pour un lauréat de concours ou d'examen professionnel de promotion interne

Nous avons vu précédemment qu'une fois la liste d'aptitude établie, il vous appartient de trouver un poste au sein d'une collectivité ou d'un établissement territorial.
Mais **attention**, le succès au concours ou à l'examen professionnel de promotion interne est valable 1 an (renouvelable 2 fois) à partir de la date d'établissement de la liste d'aptitude, sous réserve que le lauréat qui ne serait pas recruté fasse connaître son intention d'être maintenu sur la liste d'aptitude (par un courrier en recommandé avec accusé de réception auprès de l'organisateur du concours) 1 mois avant le terme de chaque année suivant son inscription initiale dans la limite précitée.
C'est-à-dire que **si vous êtes rayé de la liste d'aptitude, vous perdez le bénéfice de votre concours ou de votre examen**.

B. Pour un lauréat d'examen d'avancement de grade

• Dans le cadre de l'avancement de grade, la durée de validité de l'examen professionnel d'avancement de grade de TP2 ou TP1 n'est pas limitée.
• Pour être promu dans le grade de TP2 ou TP1, l'agent ayant réussi un examen d'avancement de grade doit être inscrit au tableau d'avancement de la collectivité. Le nombre d'inscriptions n'est pas limité dans le temps.
• Les fonctionnaires promus sont classés à l'échelon comportant un indice égal (ou à défaut immédiatement supérieur) à celui dont ils bénéficiaient antérieurement. Leur ancienneté d'échelon est conservée (dans la limite maximale exigée pour une promotion à l'échelon supérieur) sous certaines conditions.

4 La formation post-concours

• Un lauréat de concours ou d'examen de promotion interne recruté par une collectivité est nommé pour 1 an (on parle de « mise en stage »). Cette période est de 6 mois lors de la réussite à un examen d'avancement de grade.
• Durant cette période, il doit suivre des formations obligatoires dites **formations d'intégration.**
• À l'issue de cette période, il peut être titularisé par sa collectivité (son employeur), il sera alors **fonctionnaire de la fonction publique territoriale au sein de la filière technique, dans le cadre d'emplois des techniciens territoriaux, dans le grade de technicien, de TP2 ou de TP1 et au 1er échelon**.
• La loi du 19 février 2007 et les décrets de juin 2008 ont apporté de nombreuses modifications quant à la formation des agents de la fonction publique territoriale, et notamment

pour les formations d'intégration. Lors de la nomination dans le grade de technicien ou de TP2, un lauréat de concours doit suivre une formation d'intégration obligatoire avant la titularisation.
• À l'issue du délai de 2 ans précisé ci-dessus, les membres du présent cadre d'emplois suivent une formation de professionnalisation tout au long de la carrière, à raison de 2 jours par période de 5 ans.
• Lorsqu'ils accèdent à un poste à responsabilité, les techniciens sont tenus de suivre, dans un délai de 6 mois à compter de leur affectation sur l'emploi considéré, une formation d'une durée de 3 jours.

Les formations d'intégration et de professionnalisation sont organisées par le CNFPT.

• Si vous êtes lauréat de l'examen, vous êtes déjà en poste au sein d'une collectivité. Vous devez donc vous rapprocher de votre service Ressources humaines afin d'envisager votre nomination. Si votre employeur ne souhaite pas vous nommer, il vous faudra envisager de changer de collectivité et, pour trouver un poste, de mettre à profit les conseils mentionnés plus haut pour les lauréats de concours.

Formations obligatoires pour les techniciens

	Lauréat de concours	**Lauréat d'examen**
Formations d'intégration (avant titularisation)	5 jours maxi	0 jour
Formations de professionnalisation (dans les 2 ans après la titularisation)	10 jours maxi	10 jours maxi
Formations de professionnalisation (par période de 5 ans)	2 jours	2 jours
Formations de professionnalisation (dans les 6 mois après affectation à un poste à responsabilité)	3 jours	3 jours

5 La carrière

• La titularisation des stagiaires intervient, par décision de l'autorité territoriale, à la fin de la période de mise en stage. Lorsque la titularisation n'est pas prononcée, le stagiaire est soit licencié s'il n'avait pas auparavant la qualité de fonctionnaire, soit réintégré dans son cadre d'emplois, corps ou emploi d'origine.
• Les stagiaires, lors de leur nomination dans ce cadre d'emplois, sont classés au 1er échelon du grade de début.
• Puis l'évolution de carrière se fait à l'ancienneté suivant une durée minimale ou maximale avec la possibilité, pour accélérer la progression, de passer les examens de TP2 ou l'examen de TP1 organisé par les centres de gestion, et pour lequel le CNFPT organise des préparations au niveau régional ou national.
• Les fonctionnaires territoriaux appartenant au cadre d'emplois des techniciens territoriaux font l'objet d'une notation chaque année de la part de l'autorité territoriale compétente.
• Leur valeur professionnelle est appréciée notamment en fonction de leurs aptitudes générales, de leur efficacité ainsi que de leurs qualités d'encadrement et de leur sens des relations humaines.

6 La rémunération

• Le traitement brut mensuel est obtenu en multipliant l'indice de l'échelon par la valeur du point fixé par décret.

• Au 1er janvier 2011, la valeur du point est fixée à 4,6303 euros.

Ainsi, le traitement brut mensuel :

- d'un technicien en début de carrière (1er échelon – indice majoré 325) est égal à 1 504,85 euros ;
- d'un TP1 en fin de carrière (11e échelon – indice majoré 660 qui passera à 675 au 1er janvier 2012) est égal à 3 055,99 euros.

• À ce traitement s'ajoute(nt) :

- une indemnité de résidence égale au maximum à 3 % du traitement brut mensuel ;
- un supplément familial qui dépend du nombre d'enfants.

• Il peut également s'ajouter :

- un régime indemnitaire comprenant des primes et des indemnités liées aux travaux ou fonctions exercées ;
- une nouvelle bonification indiciaire (NBI) liée à des fonctions exercées de directeur des services techniques dans des communes ou des établissements publics communaux et intercommunaux de moins de 20 000 habitants et en l'absence d'un ingénieur territorial.

4 LE LEXIQUE DE LA FONCTION PUBLIQUE TERRITORIALE

Comme tout secteur d'activité, la fonction publique territoriale possède un vocabulaire qui lui est spécifique. Afin de vous inscrire en toutes connaissances de cause au concours ou à l'examen de technicien et de vous préparer au mieux, il est important que vous en connaissiez les principaux termes.

Admissibilité/admission. Que ce soit pour la catégorie A, B ou C, les concours se déroulent en deux phases.

La première phase, dite d'admissibilité, comprend une ou plusieurs épreuves écrites.

La seconde phase, dite d'admission, comprend une ou deux épreuves orales.

Un candidat ayant réussi la première phase sera dit admissible et pourra participer à la seconde phase.

Un candidat ayant réussi la seconde phase sera dit admis, il est alors lauréat.

Pour les examens professionnels d'avancement de grade, il n'y a que des épreuves d'admission. Tous les candidats passent toutes les épreuves au sein d'une phase unique.

Cadre d'emplois. Un cadre d'emplois (on parle de corps dans la fonction publique d'État et dans la fonction publique hospitalière) regroupe des agents soumis au même statut particulier et occupant des emplois de caractéristiques proches. Il en existe 62 comme, par exemple : le cadre d'emplois des techniciens territoriaux, le cadre d'emplois des ingénieurs territoriaux, etc.

Catégorie. Au sein de la fonction publique, les cadres d'emplois (ou les corps) sont regroupés en trois catégories :
- A pour les tâches de conception, de direction et d'encadrement ;
- B pour les tâches d'application ;
- C pour les tâches d'exécution.

Le cadre d'emplois des techniciens territoriaux appartient à la catégorie B.

Centre de gestion. Créés en 1984, les centres de gestion sont des établissements publics locaux à caractère administratif. Le conseil d'administration d'un centre de gestion est composé uniquement de représentants d'élus. Il y a en général un centre de gestion par département (CDG). Pour l'Île-de-France, il y a un CDG pour la Seine-et-Marne (77) et deux centres de gestion interdépartementaux (CIG). Un pour la grande couronne (78, 91 et 95) et un pour la petite couronne (92, 93 et 94).

Depuis le 1er janvier 2010, les concours et examens des catégories C, B et A sont organisés par les centres de gestion. Le président du centre de gestion fixe les modalités d'organisation, les règles de discipline, le nombre de postes ouverts (après un recensement auprès des collectivités) et la date des épreuves. Il établit la liste des candidats autorisés à concourir. Il arrête également la liste d'aptitude.

Le concours de technicien territorial en 2012 sera organisé par le CIG grande couronne pour le compte des 13 départements de l'interrégion Île-de-France-Centre.

Centre national de la fonction publique territoriale (CNFPT). Créé officiellement par la loi Galland du 13 juillet 1987, le Centre national de la fonction publique territoriale est un établissement public national à caractère administratif.

Le CNFPT est doté d'instances politiques nationales et régionales composées à égalité de représentants des collectivités employeurs et de représentants de leurs personnels.

Le CNFPT est largement déconcentré, il comprend : 29 délégations, quatre écoles d'applications (INSET) et un institut national des études territoriales (INET).

À l'origine, les quatre missions obligatoires du CNFPT étaient : l'organisation des concours de catégorie A et B, la bourse nationale de l'emploi territorial, les formations initiales d'application des cadres A et B ainsi que la prise en charge des agents de catégorie A, momentanément privés d'emploi (FMPE).

La loi du 19 février 2007, relative à la fonction publique territoriale, a recentré l'activité du CNFPT sur sa mission d'organisation de la formation des agents territoriaux.

Depuis le 1er janvier 2010, l'ensemble des concours et examens de la fonction publique territoriale (à l'exception des A+ et des ingénieurs en chef) est organisé par les centres de gestion.

Collectivités territoriales. Eu égard à la définition réglementaire, il existe trois types de collectivités territoriales : la commune, le département et la région.

Concours. Le concours est la voie traditionnelle d'accès à la fonction publique, qu'elle soit d'État, hospitalière ou territoriale.

Les concours comprennent des épreuves d'admissibilité et d'admission. Les modalités des concours sont fixées par décrets. Les programmes sont fixés par arrêté du ministre chargé des Collectivités territoriales.

Le concours et l'examen de technicien territorial sont organisés tous les 12 mois.

Conditions d'accès. Les conditions requises pour être titularisé au sein de la fonction publique territoriale sont les suivantes : posséder la nationalité d'un des pays membres de l'Union européenne, jouir de ses droits civiques dans l'État dont on est ressortissant, ne pas avoir de casier judiciaire (bulletin n° 2) portant des mentions incompatibles avec l'exercice des fonctions, se trouver en position régulière au regard du code du service national et remplir les conditions d'aptitude physique exigées pour l'exercice des fonctions.

Échelon. Chaque cadre d'emplois comprend plusieurs grades et chaque grade comprend plusieurs échelons. Le grade de technicien comprend 12 échelons, celui de TP2 12 échelons et celui de TP1 9 échelons. La durée maximale et la durée minimale du temps passé dans chacun des échelons des grades sont fixées par décret.

Examen. Les examens sont accessibles aux agents ayant déjà un poste au sein de la fonction publique territoriale et désirant évoluer au sein de leur cadre d'emplois ou dans celui immédiatement supérieur.

Filières. Les filières correspondent aux grands domaines d'intervention de la fonction publique territoriale. On en dénombre huit : administrative, animation, culturelle, sapeurs-pompiers, sécurité-police, sociale et médico-sociale, sportive, technique.

Il est à noter que 46 % des agents territoriaux relèvent de la filière technique.

Grade. Le cadre d'emplois de technicien territorial comprend trois grades : le grade de technicien, le grade de TP2 et celui de TP1.

Liste d'aptitude. Les candidats admis à un concours (les lauréats) sont inscrits sur une liste d'aptitude ayant une valeur nationale.

Mais contrairement à la fonction publique d'État, l'inscription sur une liste d'aptitude de la fonction publique territoriale ne vaut pas recrutement. Le lauréat du concours pourra candidater spontanément auprès des collectivités de son choix, répondre à des annonces ou bien encore présenter sa candidature auprès des collectivités ayant déclaré des postes vacants.

Métiers. La fonction publique territoriale comprend plus de 250 métiers, que ce soit des métiers de terrain, de conception, de gestion, de management, etc. Ils vont du plus classique, jardinier, au plus original, pilote de port.

Poste. Les concours ont pour vocation de répondre au besoin de recrutement des collectivités territoriales qui s'administrent librement. Ce sont les postes déclarés par celles-ci auprès de l'organisateur du concours qui permettent l'organisation de ce dernier et d'établir pour combien de postes celui-ci sera ouvert.

Spécialité/Option. Ces deux notions, spécialité et option, sont précisées dans les textes officiels concernant l'organisation de certains concours et examens.

La spécialité, qui représente une grande famille d'activité, dépend de la filière, du cadre d'emplois et du grade.

Pour ce nouveau cadre d'emplois de technicien, le programme officiel mentionne uniquement des spécialités, pas d'options.

5 MAÎTRISER L'ENVIRONNEMENT TERRITORIAL

Les objectifs de cette fiche sont de vous présenter de façon succincte la fonction publique territoriale, de vous donner des conseils sur la façon de préparer le concours ou l'examen de technicien et enfin de vous donner des indications concernant la recherche d'un poste auprès d'une collectivité lorsque vous serez lauréat.

1. Connaître la fonction publique territoriale

1.1. Une des trois fonctions publiques

En France, il n'y a pas une, mais 3 fonctions publiques : la fonction publique d'État (FPE), la fonction publique territoriale (FPT) et la fonction publique hospitalière (FPH).

À la fin de l'année 2008, la FPE employait 2,47 millions d'agents, la FPT 1,82 million et la FPH 1,04 million.

La FPE regroupe les fonctionnaires des ministères (ministère des Finances, ministère de l'Éducation nationale, etc.) et des services déconcentrés (préfectures, rectorats, etc.).

La FPH regroupe les agents du secteur hospitalier.

La FPT, quant à elle, regroupe les agents territoriaux qui œuvrent au sein des 26 conseils régionaux, 101 conseils généraux, 36 784 communes et dans plus de 20 000 établissements publics locaux (communautés de communes, d'agglomérations et urbaines, syndicats intercommunaux (EPCI), service départemental d'incendie et de secours (SDIS), offices publics d'HLM (OPHLM), centres communaux d'action sociale (CCAS), caisse des écoles et de crédit municipal...).

Chaque agent a vocation à exercer un emploi partout en France, mais les 58 000 employeurs locaux (maire, président du conseil général, régional, EPCI, OPHLM, CCAS ou caisse des écoles...) sont libres de leurs recrutements, car les collectivités s'administrent librement.

1.2. Le statut de la fonction publique territoriale

Le statut de la fonction publique territoriale est défini par les lois du 26 janvier 1984 et du 13 juillet 1987. Après plusieurs années de réflexion, la loi n° 2007-209 relative à la fonction publique territoriale a été votée le 19 février 2007.

Cette loi permet à la fonction publique territoriale de maintenir son adaptation dans le cadre de la poursuite de la décentralisation.

D'importants changements concernent le déroulement de carrière des agents, la formation professionnelle ainsi que la répartition des compétences entre les institutions, à savoir le Centre national de la fonction publique territoriale et les centres de gestion.

Cette loi dote les collectivités d'un système de formation des agents proche de celui dont disposent les entreprises et les salariés du secteur privé (loi de mai 2004). Avec cette loi, nous ne sommes plus dans une logique de formation ponctuelle, mais dans une logique de formation tout au long de la vie.

Au service de cette logique, ce texte met notamment en avant la reconnaissance de l'expérience professionnelle (REP), le bilan de compétences (BC), la validation des acquis de l'expérience (VAE), etc.

Tout ce qui concerne le fonctionnement de la fonction publique territoriale est régi par des textes officiels : lois, décrets, arrêtés. Il en est donc de même pour l'organisation des concours et des examens.

Concernant l'organisation des concours et des examens de technicien territorial. Vous trouverez ci-dessous l'ensemble des textes s'y référant :
– Décret 2010-329 portant dispositions statutaires communes à divers cadres d'emplois de catégorie B de la fonction publique territoriale.
– Décret 2010-1357 portant statut particulier du cadre d'emplois des techniciens territoriaux.
– Décret 2010-1358 fixant les modalités d'organisation de l'examen professionnel d'avancement de grade de TP2.
– Décret 2010-1359 fixant les modalités d'organisation de l'examen professionnel d'avancement de grade de TP1.
– Décret 2010-1360 fixant les modalités d'organisation de l'examen professionnel de promotion interne de TP2.
– Décret 2010-1361 fixant les modalités d'organisation des concours pour le recrutement des techniciens territoriaux.
– Décret 2010-87 modifiant le décret 2010-1361
– Arrêté du 15 juillet 2011 fixant le programme par spécialités.

L'évolution du fonctionnement de l'État en France depuis les années 1980 (et l'acte I de la décentralisation) se fait toujours suivant la même logique : de plus en plus de compétences sont transférées de l'État vers les collectivités territoriales. À cette augmentation des missions - et donc de la charge de travail pour la territoriale - vient s'ajouter le choc démographique lié au « papy boom » : d'ici 2012, plus de 30 % des agents de la FPT (soit près de 500 000 personnes) seront partis à la retraite.

2. Se préparer à un concours ou un examen de technicien

Il n'est pas envisageable de se présenter à un concours ou un examen sans préparation : c'est l'échec assuré. Cet ouvrage est là pour vous accompagner et vous guider tout au long de ce travail. Vous devez prendre conscience que cette préparation se fait sur une durée de six à douze mois avant la première épreuve.

2.1. Organiser son emploi du temps

Cela nécessite de vous organiser en vous libérant du temps et ce de façon régulière. Travailler par à-coup n'est pas efficace pour deux raisons : la première est qu'il y a toujours une bonne raison pour ne pas faire ce que l'on avait prévu et de remettre cela à plus tard ; le travail envisagé n'est pas réalisé et le retard s'accumule. La seconde raison est que le travail ponctuel ne permet pas de construire un savoir, des connaissances durables, indispensables à votre objectif : réussir le concours.

L'idéal est de prévoir une dizaine d'heures par semaine et de s'y tenir. Cela correspond, par exemple, à trois soirées par semaine et une demi-journée le week-end.

2.2. Construire son programme de révision

Une fois votre emploi du temps réalisé, la première chose à faire est de bien vous informer sur la nature et le contenu des épreuves qui vous attendent (voir pour cela les différentes fiches et sujets de cet ouvrage). Il faut être particulièrement attentif au programme des différentes spécialités afin de bâtir le contenu de votre plan de révision.

Après avoir lu ce livre, vous constaterez que les différentes thématiques devant se trouver dans votre programme de révision sont les suivantes :
– les thèmes et le contenu de votre spécialité ;

– l'environnement territorial ;
– les questions de management ;
– les finances et l'environnement juridique des collectivités ;
– les marchés publics ;
– l'actualité législative des collectivités ;
– votre parcours personnel ;
– votre motivation et votre projet professionnel.

Vous trouverez dans ce livre de nombreuses ressources vous permettant de parfaire vos connaissances pour les différents sujets énoncés ci-dessus.

Nous vous les rappelons ci-dessous :

– le site de la fédération nationale des **centres de gestion** où vous trouverez notamment les coordonnés du centre de gestion de votre département : www.fndcg.org ;
– le site officiel du **CNFPT** où l'on trouve le guide des métiers de la fonction publique territoriale : www.cnfpt.fr ;
– une **bibliographie** concernant les concours de technicien : www.grandecouronne. cnfpt.fr ;
– **service public** : accès aux sites officiels de l'UNCDG (Union nationale des centres de gestion), du CNFPT, du ***Journal officiel*** (lois et décrets) : www.service-public.fr ;
– pour parfaire vos connaissances en **hygiène et sécurité** : www.inrs.fr et www.bossons-fute.com ;
– pour tout savoir sur les **dossiers d'actualité de la vie publique** et pour tester votre culture territoriale, site internet : www.vie-publique.fr ;
– une encyclopédie en ligne accessible gratuitement, site internet : http://fr.wikipedia.org/wiki/accueil ;
– pour avoir un regard sur les problématiques des collectivités du point de vue des élus, site internet de l'association des Maires de France : www.amf.asso.fr (abonnement gratuit à un mail quotidien ou hebdomadaire) ;
– l'Association des techniciens territoriaux de France, site internet : www.attf.asso.fr ;
– revue hebdomadaire concernant l'actualité des collectivités, *La Gazette des communes*, site internet : www.lagazettedescommunes.com ;
– revue bimensuelle portant sur les aspects techniques, juridiques, réglementaires et statutaires, *Techni.cités*, site internet : www.territorial.fr ;
– revue hebdomadaire sur les travaux publics, *Le Moniteur des travaux publics et du bâtiment*, site internet : www.lemoniteur-expert.com ;
– *Fonction publique mode d'emploi*, collection Pass, n° 1, éditions Foucher ;
– *QCM sur les collectivités territoriales*, collection Concours, n° 71, éditions Foucher.

2.3. Réaliser des fiches de synthèse

Vous avez votre emploi du temps, vous savez ce que vous devez travailler, mais vous vous demandez certainement comment travailler.

La clé de ce travail est la lecture, mais lire pour lire n'est pas suffisant. Il est nécessaire de se construire des fiches synthétiques (maximum six pages) pour chaque sujet.

Exemple **Se construire une fiche sur la commune.**

En lisant différents documents (livres, revues, articles sur internet, etc.), vous allez croiser des informations qui seront confuses au début, ce qui est normal ; puis, au fur et à mesure, ces informations vont se clarifier et prendre du sens. Cela vous permettra de rédiger une synthèse (voir les exemples de fiches proposés dans cet ouvrage).

Concernant notre exemple, la commune, votre fiche comportera les éléments suivants :
– l'élection des conseillers municipaux ;

– l'organisation du conseil municipal ;
– l'élection du maire ;
– le pouvoir du maire ;
– les compétences de la commune ;
– le budget de la commune ;
– les dépenses et les recettes de la commune ;
– la commission administrative paritaire ;
– le comité technique paritaire ;
– le centre communal d'action sociale.

Attention

Tout ce travail vous sera utile tant pour l'écrit que pour l'oral.

Le jury n'attend pas de votre part des connaissances parfaites dans tous les domaines, cela serait illusoire. Mais que ce soit au travers de la correction des copies ou des épreuves orales, les jurys repèrent rapidement les candidats qui se sont bien préparés.

6 CONNAÎTRE LE PROGRAMME DES ÉPREUVES

Il n'y a pas de savoir-faire sans savoir. C'est pourquoi un technicien territorial doit posséder un grand nombre de connaissances professionnelles. Afin d'éviter de se disperser dans sa préparation, il convient de se concentrer sur les attentes de son concours ou de son examen.

1. Choisir sa spécialité

1.1. Pour les épreuves écrites

Au moment de remplir son dossier d'inscription, chaque candidat devra s'inscrire dans une spécialité pour l'épreuve de questions techniques, de rapport ou d'études de cas.

Soyez très attentif sur le choix de votre spécialité, surtout au moment de remplir votre dossier. À chaque session, des candidats découvrent qu'ils ne se sont pas inscrits dans la bonne spécialité.

La spécialité est choisie en fonction du métier qu'exerce le candidat mais également en fonction des études qu'il a suivies.

1.2. Pour l'épreuve d'entretien

Que ce soit pour les concours ou les examens, les définitions réglementaires des épreuves orales ne mentionnent pas toujours que celles-ci se déroulent dans les spécialités.

Cependant, une bonne partie des questions posées durant l'entretien portera sur la spécialité. Nous y reviendrons très largement dans le cadre de la préparation aux épreuves orales.

2. Analyser le programme de sa spécialité

2.1. Mesurer les risques liés à la méconnaissance du programme

Tout candidat sérieux doit avoir analysé précisément le programme de sa spécialité. Quelles que soient votre expérience et vos études, le programme est toujours plus vaste que ce que vous avez appris théoriquement ou pratiquement. Il faut donc analyser ce programme pour renforcer ses connaissances et combler ses lacunes. Trop de candidats, parce qu'ils ont une expérience importante dans leur domaine, parce qu'ils ont un diplôme recherché, considèrent que travailler le programme n'est qu'une formalité dont ils peuvent se dispenser. Ils courent alors le risque, à l'écrit, de perdre un temps très important lors des épreuves de note ou de rapport, de ne pas être capables de répondre aux questions de l'étude de cas ; à l'oral, de montrer leur ignorance aux examinateurs qui la traduiront par un manque de travail, ce qui sera sévèrement sanctionné. Comment prouver en effet sa motivation si l'on est incapable de démontrer que l'on a travaillé ?

2.2. Se renseigner sur son programme

Les épreuves organisées en 2012 seront les premières et il ne sera pas possible, comme pour les sessions suivantes, de se baser sur les annales des années précédentes.

Nous vous conseillons fortement de vous intéresser au programme officiel des nouveaux concours et examens de technicien territorial : consultez-le en annexe de cet ouvrage.

2.2.1. Choisir et maîtriser sa spécialité. La liste ci-dessous précise les différentes spécialités parmi lesquelles vous devrez en choisir une :
- Bâtiments, génie civil
- Réseaux, voirie et réseaux divers
- Prévention, gestion des risques, hygiène, restauration
- Déplacements, transports
- Espaces verts et naturels
- Ingénierie, informatique et systèmes d'information
- Services et interventions techniques
- Métiers du spectacle
- Artisanat et métiers d'art

Le programme officiel doit permettre à chaque candidat de constater que s'il maîtrise une partie du programme de sa spécialité, il ne maîtrise jamais son programme en totalité. C'est pourquoi il faut valider ce que l'on sait pour se renforcer dans ce que l'on ne sait pas.

Exemple **1.** Un candidat spécialisé dans l'imprimerie s'inscrira logiquement dans la spécialité Services et interventions techniques. Or il peut très bien, à l'écrit, avoir un dossier dont le thème portera sur les établissements recevant du public (ERP). Un candidat externe ne pourra que réaliser une synthèse très moyenne s'il n'a pas de connaissances dans ce domaine, car il courra le risque de ne pas être capable de distinguer l'essentiel de l'accessoire, ce qui lui fera perdre à la fois du temps et des points. Un candidat au concours interne, au troisième concours ou à l'examen professionnel aura bien du mal à bâtir des propositions s'il lui est demandé, par exemple, d'en élaborer à l'attention d'élus désireux d'organiser les contrôles réglementaires périodiques des bâtiments.

2. Un candidat spécialisé dans le traitement des ordures ménagères va logiquement s'inscrire dans la spécialité Prévention et gestion des risques, hygiène, restauration, puisque cette spécialité comprend la thématique qui correspond à son cœur de métier : « Déchets, assainissement ». En synthèse il peut très bien avoir à traiter un dossier portant sur un problème d'assainissement. De plus, s'il est admissible, il aura à répondre, à l'oral, aussi bien à des questions portant sur les déchets que sur l'assainissement. Et il ne faut pas qu'il espère s'en sortir en disant qu'il n'est pas spécialiste en assainissement, car les examinateurs auront beau jeu de lui rappeler qu'un candidat motivé fonde sa préparation sur l'ensemble de sa spécialité.

2.2.2. Le découpage des spécialités en thématiques. Chaque spécialité peut être structurée selon une organisation identique.

Ce qui est appelé à chaque fois « connaissances de base » peut se décomposer de la manière suivante :
- cadre réglementaire et institutionnel ;
- connaissances (ou aspects) liées à la thématique (qu'elles soient appelées générales, scientifiques, etc.) ;
- ingénierie liée à l'option ;
- organisation et gestion de service.

Ainsi, il devient moins difficile d'organiser sa préparation, qui doit non seulement porter sur l'acquisition de méthodes efficaces, mais aussi de connaissances précises, l'une n'ayant guère d'efficacité sans l'autre.

Par exemple, pour bien se préparer, un candidat travaillant dans la restauration doit :
- pour l'écrit, avoir une bonne connaissance de la totalité des champs de la spécialité Prévention, gestion des risques, hygiène, restauration ;
- pour l'oral, maîtriser la totalité de la partie restauration.

D'où l'importance de la mise en place d'une veille professionnelle.

7 CONSULTER LES BONS OUTILS DE LECTURE

L'évolution incessante du contexte juridique, le renouvellement important des outils technologiques, les innovations nombreuses en matière de management imposent au technicien territorial de mettre en place une veille professionnelle. Il en est de même du candidat qui veut démontrer au jury toutes ses compétences. Il doit posséder un grand nombre de connaissances dans sa spécialité ; la lecture de certains supports est indispensable pour bien se préparer.

1. Mettre en place une veille professionnelle

Que vous soyez depuis septembre 2007 titulaire d'un DUT et tout récent salarié d'une entreprise privée désireux cependant de présenter ce concours, possesseur d'un BTS et nouvellement recruté dans une collectivité, agent de maîtrise en poste depuis dix ans souhaitant donner une nouvelle impulsion à votre carrière, vous devez développer des connaissances et des savoir-faire à l'aide d'une veille professionnelle. Pour certains, celle-ci a déjà été mise en place, car vos fonctions vous l'imposent. Pour d'autres, elle est inexistante. Quoi qu'il en soit, nous vous conseillons de partir du programme et de vous aider de plusieurs outils indispensables.

Ceux-ci sont au nombre de trois :

- les revues et sites internet professionnels ;
- les revues et sites internet territoriaux ;
- les ouvrages de révisions.

Nous nous limitons à trois grandes catégories bien que d'autres supports puissent être utiles tels les quotidiens nationaux ou les ouvrages de fond. Certes un candidat doit toujours se montrer efficace. Le temps disponible n'est cependant jamais suffisant pour « réviser » tout ce qu'il faudrait revoir et il faut donc faire des choix, expliquant la limitation des outils à utiliser. Bien maîtrisés, ils permettront à la fois de développer connaissances et méthodes.

2. Les revues et sites internet professionnels

Le premier site internet à consulter est celui de l'Association des techniciens territoriaux (www.attf.asso.fr). Il fournit en effet beaucoup d'informations sur le métier de technicien territorial. Ainsi, un candidat externe qui souhaite développer ses connaissances sur le cadre d'emplois des techniciens territoriaux peut commencer par consulter ce site.

Les candidats dans la spécialité Ingénierie, gestion technique déjà en poste ont certainement l'occasion de lire le *Moniteur des travaux publics* ; ceux de la spécialité Paysage et gestion des espaces naturels consultent peut-être le site internet de Plante et cité (http://plante-et-cite.inh.fr) ; les informaticiens, eux, disposent d'un grand nombre de ressources de par l'évolution incessante de leur environnement professionnel.

Chaque spécialité nécessite de recourir à des supports indispensables à l'exercice de son métier. Un candidat efficace fera donc la liste des outils à sa disposition dans son domaine de compétences. Il s'inscrira aux lettres d'informations gratuites que proposent beaucoup d'organismes afin que sa veille culturelle colle à l'actualité. C'est d'ailleurs ce que font les auteurs de sujets d'écrits qui sont des professionnels de la spécialité pour laquelle ils proposent aux centres organisateurs de concours des sujets qui seront sélectionnés par le jury. Ces auteurs consultent des sites tel www.constructif.fr qui fournit une mine de renseignements professionnels, mais aussi territoriaux.

Exemple **1.** Un candidat inscrit dans la spécialité Réseaux, voiries et infrastructures ou encore Aménagement urbain aura tout intérêt non seulement à consulter le site du CERTU (www.certu.fr), mais aussi à s'inscrire aux lettres d'informations qu'il diffuse. Ainsi, il sera tenu automatiquement informé de l'actualité de son métier à travers deux newsletters : *Sign@ture* et *Transflash*.

2. Tous les candidats ont intérêt à s'inscrire à la lettre du CERTU, *Développement durable*. Ainsi, en quelques minutes, ils obtiendront des informations générales adaptables à leur spécialité pour la synthèse et, par exemple, des renseignements plus précis sur le covoiturage pour les candidats inscrits dans la spécialité Infrastructure et réseaux.

3. Les revues et sites internet territoriaux

Il est important de compléter ces connaissances professionnelles par des connaissances portant sur le contexte professionnel, le monde des collectivités territoriales.

La Gazette des communes, en diffusion imprimée ou sur support informatique (www.lagazettedescommunes.com) est la référence du monde territorial. Cette revue fournit à la fois des connaissances sur les métiers et des informations indispensables sur le fonctionnement des collectivités territoriales. Elle propose également des supports pour les concours d'accès à la fonction publique territoriale.

D'autres sites internet sont aussi utiles : le site de l'association des Maires de France par exemple (www.amf.asso.fr). Pour tout ce qui relève du contexte législatif, le site www.vie-publique-fr est incontournable.

Exemple **1.** Un candidat qui souhaite compléter ses connaissances en matière de décentralisation a tout intérêt à lancer une recherche sur les archives de cette revue. Pour y parvenir, il doit se rapprocher de sa collectivité, car un code d'accès est nécessaire, ou bien s'abonner à cette revue. En décembre 2007, il y avait 428 articles archivés portant sur la décentralisation ! Il faut donc lire les plus récents et s'orienter vers ceux qui concernent sa spécialité.

2. Un dossier d'étude de cas, de note ou de rapport porte sur une structure intercommunale. La partie synthèse est orientée par l'échelon territorial. Des questions à l'oral ont pour objectif de vérifier les connaissances du candidat en matière d'EPCI (Établissement public de coopération intercommunale).

Un candidat en poste dans une commune a donc tout intérêt à consulter le site internet de la structure intercommunale à laquelle sa commune est rattachée. Si cette structure intercommunale n'existe pas, il peut s'intéresser à celle de sa commune de résidence, comme tout candidat qui est en poste dans un département ou une région, ou tout candidat qui ne travaille pas encore dans une collectivité territoriale. Si ni sa commune de résidence ni sa collectivité n'est rattachée à une structure intercommunale, le candidat se connecte au site d'une intercommunalité voisine.

4. Les ouvrages de révision

Enfin, il est indispensable de compléter les connaissances théoriques par quelques ouvrages ciblés sur le monde des collectivités territoriales.

Les Éditions Foucher proposent ainsi les ouvrages *QCM sur les collectivités territoriales* (n° 71) et *Fonction publique mode d'emploi*, collection Pass n° 4. On pourra les compléter par le *Vademecum des collectivités locales et territoriales* aux éditions SEFI.

Une fois vos outils de travail constitués, il convient de mettre en place une méthode efficace d'acquisition de connaissances.

8 CONSTITUER DES DOSSIERS THÉMATIQUES

Lire ne suffit pas. Pour apprendre et être capable de synthétiser, vous avez intérêt à constituer des dossiers thématiques au double contenu : des articles portant sur le thème considéré, des fiches que vous remplirez.

1. Collationner des articles portant sur des thématiques professionnelles

Chaque candidat, à l'aide du programme de sa spécialité, doit bâtir des thématiques utiles à la réussite des épreuves écrites et orales. Il doit compléter des thématiques professionnelles par des thématiques territoriales. Ainsi, très concrètement, il faut vous constituer des pochettes regroupant tous les documents que vous trouverez sur tel ou tel thème tout au long de votre préparation. Ces documents devront être lus plusieurs fois, car leur contenu pourra vous être utile pour toutes les épreuves que vous aurez à passer.

Exemple **1.** Un candidat inscrit dans la spécialité Métiers du spectacle aura intérêt à se constituer un fonds documentaire portant sur l'hygiène et la sécurité, puisque cette thématique est commune aux deux parties de cette spécialité. Ainsi il pourra anticiper si le sujet de synthèse, par exemple, porte sur ce thème. Il sera de même apte à répondre aux éventuelles questions des examinateurs à l'oral.

2. Toutes les parties comportent une thématique qui s'intitule Gestion d'un service et encadrement. Chaque candidat doit donc se constituer un dossier sur ce thème qui peut aussi bien « tomber » à l'écrit qu'à l'oral. Attention : un candidat qui encadre déjà du personnel ne doit pas penser que son expérience lui suffira à sélectionner les bonnes informations pour la synthèse ou à élaborer, par exemple, des propositions dans le cadre de l'épreuve de note. De même, un candidat qui n'encadre pas de personnel ne doit pas espérer que les examinateurs à l'oral ne l'interrogeront pas sur ce thème, même s'ils sont informés de l'inexpérience du candidat suite à une première réponse de ce dernier.

2. Remplir des fiches de révision

Pour faciliter votre mémorisation, constituez-vous des fiches, petites synthèses d'un sujet professionnel ou territorial. Elles comprennent :
- le sujet dont il est question (avec si nécessaire une ou plusieurs définitions) ;
- son importance par rapport à la spécialité, à l'option, au métier, au monde des collectivités territoriales ;
- son actualité, qu'elle soit proche ou date de quelques mois ;
- les connaissances indispensables à maîtriser (définitions, dates, chiffres, etc.) ;
- les exemples possibles qui contextualisent le sujet ;
- les points de vue sur le sujet en termes d'avantages et d'inconvénients ;
- votre point de vue sur le sujet ;
- les autres sujets auxquels se rattache celui étudié.

Ces informations ne doivent pas forcément être « renseignées » dans l'ordre proposé. À vous, selon votre spécialité, selon le sujet choisi, d'organiser votre mode de classement des informations et points de vue mis à jour.

Exemple La fiche qui suit concerne la démarche HQE (Haute qualité environnementale). Elle a été élaborée en respectant les huit points proposés ci-dessus, sauf le septième, car il appartient au candidat souhaitant s'inscrire dans la spécialité Bâtiment, génie civil de se forger son propre point de vue.

Le découpage de la fiche en cinq points principaux repose sur l'organisation choisie par l'auteur de cette fiche. Elle peut être complétée en fonction des recherches de chacun.

La démarche HQE

1. Historique

Apparue au début des années 90, la HQE se présente comme une démarche au service des enjeux du développement durable (DD). (1)

La HQE a été formalisée et déclinée en mode d'action à partir de 1996 par l'association HQE déclarée d'utilité publique. Elle regroupe les acteurs de la construction : maîtres d'ouvrage (MOa) publics (CL, OPHLM, SEM, etc.), entreprises, CSTB, ADEME, experts et maîtres d'œuvre (Moe). (2)

Via un premier référentiel publié en 2001, la démarche HQE vise à atteindre quatorze cibles regroupées dans quatre grandes catégories d'objectifs.

Un deuxième référentiel fixe les règles applicables à la mise en œuvre d'un système de management des opérations (SMO).

Cette notion, qui se veut une adaptation du système de management environnemental tel qu'il est défini par la norme ISO 14001, fait partie intégrante de la démarche.

Une certification (non obligatoire) « démarche HQE » a été mise en place depuis janvier 2005. (3)

Baptisée « NF Bâtiments Tertiaires – Démarche HQE », elle ne concerne que certains bâtiments tertiaires (bâtiments d'enseignements, bureaux), mais devrait progressivement s'étendre à l'ensemble des bâtiments du secteur tertiaire et à l'habitat.

Elle ouvre aussi l'accès à des aides publiques (ADEME, ARENE, DIREN, etc.)

L'AFNOR a mis en place une commission de normalisation « Qualité environnementale des produits de construction et des bâtiments » qui devrait aboutir à la parution de normes.

En décembre 2007, l'association a participé aux travaux concernant le Grenelle de l'environnement.

2. Remarques

Destinée à s'appliquer aux constructions neuves ou pas, la HQE est une démarche structurée visant à considérer le bâtiment dans son ensemble et cela, de la conception à la déconstruction. C'est avant tout une **dynamique**, un **moteur de progrès**.

Actuellement, il n'y a pas de label et de matériaux prétendument HQE. (6)

Les bailleurs sociaux disposent depuis 2003 d'un référentiel de certification s'inspirant de la démarche HQE.

Le référentiel définit **3 seuils HQE** : base (correspondant à la pratique courante), performant et très performant.

Pour prétendre à la certification, le demandeur doit atteindre quatre des quatorze cibles en « performant » et trois en « très performant ».

La pierre angulaire de la démarche HQE est la mise en œuvre d'un système de **management opérationnel de l'opération**. Ce SMO ne bouleverse pas le processus habituel, il s'y intègre sous la forme d'une organisation rigoureuse et de procédures spécifiques.

L'association HQE a créé un outil, **le référentiel SME**, qui est un fil conducteur pour la mise en place d'une structure organisationnelle, la définition des responsabilités et de procédures permettant d'élaborer, mettre en œuvre, réaliser, passer en revue et maintenir la politique environnementale. L'objectif étant de travailler dans la transversalité.

3. Les quatorze cibles de la HQE

Maîtriser les impacts sur l'environnement extérieur

<u>Éco – construction</u>

1 Relations harmonieuses des bâtiments avec leur environnement immédiat.

2 Choix intégré des procédés et produits de construction.

3 Chantiers à faibles nuisances.

<u>Éco – gestion</u>

4 Gestion de l'énergie.

Utiliser les énergies renouvelables et des appareils économes.
5 Gestion de l'eau.
Mettre en place des comptages individuels, récupérer les eaux de pluie, suivre les conso.
6 Gestion des déchets d'activité.
Prendre en compte le mode local de collecte sélective, prévoir le tri et la collecte sélective.
7 Gestion de l'entretien et de la maintenance.
Maîtriser les effets environnementaux des procédés de maintenance.

Créer un environnement sain et confortable

Confort
8 Confort hygrothermique.
Penser au confort thermique d'hiver et d'été en évitant les surchauffes.
9 Confort acoustique.
Protéger les logements des bruits extérieurs et intérieurs.
10 Confort visuel.
Privilégier l'éclairage naturel.
11 Confort olfactif.
Prendre en compte les circulations d'odeurs dans l'implantation des espaces.

Santé
12 Qualité sanitaire des espaces.
Faciliter l'entretien et le nettoyage des bâtiments.
13 Qualité sanitaire de l'air.
Concevoir une ventilation adaptée au bâtiment, éviter l'utilisation de produit polluants.
14 Qualité sanitaire de l'eau.
Maintenir l'eau chaude sanitaire à 60°, la distribuer à 50°, effectuer des analyses.

4. HQE et construction

La HQE est la capacité d'un bâtiment à préserver les ressources naturelles et à répondre aux exigences de confort, de qualité de vie et de santé.

Le bâtiment doit satisfaire à ces critères aussi bien lors de sa mise en œuvre, qu'au cours de sa vie, et même jusqu'à sa déconstruction.

À la fin du premier semestre 2006, on compte 850 projets représentant plus de 30 000 logements engagés dans la démarche HQE.

Faire de la HQE, c'est maîtriser l'impact des bâtiments sur l'environnement. C'est construire des bâtiments sains, confortables et économiques à terme.

Tous les acteurs de la HQE le disent : ce qui compte avant tout, c'est de savoir clairement où l'on veut aller, c'est-à-dire commencer les réflexions le plus en amont possible.

Il est possible d'ajouter un plus à la construction en faisant certifier la démarche HQE. Ce n'est nullement obligatoire, mais la certification suppose de se soumettre à un contrôle, ce qui peut être un garant des bonnes pratiques.

Le maire d'Angers estime que les économies d'énergies d'un bâtiment HQE sont de l'ordre de 7 à 8 % par an.

Le surcoût de construction est évalué à 10 %. Mais si l'on intègre les économies de fonctionnement (énergie, eau, maintenance, etc.), le surcoût peut être fortement réduit.

Au minimum, les économies d'énergies financent l'investissement supplémentaire initial.

Il est constaté que la qualité génère une forme d'appropriation du bâtiment par les usagers qui permet d'éviter les dégradations. Ainsi, un collège de Limoges, pourtant situé en ZUS, a supprimé au bout de six ans sa ligne budgétaire pour les dégradations. (8)

Une commune peut bénéficier d'aides notamment de l'ADEME et du département.

Le diagnostic de performance énergétique est exigé, depuis le 1er juillet 2006, lors de la vente d'un bâtiment ou d'une partie de celui-ci.

5. Exemple

Construction en 2006 du pôle administratif des Mureaux.

Sa conception repose sur plusieurs principes de la HQE : toit végétalisé ; récupération des eaux de pluie ; conception bioclimatique ; panneaux solaires ; chauffage *via* pompe à chaleur sur nappe phréatique à 30 m (eau à 15 °C).

6. Conclusion

En résumé, la démarche HQE repose sur 3 points indissociables : un système de management dans lequel le maître d'ouvrage précise ses choix, 14 cibles possibles et des indicateurs de performance.

Un candidat inscrit dans la spécialité Bâtiment, génie civil qui découvrirait le jour du concours que son dossier de synthèse porte sur la HQE saurait qu'il va à la fois gagner du temps dans la lecture du dossier et être plus efficace dans la sélection de l'essentiel. De même un candidat admissible à qui un jury demanderait comment il mettrait en place une démarche HQE pourrait fonder sa réponse sur la fiche constituée lors de ses révisions.

PARTIE 2

Répondre à des questions techniques (concours externe)

Les candidats au concours externe de technicien territorial ont à réussir une nouvelle épreuve qui s'intitule : Réponses à des questions techniques (durée : 3 heures ; coefficient 1). Face à la nouveauté de cette épreuve, la maîtrise d'une méthode efficace est indispensable.

FICHE 9

Méthode
Présentation de l'épreuve de réponses à des questions techniques

Dans le cadre des modifications apportées au cadre d'emplois des cadres B de la filière technique, les concours de recrutement correspondants ont également été modifiés. Les candidats au concours externe de technicien territorial doivent impérativement connaître la forme de la seule épreuve d'admissibilité qu'ils auront à passer.

1 Une seule épreuve d'admissibilité

• Le candidat n'aura à passer qu'**une seule épreuve écrite d'admissibilité**, puis une épreuve orale d'admission. En termes de stratégie, il est essentiel non seulement de donner son maximum pour être admissible mais de tout faire pour être admissible dans les premiers. En effet, un classement est effectué à l'issue de l'épreuve écrite. Bien que ni les examinateurs ni le candidat ne connaissent le rang de classement, il vaut mieux **être admissible avec la meilleure note possible** afin d'éviter une désillusion à l'oral, les deux notes s'additionnant pour déterminer la place finale. Pour bien comprendre en quoi consiste cette épreuve, commencez par analyser son libellé.
• L'épreuve d'admissibilité consiste en des réponses à des questions techniques à partir d'un dossier portant sur la spécialité au titre de laquelle le candidat concourt (durée : 3 heures ; coefficient 1).

2 Des réponses à apporter

À la différence d'une épreuve de synthèse semblable à celle de l'ancien concours de technicien supérieur territorial, les candidats devront apporter non pas une seule réponse mais plusieurs. Ces réponses pourront être **de longueur différente en fonction du barème affecté à chaque question**. Leur nombre sera **d'une dizaine au maximum**. Les informations contenues dans les réponses seront toutes **fondées sur les documents fournis**, les candidats n'ayant pas à les compléter par des apports personnels.
Une stratégie est donc indispensable pour achever sa copie en ayant répondu efficacement à l'ensemble des questions.

3 Des questions techniques

• Il faut comprendre l'adjectif « technique » au sens de « qui relève de la spécialité du candidat ». Pour rédiger les questions, le concepteur du sujet cherche à tester le candidat selon les critères suivants : à partir du niveau d'études nécessaire et du type d'études suivies pour se présenter au concours ; du programme de la spécialité ; des missions du cadre d'emplois des techniciens territoriaux en termes de connaissances, de compétences, etc.
Dès lors, il faut prendre le mot « technique » au sens large car des questions d'organisation, de gestion de service, de droit, de marchés publics pourront être posées.

! *Tous les éléments utiles aux réponses figurent dans le dossier fourni.*

• Le barème vous aide à organiser votre temps de travail. Vous devez consacrer plus de temps aux questions notées sur un plus grand nombre de points.

4 Un dossier consistant

Le dossier comprendra plusieurs documents de forme et de nature variées : textes techniques, réglementaires, illustratifs, etc.
Chaque document sera composé de 1 à 3 ou 4 pages, sans dépasser toutefois une quinzaine de pages.
Le sujet exemple est assez représentatif du type de dossier qui sera proposé aux candidats. Voir Fiche 11, Questions techniques

5 Une liste de spécialités

• 10 spécialités sont offertes pour ce concours. Un programme est affecté à chacune d'elle. La lecture de ce programme permet d'une part de mieux comprendre le sens de l'adjectif « technique », d'autre part de se préparer aux types de questions possibles afin de gagner en temps de lecture. Voir annexe en fin d'ouvrage.
• Plus le candidat travaillera son programme moins il sera surpris par le dossier et les questions donnés, et meilleure sera sa note.

6 Une spécialité à choisir

Un rappel qui pourra paraître inutile à beaucoup, et pourtant... Certains candidats admissibles arrivent devant les examinateurs en croyant s'être inscrits dans une spécialité alors qu'ils en ont choisi une autre !

! *Il est indispensable de bien réfléchir à la spécialité dans laquelle s'inscrire, car une fois le dossier envoyé au centre de gestion organisateur du concours, plus aucun changement ne sera possible.*

Aussi, il faut prendre son temps et faire le choix le plus efficace en n'oubliant pas que la connaissance du programme est encore plus utile pour l'oral que pour l'écrit.

7 Une épreuve de 3 heures

Trois heures pour répondre à une dizaine de questions, c'est court. Il faut absolument gérer correctement son temps afin de répondre à toutes les questions. Sinon, vous risquez de perdre un nombre important de points et ainsi de ne pas être déclaré admissible.

8 Un coefficient 1

Soyez attentif à la valeur du coefficient de cette épreuve : 1. Il est égal à celui de l'oral ; ce qui signifie que les 2 épreuves sont équivalentes pour être admis.
Pour vous mettre en condition, considérez que vous passez deux concours : un concours écrit puis un concours oral, avec une différence fondamentale : **à l'écrit, tout le monde part sur la même ligne, mais à l'oral tous les admissibles sont classés en fonction de leur note de l'écrit.**

FICHE 10

Méthode
Les objectifs à atteindre en fonction des attentes des correcteurs

L'analyse du libellé de l'épreuve permet de faire un certain nombre de constats et d'esquisser des pistes de réflexion. Mais pour appliquer une méthode, il convient de mesurer les objectifs à atteindre ; ils correspondent aux attentes des correcteurs. Trois principaux objectifs peuvent ainsi être dégagés.

1 Repérer les informations à apporter

• Selon la question posée, l'ensemble de la réponse pourra se trouver dans un ou plusieurs documents. Il appartient au candidat de trouver la ou les sources d'informations qui lui permettront de rédiger sa réponse.
• Pour ce faire, il devra être capable de comprendre l'essentiel des documents fournis, d'en analyser le contenu pour délimiter ce qui lui sera utile et éliminer l'inutile.
Ce travail nécessite de prendre des notes de manière rapide, car chaque question ne pourra être traitée qu'en quelques minutes.

2 Organiser les informations de manière cohérente

• Une fois les informations recueillies, le candidat doit les organiser en fonction de leur nombre, de leur richesse, de leur complexité.
• Il ne faut pas oublier que les 2 correcteurs liront chaque réponse comme un outil d'aide à la réflexion. Ils n'accepteront pas de simples « copier-coller » ou une vague paraphrase : le candidat doit prouver qu'il a compris ce qu'il transmet. Les informations reprises seront donc coordonnées, voire synthétisées selon les cas.

3 Rédiger dans un style clair et précis

Maîtriser les règles de la grammaire, de la syntaxe et de l'orthographe est un objectif incontournable pour un candidat aux fonctions de technicien territorial, c'est-à-dire d'un cadre B de la fonction publique territoriale.
• Le style à adopter doit être clair, se fondant sur des phrases courtes par exemple. Il faudra également être précis, adopter un vocabulaire qui ne soit ni général ni vague.
• La syntaxe sera travaillée afin que le propos soit compréhensible par un supérieur hiérarchique ou un collaborateur.
• Enfin, l'orthographe sera la meilleure possible car 2 points seront retirés au total de la note à partir de 10 fautes d'expression.

FICHE 11

Méthode
Questions techniques

Sujet exemple

La nouvelle épreuve de connaissances professionnelles s'appuie sur une série de documents qui contiennent les éléments de réponse aux questions. Les documents de cette fiche constituent un sujet inédit – et transversal à toutes les spécialités - qui sert de base à la méthode développée dans les fiches suivantes.

▸ Sujet

1. Quelles sont les règles de sécurité à observer pour prévenir le risque chimique ? (4 points)
2. Quelles sont les caractéristiques du système général harmonisé ? (1 point)
3. Décrivez comment la rédaction d'un document unique d'évaluation des risques peut être mise en place pour une politique de prévention efficace face à l'insécurité routière. (3 points)
4. Citez des exemples de situations pouvant entraîner une chute et les solutions pour les éviter. (3 points)
5. Qu'implique la norme ISO 26 000 ? (2 points)
6. Quelles sont les obligations des collectivités locales en matière d'hygiène et de sécurité ? (3 points)
7. Quels sont les risques pour la santé des bruits et vibrations, comment s'en protéger ? (2 points)
8. La mise en œuvre d'énergies renouvelables peut-elle présenter des risques pour la santé et la sécurité au travail ? (2 points)

▸ Annexes

Document 1 : « Risques professionnels : le danger au quotidien »
Document 2 : « Énergies renouvelables, vers un développement durable de la prévention »
Document 3 : « Développement durable, un levier pour la prévention des risques »
Document 4 : « Bruits, vibrations & travail, un colloque sur les risques physiques »
Document 5 : « Des équipements adaptés aux utilisateurs »

Document 1

Risques professionnels : le danger au quotidien

Les risques professionnels sont sous-estimés de façon générale. Plus manifeste encore, lorsqu'on est confronté à des risques domestiques dans l'environnement professionnel, ceux-ci passent presque inaperçus et font rarement l'objet d'une étude approfondie, que ce soit dans le cadre de l'évaluation des risques professionnels, ou à la suite d'un ou de plusieurs accidents du travail. Il s'impose donc d'identifier clairement ces risques et de décloisonner leur perception afin d'établir une véritable « culture de la prévention » au sein des collectivités.

1. Produits courants : attention danger

La prévention du risque chimique est un domaine dans lequel les collectivités ont encore du mal à s'inscrire, notamment lorsqu'il s'agit de produits « courants ».

Les agents territoriaux sont pourtant souvent exposés et ce, de manière diffuse. Le risque généré par l'utilisation de produits d'entretien ménager, de produits phytosanitaires, de peintures ou encore de colles, est bien souvent minimisé.

Les risques liés aux produits chimiques doivent être d'autant plus pris au sérieux que l'exposition professionnelle à un ou plusieurs produits chimiques concernait en 2003 près de 38 % des salariés (données INRS).

Les effets pathogènes sont très variables : d'une part des actions immédiates provoquant des brûlures ou des irritations, des réactions allergiques, des intoxications aiguës ou chroniques, et d'autre part des actions différées, essentiellement les cancers.
On stocke des produits inflammables sur des étagères en bois, dans le local de chaufferie, on regroupe l'ensemble des produits dans une armoire sans distinction des risques présentés par chacun...
On les utilise sur son lieu de travail comme dans un cadre privé, sans précautions particulières, sans procédures ou réelle maîtrise des risques alors qu'il s'agit d'un environnement collectif.
Même si les conséquences d'une faible exposition prolongée ne sont pas immédiates, l'employeur a une responsabilité à l'égard des agents. Contrairement à d'autres risques pour lesquels la réglementation se contente de fixer des objectifs à atteindre, la prévention du risque chimique, outre le cadre de l'évaluation des risques professionnels, impose des moyens précis à mettre en œuvre.

L'achat

L'employeur doit respecter le principe de substitution afin de remplacer, lorsque cela est possible, un produit dangereux par un autre qui le serait moins. Il existe quinze catégories d'agents chimiques dangereux (ACD) matérialisés en symboles de danger sur les emballages : explosibles, comburants, inflammables, toxiques, corrosifs, irritants, sensibilisants, cancérogènes, mutagènes, toxiques pour la reproduction (article R. 4411-6 du code du travail)...
Sans entrer dans le détail de cette classification, il est important de retenir que tout produit chimique est susceptible de présenter un risque pour la sécurité et la santé du personnel en raison de sa nature, de la durée et de l'intensité de l'exposition ainsi que de la manière dont il est utilisé ou présent sur le lieu de travail.
L'absence de symbole de danger ne signifie pas que le produit n'est pas dangereux. En effet, la réglementation n'impose un étiquetage de danger aux fabricants qu'à partir d'une certaine concentration, d'un certain degré d'inflammabilité ou d'un certain seuil de nocivité.
Par ailleurs, un amalgame est souvent effectué entre les produits respectueux de l'environnement dit « écologiques » et ceux qui pourraient être moins dangereux pour l'homme. Cet écueil doit être évité lors de l'achat ou de la substitution de produits.
Enfin, il est important de ne pas s'arrêter aux idées reçues. L'utilisation de peintures à l'eau n'est pas sans danger pour l'utilisateur puisqu'elles contiennent des substances telles que des solvants organiques ou amines aliphatiques (cas des peintures hydrosolubles) qui peuvent s'avérer dangereuses pour la santé.

La livraison

Le personnel doit nécessairement disposer, dans les lieux d'utilisation, des fiches de données de sécurité établies par le fabricant (souvent confondues avec les fiches techniques). On y trouve des informations essentielles sur les propriétés physiques, la toxicité, les effets sur la santé, les mesures d'aide d'urgence, les modalités de stockage, les équipements de protection nécessaires ainsi que les mesures à prendre en cas d'écoulement accidentel...
Dans le cadre d'un marché public, il est donc essentiel de préciser au fournisseur la mise à disposition obligatoire de ces fiches à la livraison.
Les prescriptions des fiches de données de sécurité sont les règles a minima auxquelles il est indispensable de se conformer.
Les autorisations de fabrication des produits suivent l'évolution des connaissances et nombre de produits à la vente sont finalement retirés du marché quelques années plus tard. C'est notamment le cas de nombreux produits phytosanitaires qui font l'objet de retrait d'autorisation. D'où l'intérêt pour les responsables d'assurer un véritable suivi des produits utilisés et stockés.
« Risques professionnels : les plus fréquents sont aussi les plus sous-estimés »

Le stockage

Le stockage de produits doit lui aussi respecter des règles précises, notamment en ce qui concerne les règles d'incompatibilité des produits entre eux, mais aussi l'aménagement de rétentions, la ventilation du local qui permet d'assurer un renouvellement d'air, les moyens de secours qui peuvent être nécessaires en fonction de la nature du produit et de la quantité stockée (cuve de fuel de 2 000 litres par exemple).
Les locaux de stockage doivent par ailleurs faire l'objet d'une signalisation obligatoire rappelant l'interdiction d'accès à toute personne non autorisée ainsi que les risques d'émanations, même accidentelles.

L'utilisation

Avant une quelconque utilisation de produit, outre la mise à disposition des fiches de données de sécurité des produits, les utilisateurs doivent bénéficier d'une formation et des informations sur les précautions à prendre pour assurer leur protection.
Des notices d'utilisation doivent par ailleurs être élaborées et affichées dans les lieux de manipulation des produits. Elles sont destinées à informer sur les risques auxquels le travail peut exposer ainsi que les dispositions prises pour les éviter. Elles rappellent également les règles d'hygiène et les consignes relatives à l'emploi des équipements de protection collective ou individuelle.

Un nouveau système mondial de classification et d'étiquetage des produits chimiques

Le système général harmonisé (SGH), c'est son nom, devrait être mis en application cette année. Dans ce nouveau système, les produits sont répartis dans vingt-sept classes de danger contre quinze à l'heure actuelle (répartis en danger physique, danger pour la santé et danger pour l'environnement).

L'étiquetage préconisé par la SGH comprend de nouvelles informations : identification du produit et du fournisseur, pictogrammes, mentions d'avertissement et de danger, conseils de prudence et pictogramme de mise en garde. Les pictogrammes auront la forme d'un losange et comporteront un symbole en noir sur fond blanc dans un cadre rouge.

Exemples d'application du pictogramme :

Matière explosive

Matière inflammable

Comburant

Gaz sous pression

Corrosif

Toxiques

Irritant

Danger pour le santé

Danger pour l'environnement

Les étiquettes et les fiches de données de sécurité seront prochainement mises à jour par les entreprises de commercialisation, de fabrication ou de distribution des produits.

Le suivi de l'exposition professionnelle

Pour toutes les catégories de produits, hormis les produits inflammables et explosifs, l'employeur a l'obligation d'établir une liste des personnes exposées. Cette liste, mise à jour périodiquement, précise la nature du travail effectué, la durée et le degré d'exposition.

L'employeur doit également établir pour chaque agent exposé, une fiche individuelle d'exposition qui mentionne : la nature du travail effectué, les caractéristiques des produits manipulés, les périodes d'exposition, les dates et les résultats des contrôles d'exposition, la durée et l'importance des expositions accidentelles. Chaque agent concerné doit être informé de l'existence de la fiche d'exposition et doit avoir accès aux informations le concernant.

Ce suivi a pour objet, non seulement de détecter au plus tôt les éventuelles conséquences d'une exposition, mais aussi de pouvoir reconnaître à un agent le caractère professionnel d'une pathologie qui surviendrait à plus ou moins long terme.

2. La conduite, un acte professionnel en devenir

« Le risque routier s'avère être la première cause d'accident mortel du travail »

L'insécurité routière est-elle une composante du risque au travail ? Les employeurs ont-ils des moyens d'agir dans ce domaine ? Telles sont les questions auxquelles sans conteste il est possible de répondre par l'affirmative.

De par leurs fonctions, de nombreux agents se déplacent quotidiennement au volant d'un véhicule ou d'un engin, pour la conduite de car de ramassage scolaire, de benne à ordures ménagères, d'engin de déneigement ou de simple véhicule léger, alors même que pour certains, l'activité de conduite ne constitue par leur cœur de métier.

9 000 incapacités de travail permanentes annuelles

Cette situation est d'autant plus préoccupante que les accidents de la route sont à l'origine de deux tiers des décès professionnels. Accidents de trajet, suraccidentabilité des véhicules utilitaires légers (VUL) et surexposition importante des agents sur la voie publique : tel est le constat statistique des accidents routiers.

Avec 454 accidents mortels pour l'année 2006 selon les chiffres CNAMTS, le risque routier s'avère être la première cause d'accident mortel du travail. Entre les accidents routiers du fait du travail et les accidents de trajet, on dénombre 576 838 accidents responsables de 8 983 incapacités permanentes.

Il est d'ailleurs à noter que les situations entre les départements sont inégales puisque pour certains d'entre eux le taux de gravité des accidents de la route peut être jusqu'à deux fois supérieur à la moyenne nationale. L'enjeu pour les collectivités est essentiel. Il s'agit pour elles de répondre aux objectifs définis par les pouvoirs publics en matière de sécurité routière tout en menant parallèlement une politique de prévention des accidents routiers pour son propre personnel.

Les collectivités territoriales ont d'ailleurs été invitées par les préfets à désigner des élus correspondants sécurité routière : « une Madame ou un Monsieur sécurité routière », interlocuteur privilégié des services de l'État, qui veille à la diffusion des informations relatives à la sécurité routière ainsi qu'à sa prise en charge dans la collectivité.

Au cœur du plan « Santé au travail 2005-2009 »

Bien que la plupart des actions de sécurité routière soient aujourd'hui le fait d'organismes d'État, les entreprises mettent aussi en place progressivement des plans de prévention du risque routier. Les collectivités ont quant à elles des moyens d'actions plus étendus si l'on considère leurs possibilités en matière d'aménagement de voirie, de maîtrise de l'urbanisme et de police…

Par ailleurs, d'un point de vue strictement professionnel, le plan Santé au travail 2005-2009 a placé au cœur de ses objectifs le développement de la prévention des accidents routiers du travail au travers de différentes actions : renforcement de la communication des dirigeants, multiplication des formations post-permis, implication des services de santé et amélioration de l'équipement des véhicules utilitaires légers…

Dans cette perspective, le comité interministériel de la sécurité routière a annoncé, le 13 février dernier, d'une part, l'obligation d'équiper les véhicules d'un gilet rétroréfléchissant ainsi que d'un triangle et d'autre part, son objectif de prendre en compte le risque professionnel dans la prévention des accidents routiers. Il souhaite en effet faire de la conduite un « acte professionnel à part entière » en définissant la conduite pendant un déplacement professionnel comme un « acte de travail » et un véhicule utilisé dans le cadre d'un usage professionnel comme un « équipement de travail ».

Cinq axes de prévention

Faire de la conduite un acte professionnel n'est pas sans conséquences importantes pour l'employeur qui devra nécessairement s'assurer de la compétence de son personnel à la conduite de véhicule ou d'engin, outre la simple obtention du permis de conduire. Dans la fonction publique territoriale, outre les formations professionnelles déjà existantes (CACES notamment), le cadre d'emplois des adjoints techniques a en quelque sorte intégré pour partie cet aspect. En effet, la conduite de véhicules ou d'engins est assujettie aux dispositions de l'article 3 du décret du 22 décembre 2006 portant statut particulier du cadre d'emplois des adjoints techniques territoriaux, qui prévoit que ces agents bénéficient d'un examen psychotechnique et d'une visite médicale dès lors que des fonctions de conduite sont exercées.

Les collectivités devront néanmoins aller plus loin dans leur logique générale de prévention. Protéger l'ensemble des agents territoriaux dans leurs déplacements doit devenir une priorité qui nécessite d'intégrer le risque routier aux démarches de prévention entreprises et ce, notamment dans le cadre de la rédaction du document unique d'évaluation des risques.

Cette démarche peut s'articuler autour de cinq axes :

- le conducteur : organiser et assurer des formations générales et particulières (conducteur de 4 × 4 par exemple), des actions de sensibilisation (alcoolémie, stupéfiants, prise médicamenteuse) ;
- l'organisation des déplacements : préparation, planification, gestion, choix des itinéraires, horaires, logistique, temps de conduite ;
- les véhicules : conformité et adaptation du parc, entretien, contrôle, équipement et aménagement (cloison séparatrice, rangement, arrimage, etc.) ;
- l'environnement : itinéraires empruntés (difficultés, dangers, état des chaussées, etc.), entretien des voiries, accès aux bâtiments de la collectivité (parking, plan de circulation, signalisation, etc.) ;
- l'aménagement de la voirie qui intègre les interventions du personnel (rond-point aménagé pour leur entretien…).

Enfin, le Fonds national de prévention de la CNRACL peut apporter un appui financier aux collectivités territoriales et hospitalières qui conduisent des démarches de prévention dont la finalité repose sur l'amélioration de la sécurité et la santé au travail. Le risque routier est l'une des orientations prioritaires du programme d'actions 2007-2009 du fonds.

Les partenaires privilégiés des collectivités pour les démarches de prévention du risque routier

Pour mener à bien une politique de prévention, les collectivités peuvent compter sur de nombreux partenaires internes et externes parmi lesquels les ACMO, les médecins de prévention, les services de préfectures, les associations de prévention des centres de gestion mais aussi les assureurs qui sont nombreux à proposer des formations, informations ou sensibilisations gratuites à la conduite.

3. La chute de plain-pied, deuxième cause d'accidents du travail

Les accidents par chute de plain-pied peuvent se produire partout et à n'importe quel moment, que ce soit dans le cadre professionnel ou privé. De fait, les accidents sont nombreux.

Pourtant, les actions visant à la prévention des accidents de plain-pied sont rares tant en entreprise qu'au sein des collectivités.

Souvent considéré comme bénin, banal et relevant de la fatalité, ce type d'accident représente la deuxième cause des accidents du travail dans les entreprises du régime général et occasionne un quart des journées perdues par incapacité temporaire. On a dénombré en 2002, 168 165 accidents avec arrêt soit 8 135 691 jours d'arrêt (statistiques CNAMTS). Les chutes de plain-pied ont par ailleurs été à l'origine de 14 accidents mortels en 2002, 19 en 2003.

Au sein des collectivités, ce sont en particulier les agents techniques et agents d'entretien (dans 14,8 % des accidents) qui sont concernés par ce type d'accident. Mais c'est sans compter le personnel de cuisine, ATSEM, voire même le personnel administratif.

Les chutes de plain-pied représentent 16 % des accidents de service et 21,8 % des arrêts de travail avec une moyenne d'arrêt de 44 jours.

Ces accidents touchent essentiellement les membres inférieurs (genou, jambe, cheville) et se manifestent pour leur majorité par des entorses, luxations, lumbago (39,1 %) ou des contusions (33,2 %)[1].

« Sous-évaluer certains risques est susceptible de rendre moins efficiente une politique de prévention »

Des facteurs de risques hétérogènes

La difficulté réside pour les collectivités dans le fait que le personnel technique en particulier est susceptible d'intervenir sur l'ensemble de son territoire.

Pourtant, l'analyse des accidents permet de mettre largement en évidence que l'état du sol n'est pas le seul élément concourant à la survenue de ce type d'accident.

L'analyse des accidents de plain-pied a permis de mettre en évidence un certain nombre de facteurs d'accidents qui sont liés à la fois à l'environnement de travail mais aussi à son organisation.

On peut noter, dans les exemples de situation pouvant entraîner une chute de plain-pied :

- la faible résistance au glissement des sols, leurs mauvais états (trous, bosses), l'encombrement ;
- un défaut d'éclairage des passagers ou une dimension insuffisante, l'absence de signalisation des voies de circulation ;
- les chaussures inadaptées ou abîmées (semelles usées) ;
- la visibilité réduite (bras encombrés lors de manutention) ;
- le travail dans l'urgence pour « gagner du temps » : courir, porter plusieurs objets volumineux, prendre un raccourci...
- l'organisation inappropriée des tâches – par exemple le lavage des sols coïncidant avec les sorties de bureaux.

La prévention selon le code du travail

Les mesures de prévention concourant à lutter contre les chutes de plain-pied sont principalement de six ordres visés pour partie par le code du travail :

- le choix dès la conception, de sols et de zones de circulation adaptés (articles R. 4214-2 et suivants) ;
- l'aménagement des locaux : l'entretien et le rangement des locaux (nettoyage des sols et limitation de l'encombrement des voies de circulation), la signalisation des zones de danger (article R. 4214-14), l'optimisation de l'éclairage des locaux et zones de déplacement (articles R. 4223-2 et suivants) ;
- l'organisation du travail : la prise en compte des conditions climatiques dans l'organisation du travail – pluie, neige, verglas... – (article R. 4225-1), limiter dans la mesure du possible les déplacements en mettant à disposition des agents d'entretien des points d'eau à chaque niveau, la mise à disposition de moyens de manutention adaptés...
- la conception des équipements de travail : le choix à l'achat de système d'accès (véhicules, engins notamment) ;
- la mise à disposition des agents d'équipement de protection individuel adapté, en l'occurrence des chaussures adaptées (antidérapantes) ;
- l'information du personnel. Chaque agent nouvellement recruté ou affecté à un poste de travail doit bénéficier d'une formation générale à la sécurité qui comprend notamment les règles de circulation des engins et des personnes ainsi que les chemins d'accès (article R. 414-12 du code du travail).

En matière de réglementation, l'article 2 du décret n° 85-603 du 10 juin 1985 modifié rendant applicable la quatrième partie santé et sécurité du code du travail établit le principe suivant : *« dans les collectivités et établissements [publics], les locaux et installations de service doivent être aménagés ; les équipements doivent être réalisés et maintenus de manière à garantir la sécurité des agents et des usagers. Les locaux doivent être tenus dans un état constant de propreté et présenter les conditions d'hygiène et de sécurité nécessaires à la santé des personnes ».*

Ainsi, il existe sans aucun doute un lien entre les chutes de plain-pied et les composantes de la situation de travail, ce qui rend difficile la mise en œuvre de mesures de prévention généralisables.

Les accidents de plain-pied sont des risques professionnels à part entière qui doivent faire l'objet de mesures de prévention au même titre que les autres risques. Une analyse approfondie *a posteriori* des accidents doit permettre de faire émerger les problèmes en lien avec ce type d'accident et de mettre en évidence les scénarios récurrents afin d'y remédier.

Un document intéressant à consulter, l'« arbre des causes » des chutes de plain-pied, sur le site de l'INRS (Institut national de recherche en sécurité) : http://www.inrs.fr

Mieux vaut surestimer le risque...

Depuis la parution du décret du 16 juin 2000, les collectivités se sont engagées dans un processus de prévention des accidents du travail et des maladies professionnelles, en désignant notamment les agents chargés de la mise en œuvre des règles d'hygiène et de sécurité (ACMO) ou les agents chargés de la fonction d'inspection (ACFI).

D'autres encore ont initié ou ont fait aboutir leur démarche d'évaluation des risques professionnels et constitué le document unique, pivot de l'action de prévention.

Néanmoins, même si ces obligations sont remplies, sous-évaluer certains risques est susceptible de rendre moins efficiente une politique de prévention. Ce peut être notamment le cas des risques domestiques que l'on retrouve dans l'environnement professionnel et auxquels il est essentiel d'accorder un intérêt tout particulier car *« mieux vaut se tromper en surestimant le risque qu'en le sous-estimant »*. Tel est le principe de précaution qui doit aussi s'appliquer dans le domaine de la santé et de la sécurité au travail.

Estelle Cordeiro, *Techni.Cités n° 154* - 8 septembre 2008.

Note :

1. Données de Dexia Sofcap d'après une étude statistique réalisée en 2003 sur la base d'un échantillon de 4 673 collectivités territoriales, soit 242 802 agents répartis sur l'Hexagone.

Document 2

Énergies renouvelables, vers un développement durable de la prévention

Dans la foulée des « Grenelle de l'environnement », la France s'est lancée dans un programme ambitieux d'investissements en faveur des activités de construction, de production d'énergies renouvelables et de transport. Jusque-là, les études d'impact en matière de risques professionnels sont très partielles voire absentes. Pourtant, la mise en œuvre de nouvelles technologies impose d'être vigilant. En dépit du manque de recul, l'observation de certaines dérives, notamment celles liées à la mise en œuvre des équipements de production d'énergies renouvelables, permet de dégager des axes de prévention. Premier tour de piste sur les chantiers du « développement durable ».

Énergies renouvelables, quels impacts sur la sané et la sécurité au travail ?

Considérées comme favorables à l'environnement, les énergies renouvelables sont souvent qualifiées d'énergies propres. Leur mise en œuvre n'est pourtant pas totalement maîtrisée. Lorsqu'elles font appel aux nouvelles technologies, le recul est souvent insuffisant. C'est vrai notamment en ce qui concerne la maîtrise des risques liés à la fabrication des équipements, leur exploitation, leur maintenance et leur recyclage. D'où l'intérêt de mieux cerner leurs impacts en matière de santé et de sécurité au travail.

Les entreprises sont confrontées à un nouveau défi, celui de la « croissance verte ». Désormais largement admise comme une nécessité, la sauvegarde de l'environnement produit ses effets sur l'économie. Et les échéances se rapprochent. Dans la foulée du sommet de Rio[1], l'Union européenne a pris un triple engagement pour 2020 : réduire de 20 % ses émissions de gaz à effet de serre, réaliser 20 % d'économies et produire 20 % d'énergies renouvelables. En France, à la suite des consultations organisées dans le cadre des « Grenelle de l'Environnement » 1 et 2, le ministère chargé de l'Écologie et du Développement durable a défini des objectifs à long terme. Il s'agit d'améliorer l'efficacité énergétique des activités économiques, des transports, ainsi que les performances thermiques des bâtiments. Le développement de filières de production d'énergies dites renouvelables est également à l'ordre du jour. Par leurs choix énergétiques et leurs politiques fiscales incitatives, les États européens accompagnent la mutation des activités de construction et de production. Quel va en être l'impact sur la santé et la sécurité au travail aujourd'hui ?

Accompagnement

« *Depuis 2006, la France a fait évoluer sa réglementation thermique pour les constructions ou bâtiments neufs*, remarque Lionel Moussus, ingénieur-conseil à la Carsat des Pays-de-la-Loire. *Au niveau des régions, ces incitations sont relayées par les collectivités territoriales en charge de l'urbanisme. Les pouvoirs publics ont également fixé des objectifs de développement combinant les énergies solaires — thermique et photovoltaïque —, l'énergie éolienne ainsi que la géothermie et la biomasse* » (voir glossaire). Ainsi, au cours des dix prochaines années, la production éolienne terrestre et offshore devrait être multipliée par quatre. Tandis que la production solaire thermique et photovoltaïque devrait être multipliée par trente ou quarante. Si ces mesures ont fait l'objet d'études prospectives sur leur impact économique et leur incidence en termes d'emplois, les effets sur les risques professionnels sont encore peu appréhendés.

Le développement de l'éolien en France est relativement récent. Le premier aérogénérateur a été installé en 1992[2] et le premier document élaboré par l'Assurance maladie-Risques professionnels sur la prévention des risques liés aux chantiers de montage date de 2006. Le retour d'expériences est faible en ce qui concerne la maintenance. Pour le solaire, la grande majorité des entreprises appartient au BTP. *« Les salariés des entreprises d'installation du secteur des énergies renouvelables sont exposés à des risques connus. Il faut cependant adapter la démarche de prévention en tenant compte de ces nouvelles activités comme le travail en hauteur, les manutentions et l'électricité »*, détaille l'ingénieur-conseil.

L'examen des données relatives aux accidents du travail et maladies professionnelles montre que les entreprises du bâtiment concernées sont des établissements de petite taille à forte sinistralité. *« Les sociétés qui se développent sur ces nouveaux marchés ont besoin d'être accompagnées dans l'évolution et la prévention des risques »*, poursuit Lionel Moussus. D'autant que les emplois concernés dans ces activités sont en croissance rapide. *« Les secteurs les plus dynamiques en création d'emplois seront ceux de la construction et des énergies renouvelables »*, commente le Centre d'analyse stratégique[3]. Le développement de ce marché fait émerger de nouvelles qualifications, voire de nouveaux métiers, dans des secteurs plus traditionnels comme la mécanique ou le BTP. Le Syndicat des énergies renouvelables (SER) juge que les effectifs concernés devraient s'élever à 300 000 emplois créés en 2020.

Glossaire

Solaire thermique. Le rayonnement solaire est transformé en énergie thermique par un panneau dans lequel circule un fluide. Ce dernier transfère ensuite sa chaleur au circuit d'eau chaude sanitaire traditionnel. Les panneaux pèsent généralement entre 60 et 80 kg.

Solaire photovoltaïque. Le rayonnement solaire capté par un panneau composé de cellules photovoltaïques est transformé en énergie électrique.

Géothermie. Procédé permettant d'extraire la chaleur de la terre, généralement à partir d'un forage vertical du sol ou par la mise en place d'un réseau horizontal.

Biomasse. On désigne ainsi l'ensemble des substances organiques d'origine végétale et animale pouvant devenir une source d'énergie ; soit par combustion comme le bois, soit après méthanisation comme les déchets verts, soit enfin par transformations chimiques, comme les agrocarburants.

Nouvelles activités

Pour la période 2010-2020, le SER estime que les investissements privés cumulés en France pour la filière éolienne s'inscrivent dans une fourchette comprise entre 20 et 30 milliards d'euros. Il recense actuellement 10 000 emplois. Si la dynamique actuelle se poursuit, il prévoit une multiplication par six du nombre d'emplois dans cette filière d'ici 2020[4]. En ce qui concerne l'énergie solaire, l'Ademe a calculé que la filière photovoltaïque a mobilisé près de 8 500 emplois en 2008. Partant des hypothèses retenues pour ce marché à l'horizon 2020, ce sont quelque 70 000 emplois qui pourraient être concernés par le photovoltaïque. Dans la même perspective de développement en 2020, l'Ademe évalue à 48 000 les emplois qui seront mobilisés par la filière « solaire thermique ».

L'enquête réalisée en 2010 par Lionel Moussus auprès de 126 installateurs-mainteneurs de panneaux solaires des Pays de la Loire, sur les 800 que compte la région, permet de dresser un premier panorama des caractéristiques des entreprises concernées. *« Plus d'une entreprise sur deux a mois de cinq ans, décrit-il. L'effectif moyen est de 10 salariés mais plus d'une soixantaine d'entre elles ont un effectif inférieur à 5. Les jeunes attirés par les nouvelles technologies n'hésitent pas à reprendre une entreprise dans les secteurs de l'électricité, de la couverture ou de la plomberie/chauffage. Voire, lorsqu'ils sont jeunes diplômés, à créer la leur. Enfin, en raison de la nature des chantiers, habitat diffus et faible durée, ces entreprises sont peu visibles par les organismes chargés du contrôle et de la prévention des risques professionnels »*.

Précurseurs

Dans ces conditions, la prévention des risques professionnels en direction de ces entreprises s'avère délicate. À la demande des partenaires sociaux, l'Assurance maladie-Risques professionnels et l'INRS ont engagé différentes actions. Outre les études ponctuelles déjà citées, plusieurs caisses ont engagé des actions de sensibilisation des professionnels concernés et mené des contrôles sur les chantiers de pose de panneaux solaires en toiture. La caisse générale de Sécurité sociale de la Réunion a joué un rôle de précurseur. Bénéficiant de conditions d'exposition favorables, la région s'est fixé l'objectif de produire, à terme, 100 % de son énergie grâce à ces filières. La puissance installée prévue pour fin

2010 s'élève à 100 MWc et l'une des principales centrales photovoltaïques françaises est installée sur l'île. Sur l'un de ces chantiers, un monteur de panneau a été victime, en 2008, d'un accident mortel à la suite d'une chute à travers une plaque de plexiglas. Cet événement a conduit la CGSS à engager une série d'actions en direction des professionnels, auxquelles se sont ajoutées différentes initiatives nationales. « *L'Assurance maladie-Risques professionnels, les caisses régionales, l'INRS et l'OPPBTP ont ainsi élaboré une fiche pratique de sécurité,* commente Philippe Sordoillet, ingénieur-conseil à l'INRS. *Ce document, intitulé Pose et maintenance de panneaux solaires thermiques et photovoltaïques, est maintenant largement diffusé* »[5]. Autre constat établi par Lionel Moussus : « *L'expérience acquise par la Carsat en Pays de la Loire, notamment en matière de formation à la prévention des chutes de hauteur sur les chantiers, montre l'intérêt de déployer des formations spécifiques. Les opérations de pose sont directement concernées, mais les interventions de maintenance vont se multiplier et l'exposition au risque de chute s'accroître si les dispositifs de protection collective sont insuffisants ou absents* ». En effet, pour garantir un rendement optimal, un nettoyage régulier est nécessaire. Il faut donc envisager dès la conception des installations, les dispositions de prévention collectives. Au-delà des questions de pose et maintenance, la maîtrise des risques liés à la technologie photovoltaïque passe également par les lieux de fabrication et de recyclage en fin de vie.

Dossier réalisé par Jean-Paul Richez,
avec Grégory Brasseur et Joël Clergiot,
Travail et sécurité, février 2011

Notes :
1. Sommet de la terre organisé à Rio de Janeiro (Brésil) en 1992 sous l'égide de l'Organisation des Nations unies.
2. *Travail & Sécurité*, n° 662, 2006.
3. Le Centre d'analyse stratégique est un organisme directement rattaché au Premier ministre. Il a pour mission d'éclairer le gouvernement dans la définition et la mise en œuvre de ses orientations stratégiques en matière économique, sociale, environnementale ou culturelle.
4. « L'industrie française se tourne vers l'éolien », rapport réalisé à la demande de SER-FEE par Capgemini Consulting, 2010.
5. *Pose et maintenance de panneaux solaires thermiques et photovoltaïques*, ED 137.INRS.

Document 3

Développement durable, un levier pour la prévention des risques

Depuis le 1er novembre 2010, la communauté internationale dispose, avec la norme ISO 26 000, de lignes directrices pour appliquer les principes du développement durable. L'Assurance maladie-Risques professionnels a contribué à l'élaboration. Retour sur les principaux enjeux développés dans ce texte.

La prévention des risques professionnels et le développement durable présentent des objectifs similaires. Il s'agit d'anticiper l'impact potentiellement négatif de décisions ou d'actions engagées, soit dans le cadre d'une entreprise, soit dans le cadre d'un groupe ou d'une collectivité. Dans un cas, l'objectif est de préserver la santé et la sécurité des salariés. Dans l'autre, la finalité est de protéger la société et l'environnement en dépassant le champ habituel de la maîtrise des risques professionnels. La difficulté naît précisément de ce changement de périmètre. Elle résulte également d'un décalage dans le temps. Les premières dispositions légales prises pour la protection des travailleurs datent de plus d'un siècle, celles relevant du domaine environnemental sont récentes : la notion de « développement durable » apparaît en 1987. Une notion qui mérite d'être précisée. Les progrès en matière de prévention des risques professionnels sont directement liés à la reconnaissance de la responsabilité de l'employeur en cas d'accident ou de maladie professionnelle et aux moyens de l'exercer. En définissant précisément la notion de responsabilité sociétale, et en fixant un cadre directeur aux démarches préventives, la norme internationale ISO 26 000 adoptée le 1er novembre 2010 emprunte la même voie. Au cours des dix dernières années, près de 90 pays ont pris part à son élaboration. La France a défendu sa vision de la responsabilité sociétale : respect des textes internationaux tels que les conventions fondamentales de l'Organisation internationale du travail et importance accordée aux organisations dans le dialogue avec les acteurs ou parties prenantes. La responsabilité sociétale d'une entreprise ou d'une organisation traduit sa volonté d'assumer la responsabilité des impacts de ses décisions ou activités sur la société. L'exercice de cette responsabilité dépasse largement la tentative de « ripoliner en vert » l'image de marque d'entreprises commerciales. En outre, la communication, centrée sur les seules démarches environnementales, omet souvent sur les questions de santé et de sécurité au travail des salariés.

Finalité

L'Assurance maladie-Risques professionnels a confié à la Carsat Aquitaine et à son ingénieur en chef Dominique Saïtta la mission de piloter un groupe expert national sur le thème « Prévention des risques professionnels et développement durable ». *« Dans les deux cas, l'homme est au cœur des préoccupations »*, indique Dominique *Saïtta. « Il ne s'agit pas d'appliquer des principes divers d'une façon abstraite : principes généraux de prévention dans le cas des risques professionnels ou questions centrales de la responsabilité sociétale dans celui du développement durable. L'approche technique est insuffisante. Elle trouve rapidement ses limites si les salariés de l'entreprise, ou les personnes concernées par l'organisation, ne sont pas associés. En outre, à l'échelle de l'entreprise, si l'on veut vraiment conduire des démarches de développement durable, il faut d'abord progresser dans la maîtrise des risques professionnels »*. Au sein de l'entreprise, la responsabilité sociale n'a pas de sens si elle laisse de côté la prévention des risques professionnels. Son pilotage stratégique et sa bonne gouvernance doivent intégrer cette nouvelle donne. Et ses responsables ne peuvent pas se limiter au seul respect de la réglementation. Le travail de sensibilisation des acteurs de la prévention est déjà engagé. En tant que donneurs d'ordre et comme gestionnaires, les agents des collectivités territoriales sont doublement concernés. De nombreuses collectivités ont déjà intégré cette réflexion dans le cadre des « Agenda 21 »[1]. En 2008, le conseil régional du limousin a, par exemple, signé une convention avec la Carsat Centre-Ouest. Plus récemment, la Carsat Rhône-Alpes s'est engagée avec une entreprise locale dans une action pilote définie par une charte « Santé travail durable ». Ces expériences montrent l'intérêt d'aborder de front la prévention des risques professionnels et les questions environnementales. Les progrès dans ce dernier domaine n'ont aucun sens s'ils conduisent à accroître les risques d'accidents ou d'altération de la santé : chutes de hauteur, dégradation de l'éclairage naturel, par exemple. Plusieurs autres caisses régionales ont également programmé des actions en direction des entreprises. *« Notre objectif est de les faire progresser en prenant appui sur les démarches de développement durable. Dans cette perspective, les questions centrales de la responsabilité sociétale constituent un nouvel outil au service de la prévention des risques professionnels »*, commente Dominique Saïtta.

Notes :

1. L'Agenda 21 est un plan d'action pour le XXIe siècle adopté par 173 chefs d'État lors du sommet de la terre, à Rio, en 1992. Avec ses 40 chapitres, ce plan d'action décrit les secteurs où le développement durable doit s'appliquer dans le cadre des collectivités territoriales. En France, c'est le Comité 21 – Comité français pour l'environnement – qui supervise son application depuis 1994.

Document 4

Bruits, vibrations & travail, un colloque sur les risques physiques

Du 2 au 4 mars, l'INRS organise à Paris un colloque « Bruits et vibrations au travail ». À cette occasion, les impacts sur la santé de ces deux nuisances, souvent associées, vont être analysés, et les moyens de les combattre développés. Tour d'horizon sur les raisons d'être de cette manifestation, avec deux de ses organisateurs.

Travail & Sécurité. L'INRS organise à Paris un colloque intitulé « Bruit et vibrations au travail », du 2 au 4 mars prochains. Pourquoi associer ces deux risques ?

• **Patrice Donati, responsable du laboratoire Prévention technique des machines, au département Ingénierie des équipements de travail (IET) de l'INRS.** Le bruit et les vibrations présentent une problématique commune. Il y a quelques années, deux directives européennes ont vu le jour, l'une sur le bruit, l'autre sur les vibrations[1]. Elles se ressemblent fortement, tant pour les obligations des employeurs que pour l'évolution, avec des valeurs limites... Toutefois, ce n'est pas le métier des employeurs que de faire des mesurages. De nombreux acteurs rencontrés déclarent de bonnes intentions, mais ne disposent pas des outils pour agir. Nous avons donc décidé de les informer sur ces sujets, d'autant que l'INRS, dans le cadre du Réseau prévention, a mis en place une stratégie et des outils[1].

• **Jacques Chatillon, responsable du laboratoire Réduction du bruit au travail, au Département IET de l'INRS.** Les deux directives que vient de mentionner Manu Donati traitent toutes deux de risques physiques. D'un point de vue physique, là où il y a du bruit, il y a souvent des vibrations ; et si on diminue les vibrations, on diminue également le bruit. Il y a donc bien une logique à réunir les personnes préoccupées par ces deux nuisances.

A-t-on une idée du nombre des salariés exposés à ces dangers ? Quels sont les risques encourus par les salariés ?

• **J.C.** En ce qui concerne le bruit, environ 7 % des 25 millions de salariés sont régulièrement exposés à des « bruits lésionnels », susceptibles d'entraîner des atteintes irréversibles de la santé, comme les surdités d'origine professionnelle. On estime qu'à peu près le quart des salariés sont par ailleurs soumis quotidiennement à des bruits non lésionnels, qui sont toutefois des facteurs de risques : stress, distractions, causes d'accidents du travail… Ces nuisances sont très sous-évaluées.

• **P.D.** Il convient de différencier les vibrations qui sont transmises à l'ensemble du corps, de celles qui sont transmises au « système main-bras ». Si, pour chacune de ces deux catégories, les proportions de salariés exposés sont sensiblement identiques (environ 10 %), les populations touchées, et les risques encourus, sont distincts. Les conséquences pour la santé diffèrent également : pour les vibrations transmises à l'ensemble du corps, une augmentation de la probabilité de développer un mal de dos au niveau lombaire est décrite. En revanche, les vibrations transmises au système main-bras sont responsables de pathologies spécifiques, d'ordre vasculaire ou neurologique (« doigts blancs », perte de sensibilité au niveau des mains) ou de troubles ostéo-articulaires des poignets ou des coudes…

Quels sont les secteurs particulièrement touchés ?

• **J.C.** Le bruit affecte particulièrement les secteurs de transformation de la matière (métallurgie, plasturgies, bois, verre, minéraux, et carrières). Il est également présent dans l'agroalimentaire, la construction (avec les machines portatives), le tertiaire (avec les centres d'appels téléphoniques), les spectacles (en particulier les professionnels travaillant dans des ambiances musicales « amplifiées »), etc.

• **P.D.** Les vibrations transmises à l'ensemble du corps sont essentiellement présentes dans le BTP et la construction (avec les engins de chantier), la logistique et le transport (chariots élévateurs, transpalettes, camions) et le secteur agricole forestier (tracteur). Les conducteurs d'engins dépassent régulièrement la valeur dite d'action, beaucoup moins fréquemment la valeur limite, sauf sur certaines machines comme les décapeuses (scrapers)[2]. Les vibrations transmises au système main-bras concernent surtout les secteurs utilisant des machines portatives : le BTP, l'entretien de parcs et d'espaces verts, le travail des métaux.

Comment lutter efficacement contre le bruit et les vibrations sur les lieux de travail ?

• **P.D.** La démarche préconisée par le Réseau prévention tient en quelques points essentiels. Il faut d'abord sensibiliser l'ensemble des personnes concernées, et impliquer le plus grand nombre possible d'acteurs. Puis, il convient d'évaluer aussi précisément que possible les niveaux d'exposition, pour en déduire une stratégie d'actions détaillées. Celles-ci consistent notamment à : préparer les travaux à accomplir (par exemple, bien niveler les pistes de roulement), afin de réduire les risques à des niveaux sinon minimaux, du moins acceptables ; sélectionner les matériels les moins « vibrants », comme le veut l'obligation réglementaire d'information imposée aux fabricants ; former les personnels, aussi bien en matière d'utilisation de base que de savoir-faire avancés : comment conduire un engin, par exemple, sans générer trop de vibrations dangereuses pour le dos, et sans perdre trop de temps sur un chantier, ou une plate-forme logistique…

• **J.C.** Dans le cas du bruit, la stratégie est globalement la même : pour le choix de matériels moins bruyants, on privilégiera la réduction du bruit à la source. On peut également travailler sur l'acoustique des locaux pour les travaux en intérieur. Sans oublier les protections individuelles de l'ouïe, qui arrivent toutefois en fin de réflexion. Pour reprendre les propos de Patrice Donati, l'implication du plus grand nombre est essentielle pour une bonne prévention des risques, aussi bien à tous les niveaux de l'entreprise, que du côté des services de santé au travail…

Propos recueillis par Antoine Bondéelle et Delphine Vaudoux.

Notes :

1. Voir la brochure de programmation ou colloque, disponible auprès de l'INRS, et le site du colloque : www.inrs-bvt2011.fr ; lire : *Travail & Sécurité* n° 710, octobre 2010 dossier « vibrations et mal de dos », pp. 16-31 (sur : www.travail-et-sécurité.fr)

2. Directives 2002/44/CE (Vibration ; JOCE du 6 juillet 2002) et 2002/49/CE, 2003/10/CE (Bruit ; JOCE du 15 février 2003) transposées en droit français par décrets. Voir www.inrs.fr

Document 5

Des équipements adaptés aux utilisateurs

Les attentes du marché et les avancées technologiques font évoluer les équipements de protection individuelle (EPI).

Ils prennent mieux en compte les besoins du BTP. On est loin des chaussures de sécurité inconfortables et du vêtement de travail informe. Depuis une dizaine d'années, l'offre des équipements de protection individuelle (EPI) a considérablement évolué. Les exigences toujours renforcées des référentiels techniques ont joué. Les attentes du marché, les avancées technologiques, de nouvelles matières et l'apparition des matériaux composites, sans compter la tendance équitable et du coton bio, amènent les fabricants à proposer des produits de plus en plus perfectionnés. *« L'EPI n'est pas un produit de consommation comme les autres. Il est destiné à être porté par des femmes et des hommes confrontés tous les jours à des risques d'accidents ou de maladies professionnelles. De manière générale, et dans tous les secteurs d'activité, l'ergonomie, le confort et le « look » sont devenus des critères importants, juste après la protection, dans le choix des EPI »*, constate Antoine Fabre, délégué général du Syndicat national des acteurs du marché de la prévention et de la protection. Les progrès concernent tous les EPI : des équipements antichutes, plus rapide à enfiler avec des sangles de harnais plus confortables, aux masques de sécurité ergonomiques adaptés à la vue, en passant par les protections auditives moulées à l'oreille qui permettent de communiquer tout en filtrant les bruits. Sans parler des chaussures de sécurité qui, grâce aux technologies mises au point pour la mode sportswear, offrent une qualité de semelle antichoc et anti vibration.

Tous ces progrès doivent encourager les salariés à porter les EPI. En effet, un vêtement de protection inconfortable ou des lunettes de sécurité encombrantes deviennent vite une contrainte. Une recherche du meilleur produit qui doit émaner de l'entreprise. « Le niveau de qualité d'un EPI, à savoir sa capacité à protéger, mais également à être accepté, relève de la responsabilité de l'acheteur », rappelle Dominique Dubois-Picard, ergonome au Comité national de l'OPPBTP.

Benoît Castex • Responsable des achats, Aximun, activité SFER (Société de fourniture pour l'environnement routier)

« Le maître mot demeure le confort »

« Nous achetons et revendons au sein du groupe les EPI et vêtements ou accessoires touchant à l'image. Nous équipons près de 30 000 personnes en France et à l'étranger. Nous nous appuyons sur les responsables qualité-sécurité-environnement au contact du terrain et des risques. Ce sont eux qui font remonter les besoins. En retour, nous leur proposons le meilleur produit en conciliant qualité, confort, design, prix. Nous n'imposons rien mais proposons sur catalogue une offre de plusieurs produits par EPI. Nous ne sommes pas dans la recherche du basique. Le maître mot demeure le confort. La densité de marché nous favorise car, pour se différencier, les fabricants doivent faire preuve d'innovation. Nous travaillons exclusivement avec des usines, des industriels. Cela nous permet d'être plus réactifs. Le volume des achats EPI, à hauteur de 4,5 millions d'euros par an, joue aussi en notre faveur. Le plus difficile est de coordonner la logistique dans plus de 400 centres de travaux ».

Des vêtements plus « tendance »

Conscients de leur responsabilité, les chefs d'entreprises pensent mieux leurs achats, testent les produits au préalable et n'hésitent plus à équiper leurs salariés de vêtements plus « tendance ». L'exemple le plus marquant reste sans doute celui de Vinci Construction qui a demandé à Sperian Protection France de bâtir une gamme complète de vêtements de protection (de la veste au pantalon en passant par la polaire), aux couleurs de l'entreprise, dessinée par Timberland Pro. Cet exemple confirme une autre tendance. Le vêtement de protection sert aussi à véhiculer l'image de l'entreprise. Dans le BTP, nombreuses sont les entreprises à utiliser des tenues de protection à leurs couleurs. De leurs côtés, les fabricants adaptent leurs gammes d'EPI en fonction des conditions d'utilisation. Des adaptations qui passent par un dialogue et des échanges entre les fabricants et les opérationnels. Ainsi, la tendance des ouvriers routiers à enlever le gilet de sécurité l'été à cause de la chaleur a conduit le groupe Colas à développer avec un fabricant des tee-shirts « haute visibilité », auxquels on peut ajouter de la maille ajourée pour plus de respirabilité.

Ce que disent les textes

Article R 233-1

« Le chef d'établissement doit mettre à la disposition des travailleurs les équipements de travail nécessaires appropriés au travail à réaliser ou convenablement adaptés à cet effet, en vue, de préserver la santé et la sécurité des travailleurs... »

Article R 233 1-1

« ... les moyens de protection détériorés pour quelque motif que ce soit, y compris du seul fait de la survenance du risque contre lequel ils sont prévus, dont la réparation n'est pas susceptible de garantir qu'ils assureront le niveau de protection antérieur à la détérioration, doivent être immédiatement remplacés et mis au rebut... »

Article R 233 1-3

« ... Ils doivent en outre pouvoir être portés, le cas échéant, après ajustement, dans des conditions compatibles avec le travail à effectuer et avec les principes de l'ergonomie ».

S'y ajoute la **directive 2003/10 transposée en 2006 dans le droit français par décret du 19 juillet 2006**. Elle élargit la responsabilité du chef d'entreprise en insistant sur l'importance de l'évaluation du risque auditif.

Au contact du terrain et des utilisateurs

À la demande des utilisateurs, le vêtement de travail intègre dorénavant des éléments de fonctionnalité : poches pour outils, zones renforcées pour les coudes et les genoux... Les tissus sont devenus aussi beaucoup plus résistants à l'abrasion et à l'humidité. Pour mieux comprendre la problématique des maçons, David Laird, directeur général d'Infield Safety, société spécialisée dans la protection de la tête, est allé à leur rencontre dans le cadre des journées d'étude de la Capeb. Les artisans n'étaient pas satisfaits des lunettes en polycarbonate. À force d'être nettoyées sur le bleu, elles se rayaient, et cela, malgré le traitement antirayures. « *Dans le BTP, nous avons proposé des lunettes en verre minéral trempé, plus chères, mais d'une durée de vie plus longue. Pour éviter l'inconfort de la buée, nous conseillons aussi les masques avec un corps plutôt que les jetables avec pince-nez* », illustre-t-il.

Sabine Nique • Entreprise de travaux publics, Climent, Voujeaucourt (Doubs)

« Nous testons les produits avant tout achat »

« Nos salariés portent une tenue de travail aux couleurs de l'entreprise depuis quinze ans. À l'époque, nous avions traité en direct avec un fabricant d'après le cahier des charges suivant : respect des couleurs, confort, facilité, bandes réfléchissantes sur les manches de la veste et les jambes du pantalon. Cette première démarche organisée en termes d'EPI a marqué le sentiment d'appartenance des salariés à l'entreprise et a permis de les valoriser. Avec un budget d'environ 40 000 euros par an, le coût des EPI n'est pas anodin pour nous. Nous ne prenons pas le risque d'investir dans des produits que les salariés ne porteront pas. Comme nous ne sommes pas assez gros pour traiter en direct avec les fabricants, nous passons par les distributeurs. Mais nous testons les produits avant tout achat. J'envoie aussi les responsables qualité-sécurité-environnement sur des salons pour s'informer. En cas de doute, nous prenons contact avec le médecin du travail, source d'information et de conseils. En parallèle, nous travaillons avec le comité d'entreprise pour responsabiliser les salariés au port des EPI. »

Delta Plus, généraliste de l'EPI, a mené le même travail d'écoute et de sensibilisation avec les gants tricotés enduits : « *Il fallait convaincre qu'ils étaient mieux adaptés aux contraintes des métiers du BTP tout en ayant un niveau de protection équivalent voire supérieur aux gants en cuir. Des gants à la bonne taille en fibre technique, qui permettent gainage, tactilité et protection, seront portés longtemps et sans contraintes* », affirme Nicole Gilliard, responsable marketing chez Delta Plus. Elle l'a d'ailleurs vérifié dans le cadre d'une vaste campagne d'essai dédiée au port de gants adaptés aux métiers de la maçonnerie, proposée par les organisations professionnelles de la maçonnerie et du gros œuvre, l'industrie cimentière et l'OPPBTP.

L'opération a eu deux impacts : « *Elle a montré que le travail de sensibilisation des artisans n'était pas terminé. Elle a, par ailleurs, permis aux fabricants de bien comprendre la spécificité de nos métiers. Un ouvrier pouvant réaliser différentes tâches dans la même journée, ils ont élaboré un gant multitâche. Ainsi, il ne sera pas porté par intermittence* », estime Jean-Jacques Châtelain, président de l'Union nationale artisanale peinture-vitrerie-revêtement à la Capeb.

Véronique Esvan • Directrice santé et sécurité, Cemex France

« Il est important d'expliquer »

« Nos salariés interviennent dans des carrières et des centrales à béton avec un risque de chute de cailloux. En plus d'imposer le port du casque, il faut d'abord sécuriser le site.

Après avoir posé ce préalable des mesures de protection collectives, nous nous intéressons aux EPI. Nous sommes dans l'amélioration continue et à l'écoute des salariés. Nous avons constaté qu'en hiver, les salariés portaient un bonnet sous leur casque de sécurité avec le risque de le faire tomber.

Lors d'un déplacement dans une filiale britannique du groupe, j'ai découvert un système de bonnet avec un cache-col qui se place entre le casque et l'armature.

J'ai appelé notre distributeur, Centurion, avec lequel nous avons conclu un accord-cadre national. Il a répondu à notre besoin. Nous avons fait tester l'échantillon, vérifiant le confort du bonnet et garantissant son port.

Enfin, nous avons expliqué aux salariés la raison de cette démarche d'amélioration. Quand nous avons mis en place les chaussures de sécurité à lacets montantes, nous avons souligné qu'elles permettaient de réduire de 63 % les traumatismes des chevilles et des genoux. »

« Le BTP pèse 10 % du marché global des équipements de protection individuelle. Il passe à 40 % du marché des casques, 25 % de celui des chaussures et 17 % de celui des gants. » (Source : Synamap)

Les PME en quête de conseils

Si les majors sont au fait des nouveaux produits – les fabricants venant directement à eux – et bénéficient de volumes suffisants pour négocier des achats groupés, la réalité est tout autre au sein des PME et TPE. Bien souvent, le chef d'entreprise ou l'artisan se fournit chez le distributeur le plus proche sans pouvoir bénéficier de conseils sur le choix du bon EPI. De plus, ces points de vente ne proposent pas toujours toute la gamme d'un produit.

L'expert, **Michel Jacques**, responsable du laboratoire de prévention technique des équipements de protection individuelle à l'INRS (Institut national de recherche et de sécurité)

« Il faut former à la bonne utilisation des EPI »

• L'évolution des équipements de protection individuelle va-t-elle dans le bon sens ?

On peut noter l'effort des fabricants pour améliorer le look EPI, facteur positif pour leur acceptation par les utilisateurs. L'utilisation de nouveaux matériaux a permis d'améliorer le niveau de protection ou l'ergonomie. Plus récemment, les fabricants ont commencé à intégrer des capteurs dans les EPI (mesure de la température du corps, du rythme cardiaque, géolocalisation du porteur, détecteur de gaz) : cela concerne une population ciblée, par exemple les pompiers, mais on peut imaginer une extension de leur utilisation. Ces évolutions vont dans le bon sens. On trouve cependant de plus en plus d'EPI bon marché, fabriqués dans des pays à bas coût de production, et le niveau de qualité s'en ressent. Cela va de pair avec une tendance de la protection au moindre coût.

• Les EPI sont-ils bien mis en œuvre dans le BTP ?

L'EPI est le dernier moyen à mettre en œuvre lorsque toutes les solutions de prévention (suppression du risque, protection collective...) ont été envisagées et ne sont pas possibles ou suffisantes. Malheureusement, on constate que c'est la solution utilisée en premier car elle est la plus facile à mettre en œuvre, particulièrement dans le BTP. L'aspect temporaire des situations de travail est un motif évoqué pour ne pas déployer les autres solutions de préventions, certes généralement plus lourdes à mettre en œuvre mais aussi plus efficaces. Par ailleurs, les utilisateurs directs des EPI ne sont pas toujours consultés alors qu'ils doivent connaître les limites d'utilisation de leurs équipements afin d'être capables de juger s'ils sont adaptés aux risques. Par ailleurs, ils doivent être formés à la bonne utilisation des EPI (mise en place, réglage, entretien, etc.). C'est la garantie de leur efficacité.

• Les marges de progrès sur le marché du BTP sont encore importantes. Qu'en pensez-vous ?

Nous n'avons pas de chiffre, mais c'est notre ressenti. Différentes raisons liées à la spécificité du travail sur chantier expliquent le retard du BTP : l'éloignement de l'encadrement qui doit assurer la sensibilisation et le contrôle du port effectif de l'EPI, la non-disponibilité à portée de main du bon EPI au bon moment, etc.

Les conseils du docteur :

- Vérifier le marquage CE des EPI. Pour être mis sur le marché en France, les EPI doivent être certifiés conformes. La directive européenne CE 89 686 CEE a retenu les exigences suivantes : ergonomie, confort, efficacité, innocuité, hygiène et entretien.
- Avant d'acheter les EPI, les faire essayer par des salariés qui les testeront sur le terrain pour vérifier leur « acceptabilité ».
- Ne pas raisonner seulement en fonction du prix.
- En cas de doute, appeler la médecine du travail ou l'ingénieur-conseil de l'OPPBTP.
- Se référer aux fiches sur les EPI réalisées par l'OPPBTP. Classifiées par corps de métiers, elles résument les nomenclatures des équipements de protection individuelle (EPI) actuellement en vigueur dans les professions du BTP.

Pour plus de renseignements : www.sistbtp.com et www.oppbtb.fr

Christiane Wanaverbecq, *Le Moniteur*, 6 novembre 2009.

FICHE 12

Méthode
Distinguer les types de questions pour apporter la bonne réponse

Le nombre de points attribués à la question permet de calculer le temps à consacrer à la réponse. Le libellé de la question oriente le candidat vers le type de réponses attendu. Il existe en effet deux sortes de questions : la question de forme interrogative et la question de forme impérative.

1 La question interrogative

• Elle a pour objectif soit de demander aux candidats d'énumérer (mais de manière organisée) un certain nombre d'éléments de réponse, soit de construire une réflexion fondée exclusivement sur des données contenues dans le dossier.

• Vous ne trouverez pas de questions telles que « Que pensez-vous... ? » ou « Quelle est votre opinion sur... ? » car les réponses supposeraient un apport de connaissances personnel. Voici des exemples de questions tirées du programme officiel qui permettront de mieux comprendre le type de réponses attendu.

• **Exemple**

Questions interrogatives par spécialités

- Qui sont les membres d'une commission de sécurité ? (Spécialité 1)
- Quels sont les différents coûts à intégrer dans l'achat d'un système d'information géographique ? (Spécialité 2)
- Qu'est-ce qu'un DICRIM ? (Spécialité 3)
- Quels sont les différents seuils des marchés publics ? (Spécialité 4)
- Quelles sont les différentes étapes de la construction d'un giratoire ? (Spécialité 5)
- Tout agent peut-il utiliser des produits phytosanitaires ? (Spécialité 6)
- Pourquoi la gestion différenciée soulève-t-elle de nombreuses difficultés ? (Spécialité 7)
- Quel est le rôle de la CNIL ? (Spécialité 8)
- Comment un service imprimerie peut-il participer au développement durable ? (Spécialité 9)
- Quels sont les différents types d'ERP ? (Spécialité 10)

2 La question impérative

• L'emploi d'un verbe à l'impératif permet à l'auteur de la question de préciser ce qu'il attend dans la réponse, ce qui n'est pas le cas dans les questions interrogatives. Ainsi, un « citez... » impliquera une simple énumération, alors qu'un « décrivez... » nécessitera une réponse plus organisée.

• Voici une dizaine d'exemples de questions fondées sur le programme officiel de l'épreuve.

• **Exemple**

Questions impératives par spécialités

- Définissez la méthode HQE. (Spécialité 1)
- Expliquez en quoi consiste la coordination de travaux de voirie. (Spécialité 2)
- Indiquez les points essentiels de la loi sur l'eau et les milieux aquatiques du 30 décembre 2006. (Spécialité 3)
- Comparez réseau unitaire et réseau séparé. (Spécialité 4)
- Distinguez le code de la route du code de la rue. (Spécialité 5)

- Décrivez l'évolution de la place de la nature en ville. (Spécialité 6)
- Donnez une définition claire de la fibre optique. (Spécialité 7)
- Élaborez un planning de maintenance efficace. (Spécialité 8)
- Dites ce que recouvre la notion de droit d'auteur. (Spécialité 9)
- Indiquez les différentes étapes de l'organisation d'une exposition. (Spécialité 10)

3 Les différents types de réponses possibles

Réponse dite « courte » et réponse dite « longue », tels sont les 2 types de réponses possibles. L'organisation de votre réponse devra être pensée en fonction de sa longueur.

A. Une réponse « courte » sous forme énumérative

• On entend par « réponse courte » une réponse qui ne dépasse pas 10 lignes. Ce type de réponse contient souvent une énumération de 3 ou 4 informations correspondant à la question posée.

• Pour autant, cette réponse, même courte, devra être organisée à l'aide de connecteurs logiques, tels « d'une part… d'autre part », « dans un premier temps… dans un deuxième temps… », « puis… enfin ».

B. Une réponse « longue » davantage structurée

On entend par « réponse longue » une réponse d'environ 20 lignes. Il ne s'agit pas d'énumérer des informations provenant des documents, mais de structurer celles-ci à l'aide de 2 ou 3 paragraphes eux-mêmes organisés.

Pour les réponses aux questions, voir Fiche 16, Rédiger sa réponse.

FICHE 13

Méthode
Repérer le ou les documents contenant les éléments de réponses

Le contenu de la réponse à la question posée pourra se trouver dans un seul document ou dans plusieurs. Il convient donc d'appliquer une méthode de lecture rapide afin de repérer le ou les documents utiles.

1 Effectuer une lecture de survol de tous les documents

Comme il est impossible de lire l'intégralité des documents fournis, il est indispensable de recourir à la lecture rapide, lecture dont le premier objectif est de sélectionner ses sources.

• Ainsi, une fois la question lue puis relue une seconde fois afin d'éviter toute erreur due à un excès de rapidité, il faut chercher le ou les documents utiles. Pour y parvenir, effectuer une lecture dite de survol est suffisant.

• Il s'agira de lire « tout ce qui saute aux yeux » afin de trouver les éléments de réponses en rapport avec la question. Titres, sous-titres, chapeaux, phrases en caractères gras ou en italiques, etc. : de nombreux repères visuels permettent de gagner du temps en sériant son champ d'étude. Cette technique est semblable à la technique de lecture rapide pour l'épreuve de rapport du concours interne. Voir partie 3, Synthèse de documents

• La simple lecture des titres permet d'orienter ses recherches pour chaque question, voire pour plusieurs questions en même temps. Car en effectuant la lecture de survol d'un document, on peut repérer des éléments de réponses pour plusieurs questions.

Concrètement il suffit, sur le ou les documents considérés, de mettre des crochets ou un trait dans la marge afin de matérialiser le ou les passages à lire en prenant des notes lors de l'étape suivante. Ces crochets, ces traits ou toute autre marque distinctive au choix du candidat seront accompagnés du numéro de la question afin d'en faciliter le repérage.

• **Exemple**

Question 1 du Sujet exemple :

Quelles sont les règles de sécurité à observer pour prévenir le risque chimique ? (3 points)

La lecture des titres des documents semble montrer que seuls les deux premiers correspondent à la question posée.

Cette impression est confirmée par la lecture des encadrés et des sous-titres qui éliminent du champ utile les documents 2, 3, et 4. Les documents 2 et 3 portent en effet sur les liens entre sécurité et développement durable ; et le document 4 concerne le bruit.

De même, les sous-titres du document 1 comme « Produits courants : attention danger ! » et « Un nouveau système mondial de classification et d'étiquetage de produits chimiques » (en encadré dans le texte) prouvent bien que ce document doit être exploité.

Quant au document 5, outre son titre, un sous-titre comme « au contact du terrain et des utilisateurs » doit donner envie au lecteur d'aller un peu plus loin dans sa lecture.

C'est ce que va permettre la deuxième lecture de survol.

2 Effectuer une lecture de survol du ou des documents sélectionnés

• Le candidat doit donc rapidement sélectionner le ou les documents (2 ou 3 maximum) qui vont lui servir de base pour sa réponse. Attention à ne pas vouloir être « parfait » en lisant entièrement le dossier pour tout restituer. Il faut prendre des risques calculés, risques qui seront d'autant plus faibles qu'un entraînement conséquent à la lecture rapide aura été mené.

• Une fois le ou les documents sélectionnés, une deuxième lecture de survol permet de cerner encore plus précisément les parties du ou des documents à exploiter. Ainsi, selon les cas, un document répondra à la question dans son intégralité ou, au contraire, seules certaines parties du document seront à utiliser.

• **Exemple**
Document 1 : on constate que le sous-titre « La conduite, un acte professionnel en devenir » n'entre pas dans le cadre de la question, pas plus que le troisième sous-titre de ce document « La chute de plain-pied, deuxième cause d'accidents du travail ». Dès lors, seule la première partie de ce document est utile pour répondre à la question.
Document 5 : un sous-titre tel que « Des vêtements plus "tendance" » semble bien montrer que cette sous-partie n'entre pas dans la réponse à produire.

Pour aller plus loin dans sélection des informations utiles, il convient de passer à l'étape suivante qui consiste à lire les parties cernées en prenant des notes. Voir Fiche 14, Prendre des notes.

FICHE 14

Méthode
Prendre des notes

Prendre des notes est nécessaire pour réunir les éléments qui constitueront l'ossature de la réponse. Cette prise de notes doit être rapide et efficace. Deux manières de procéder s'offrent aux candidats une fois qu'ils ont compris ce qu'il est essentiel de prendre en notes.

1 Comprendre ce qui est essentiel dans une réponse

• Face à une somme conséquente d'informations, il est parfois difficile de distinguer l'essentiel de l'accessoire. Pour y parvenir, il suffit d'appliquer une règle simple : toute réponse est un outil d'aide à l'information, voire à la décision. Dès lors, ce qui n'entre pas dans cette définition doit être éliminé de la réponse.
Par exemple, une définition est très utile pour aider un supérieur hiérarchique ou un collègue à comprendre ce dont il est question. Il ne sera pas nécessaire de lui fournir deux exemples illustratifs, un seul étant suffisant.
• Le candidat doit donc se servir de ses connaissances non pas pour ajouter des informations personnelles dans ses réponses (ce qui est interdit), mais pour mesurer l'intérêt de ce qu'il est en train de lire, et donc distinguer ce qu'il doit restituer de ce qu'il doit éliminer.
• C'est ici une question de responsabilité du cadre B : faire des choix dans un dossier est une preuve de capacité professionnelle. Ne pas le faire reviendrait à vouloir tout restituer, ce qui est impossible et synonyme de perte de temps !

Illustration de la méthode de lecture sélective
Lors de votre lecture du corrigé du sujet exemple (voir Fiche 18), vous comparerez le contenu des informations des documents avec la restitution qui en est faite dans les réponses, afin de bien comprendre les choix qui ont été opérés.

2 Matérialiser le repérage des passages utiles

• Devant le peu de temps imparti pour chaque réponse, la rapidité étant un critère de sélection incontournable, il est tout à fait possible de poursuivre le repérage des passages utiles en les matérialisant d'une manière appropriée : croix, traits, couleurs ou pas, ou toute autre marque personnelle.
• Les réponses – même les plus longues – devant être brèves, le nombre d'informations à repérer sera peu important. Dès lors, de tels repérages peuvent être efficaces, voire suffisants pour des réponses notées sur 1 ou 2 points. Dans le cas d'une réponse sur 1 point, par exemple, le candidat peut même souligner les quelques mots qui lui serviront de base pour sa réponse sans prendre de notes complémentaires.

• **Exemple**
Question 2 du sujet exemple
« Quelles sont les caractéristiques du système général harmonisé ? » (1 point)
La double lecture de survol de l'étape précédente permet de constater qu'il est question du système général harmonisé (SGH) uniquement dans l'encadré du document 1. Cet encadré ne contient qu'une dizaine de lignes. Il suffit donc de souligner ici les mots essentiels à partir desquels la réponse sera bâtie : classification - étiquetage – 27 (le nombre actuel de classes de danger) – 15 (ancien nombre de classes de danger) – identification – produit – fournisseur, etc.

3 Noter les mots essentiels à utiliser dans la réponse

• Lorsque la réponse est plus longue, le ou les passages à lire plus importants ou plus nombreux, le marquage des informations utiles doit être complété par une prise de notes rapide, ne serait-ce que pour pouvoir organiser sa réponse.

• Cette prise de notes doit être constituée d'une part des mots essentiels du ou des passages considérés, et d'autre part des mots personnels que le candidat utilisera pour bâtir sa réponse. Il pourra s'agir de noms communs, de verbes à l'infinitif, etc. ; en aucun cas d'un début de rédaction. Le candidat devra par exemple utiliser des synonymes pour le vocabulaire courant afin d'éviter la paraphrase, mais il conservera le même vocabulaire technique. Ainsi, un « produit toxique » peut difficilement être remplacé par une autre expression, tout comme les mots « classification » ou « pathologie ». En revanche, « respecter des règles... » peut devenir « observer des instructions... ».

Une fois ce travail effectué, il est possible d'organiser sa réponse.

Voir Fiche 15, Organiser sa réponse

FICHE 15

Méthode
Organiser sa réponse

Même si les réponses ne dépasseront guère une vingtaine de lignes (pour les plus longues), elles doivent être organisées. La juxtaposition d'éléments épars relève d'un catalogue, ce qui est sévèrement sanctionné. Deux possibilités s'offrent aux candidats.

1 Suivre l'ordre du document ou de l'extrait du document utilisé

• Face à un seul document bref ou à un extrait de document, il est tout à fait possible de suivre l'ordre des informations retenues si cette organisation est cohérente par rapport à la question posée (ce sera le cas pour les questions sur 1 ou 2 points, voire pour les autres questions si les idées des textes s'articulent logiquement).

• L'important est de bien comprendre qu'une réponse doit être construite, même si elle tient en 10 lignes, et que le seul outil permettant de construire toute réponse est le bon sens. Ainsi, lorsqu'une réponse se fonde sur un extrait de document, il n'est pas nécessaire de réorganiser les éléments repris, mais simplement de les coordonner. Voir Fiche 16, Rédiger sa réponse

• **Exemple**

Sujet exemple

Question 2 « Quelles sont les caractéristiques du système général harmonisé ? » (1 point)

Réponse à la question 2, découpée en cinq groupes d'informations

[Le système général harmonisé (SGH) est un système mondial de classification et d'étiquetage des produits chimiques]. [Il permet de répartir les produits dans 27 classes de danger, contre 15 jusqu'en 2008]. [L'étiquetage comprend l'identification du produit et du fournisseur, des pictogrammes, des mentions d'avertissement et de danger, des conseils de prudence]. [Les pictogrammes ont la forme d'un losange et comportent un symbole en noir sur fond blanc dans un cadre rouge]. [Pour exemple, un produit irritant est symbolisé par un point d'exclamation et un produit inflammable par une flamme.]

Analyse de la réponse

Cette série de cinq groupes d'informations reprend l'enchaînement des idées dans le texte encadré du document 1. Il est Inutile de chercher une autre structure à la réponse, car celle-ci est parfaitement cohérente, à savoir :

- 1. Définition : « le système général harmonisé (SGH) est un système mondial... » ;
- 2. Le contexte : « il permet de répartir les produits... » ;
- 3 et 4. Le contenu : « l'étiquetage comprend... » ;
- 5. Un exemple : « pour exemple, un produit irritant est symbolisé... ».

Commentaire

Toute autre organisation eût été moins efficace et donc moins bien notée. De plus, la recherche d'un autre découpage aurait fait perdre un temps précieux au candidat, temps plus judicieusement consacré à l'organisation d'une réponse plus complexe.

2 Organiser les informations reprises avec une logique personnelle

Lorsque le support servant à la réponse est plus volumineux, voire constitué de 2 ou 3 documents, il est souvent préférable d'organiser la réponse en fonction d'une logique personnelle.

Pour y parvenir, il conviendra de conserver les techniques d'organisation du technicien. Par exemple :

- constats, diagnostic, solutions ;

– outils techniques, humains, économiques, organisationnels, juridiques à organiser en fonction du contenu de la réponse ;
– le préventif puis le curatif ;
– d'une manière plus générale : idée, argument(s), exemple(s) ;
– etc.

Au brouillon, il vous suffit de numéroter les quelques informations retenues en reprenant l'ordre dans lequel elles apparaîtront dans votre réponse. Vous gagnerez en temps et en efficacité, vous assurant ainsi de rédiger une réponse claire et bien structurée.

- **Exemple**

Sujet exemple

Question 1 : Quelles sont les règles de sécurité à observer pour prévenir le risque chimique ? (3 points)

Comparaison de la structure de la réponse avec celle du document 1

La structure de la réponse est globalement identique à celle du document, puisqu'elle se fonde sur les 5 sous-parties du document. Toutefois, on peut noter dans la réponse ci-dessous trois différences de construction :

« Le risque lié à l'usage de produits phytosanitaires, de peinture, de colles ou encore de produits d'entretien est souvent peu pris en considération par les agents territoriaux. Cependant, l'employeur a une responsabilité à l'égard de ces agents *(cet élément apparaît dès le 1er paragraphe de la réponse alors qu'on retrouve l'information seulement en fin de 1re sous-partie du document)* qui sont près de 38 % à utiliser ces produits.

Les règles de sécurité à mettre en œuvre pour prévenir le risque chimique sont à observer durant toute la chaîne de vie de ces produits ; depuis l'achat, la livraison, le stockage, l'utilisation, jusqu'au suivi de l'exposition professionnelle *(Les 5 thématiques développées dans le document sont regroupées ici presque à la manière d'une annonce de plan alors que cette énumération ne se trouve pas dans le document. Pour autant, le procédé est efficace car il résume parfaitement la partie du document répondant à la question. Ainsi, même un correcteur n'ayant pas lu le document a une vision claire de son contenu).*

Lors de l'achat du produit chimique, il faudra être attentif à sa catégorie. Il en existe 15 (en 2008), matérialisés par des symboles de danger sur les emballages. Pour exemple, un produit toxique est symbolisé par une tête de mort *(Cet exemple n'est pas tiré du texte mais d'un encadré regroupant quelques pictogrammes de danger. Tout élément du document est utile et l'illustration est logiquement reprise au sein de la définition).* Il faudra également bien lire et connaître la composition de chaque produit, sa concentration et surtout les effets sur la santé.

Lors de la livraison, le personnel doit avoir à sa disposition les fiches de données sécurité établies par le fabricant. Ces fiches indiquent les propriétés physiques, la toxicité, les effets sur la santé, les consignes de stockage et équipements de protection à porter pour le manipuler.

De plus les règles de stockage sont essentielles. Il faut séparer des produits s'ils sont incompatibles entre eux. Le local de stockage doit être ventilé, avec éventuellement la présence de moyens de secours, si la quantité ou la nature des produits le nécessite. Les lieux de stockage doivent être signalés avec l'interdiction d'accès aux personnes non autorisées.

Les agents doivent également être formés avant l'utilisation des produits chimiques, afin de connaître les dangers et savoir se protéger, notamment à l'aide des équipements de protection collective et individuelle.

Enfin, l'employeur se doit de suivre les agents exposés. Il doit tenir à jour une liste des agents avec leur fiche individuelle d'exposition, afin de détecter une pathologie et reconnaître à un agent affecté son caractère professionnel. »

La fin de la réponse est conforme au plan du document car une autre organisation n'aurait en rien rendu le propos plus clair.

FICHE 16

Méthode
Rédiger sa réponse

Une fois les informations essentielles prises en notes et une organisation logique mise à jour, il convient de rédiger directement au propre sa réponse. Quatre objectifs sont à atteindre.

1 Adopter une syntaxe claire

Il est essentiel de se fixer comme objectif de rédiger des phrases courtes et claires, à la fois en tant que candidat, et en tant que technicien.

• En tant que candidat, il ne faut pas oublier que sa copie sera lue au milieu de quelques dizaines d'autres : facilitez le travail des correcteurs en leur permettant de comprendre sans effort le contenu des réponses. C'est bien aux candidats qu'il appartient de faire des efforts et non aux correcteurs !

• En tant que technicien territorial, il faut se souvenir que les correcteurs restent en situation professionnelle et valident les compétences d'un futur collaborateur. Dès lors, ils font comme s'ils lisaient les éléments d'un rapport ou d'une note : plus le contenu est clair, cohérent, efficace, meilleure est la note.

• **Exemple**
Sujet exemple
Réponse à la question 1 (voir Fiche 18)
1er paragraphe :
« [Le risque lié à l'usage de produits phytosanitaires, de peinture, de colles ou encore de produits d'entretien] [est souvent peu pris en considération par les agents territoriaux.] [Cependant, l'employeur a une responsabilité à l'égard de ces agents] [qui sont près de 38 % à utiliser ces produits.] »
Ce paragraphe est constitué de deux phrases, toutes deux construites de la même manière car elles contiennent deux groupes d'informations.

Une syntaxe du type sujet + verbe + complément(s) facilite la prise d'informations par les correcteurs.

2 Recourir à un vocabulaire à la fois technique et généraliste

• Le vocabulaire utilisé sera lui aussi simple et efficace. Il se fondera sur des mots relevant soit du domaine technique-professionnel du candidat, soit d'un cadre plus général.

• Le candidat ne doit pas oublier qu'il s'adresse en théorie à la fois à un technicien et à un élu. Il doit donc être compréhensible par les deux, d'où la nécessaire association d'un vocabulaire professionnel et d'un vocabulaire généraliste.

• **Exemple**
Sujet exemple
Réponse à la question 1 (voir Fiche 18)
3e paragraphe :
« Lors de l'achat du produit chimique, il faudra être attentif à sa catégorie. Il en existe 15 (en 2008), matérialisés par des symboles de danger sur les emballages. Pour exemple, un produit toxique est symbolisé par une tête de mort. Il faudra également bien lire et connaître la composition de chaque produit, sa concentration et surtout les effets sur la santé. »

Commentaire

L'association préconisée est bien présente :

- vocabulaire professionnel : achat, produit chimique, toxique, concentration...
- vocabulaire général : être attentif, matérialisé, emballages, symbolisé, lire et connaître...

3 Coordonner les informations entre elles

Pour mettre en valeur son propos et montrer ses qualités logiques, utilisez les mots de liaison, surtout pour les réponses dites « longues ». C'est le meilleur moyen de justifier la cohérence de son propos.

Aux conjonctions de coordination bien connues (mais, ou, et, donc, or, ni, car) on ajoutera d'autres outils de liaison efficaces : d'une part... d'autre part, en effet, cependant, de plus, ainsi, aussi, etc.

- **Exemple**

Sujet exemple

Question 1 : Quelles sont les règles de sécurité à observer pour prévenir le risque chimique ?

- Repérez les mots de liaison dans le corrigé de la question 1. Voir Fiche 18.
- Les mots de liaison sont : cependant, pour exemple, de plus, également, enfin.

4 S'exprimer, rédiger sans fautes

L'orthographe est un paramètre important, car une dizaine de fautes peut entraîner une pénalisation de 2 points, d'où la nécessité d'une expression irréprochable.

Attention, ce sont toujours les mêmes fautes qui reviennent ! Les candidats qui se sentent en difficulté auront donc intérêt à repérer leurs principales erreurs pour ne pas les reproduire. Il faut s'entraîner beaucoup avant le concours et ne pas hésiter à « bachoter » pour gagner le plus de points possibles. Voici des pistes de révision (fruits de l'expérience d'un correcteur !) :

- distinguer « *a* » avec ou sans accent (exemples : tout agent a obligation de... ; à la demande des partenaires sociaux...) ;
- revoir l'accord des participes passés (exemples : la loi SRU a eu pour principal objectif... ; les collectivités territoriales ont été invitées par les préfets à...) ;
- penser à utiliser le subjonctif après « bien que... » (exemple : bien que le document unique soit obligatoire...) ;
- ne pas oublier que deux sujets au singulier entraînent l'accord du verbe au pluriel (exemple : une directive sur le bruit et une sur les vibrations ont été élaborées afin de réduire les risques...) ;
- savoir que « en termes de... » s'écrit toujours au pluriel (exemple : en termes de réussite professionnelle...) ;
- etc.

Si vous en avez la possibilité, lors de votre préparation, en situation de concours blanc, faites relire votre copie ; demandez à ce que vos fautes soient soulignées, essayez de les corriger vous-même et de comprendre pourquoi vous les avez commises afin de ne pas les reproduire.

Pour se relire efficacement... se relire à l'envers !

La relecture fait partie intégrante de la méthode. Une technique simple peut être appliquée.

Afin d'éviter de relire chaque réponse en se concentrant sur la logique de son propos, il est conseillé au candidat de relire ses réponses en partant de la fin de celles-ci et en remontant phrase par phrase jusqu'au début.

L'expérience montre que ceux qui relisent ainsi leur copie voient davantage de fautes que ceux qui utilisent la méthode classique.

Ce n'est, une fois de plus, qu'une question d'entraînement.

FICHE 17

Méthode
Tableau indicatif de gestion du temps

Attention à ne pas se laisser déborder par le temps ! D'expérience, nous savons que de nombreux candidats gèrent mal leur temps, surtout dans les premières réponses. Ainsi, ils ne peuvent alors plus répondre aux dernières questions, perdant alors toute chance d'admissibilité.

▸ **Un tableau à valeur incitative**

Le tableau qui suit ne contient que des valeurs indicatives, ou plutôt incitatives. Il vous invite à respecter un découpage efficace de la durée de l'épreuve.

La mention des secondes incluses dans ce tableau a pour seul but de permettre aux totaux de « tomber juste » et non de vous inciter à être aussi précis dans votre minutage.

Enfin, soyez rassuré sur un point du *timing* : plus vous irez vers les dernières réponses, plus la première des deux lectures de survol sera rapide, car vous aurez déjà balayé plusieurs fois le dossier.

Étapes	Question sur 1 point	Question sur 2 points	Question sur 3 points	Question sur 4 points
Lectures de la question	30 secondes	30 secondes	30 secondes	30 secondes
Lectures de survol	2 minutes	2 minutes	2 minutes	2 minutes
Prise de notes	2 minutes 30 secondes	5 minutes	7 minutes	9 minutes
Organisation de la réponse	30 secondes	1 minute	1 minute 30 secondes	4 minutes
Rédaction de la réponse	3 minutes	8 minutes 30 secondes	14 minutes	18 minutes
Relecture	30 secondes	1 minute	2 minutes	2 minutes 30 secondes
Durée totale	9 minutes	18 minutes	27 minutes	36 minutes

FICHE 18

Méthode
Réponses aux questions techniques

Cette fiche propose le corrigé du sujet-exemple.

Fiche 11 - Sujet exemple

1- Quelles sont les règles de sécurité à observer pour prévenir le risque chimique ? *(4 points)*

Le risque lié à l'usage de produits phytosanitaires, de peinture, de colles ou encore de produits d'entretien est souvent peu pris en considération par les agents territoriaux. Cependant, l'employeur a une responsabilité à l'égard de ces agents, qui sont près de 38 % à utiliser ces produits.

Les règles de sécurité à mettre en œuvre pour prévenir le risque chimique sont à observer durant toute la chaîne de vie de ces produits, depuis l'achat, la livraison, le stockage, l'utilisation, jusqu'au suivi de l'exposition professionnelle.

Lors de l'achat du produit chimique, il faudra être attentif à sa catégorie. Il en existe 15 (en 2008), matérialisés par des symboles de dangers sur les emballages. Pour exemple, un produit toxique est symbolisé par une tête de mort. Il faudra également bien lire et connaître la composition de chaque produit, sa concentration et surtout les effets sur la santé.

Lors de la livraison, le personnel doit avoir à sa disposition les fiches de données sécurité établies par le fabricant. Ces fiches indiquent les propriétés physiques, la toxicité, les effets sur la santé, les consignes de stockage et d'équipements de protection à porter pour le manipuler.

De plus, les règles de stockage sont essentielles. Il faut séparer des produits s'ils sont incompatibles entre eux. Le local de stockage doit être ventilé avec, éventuellement, la présence de moyens de secours si la quantité ou la nature des produits le nécessitent. Les lieux de stockage doivent être signalés avec l'interdiction d'accès aux personnes non autorisées.

Les agents doivent également être formés avant l'utilisation des produits chimiques, afin de connaître les dangers et savoir se protéger, notamment à l'aide des équipements de protection collective et individuelle.

Enfin, l'employeur se doit de suivre les agents exposés. Il doit tenir à jour une liste des agents avec leur fiche individuelle d'exposition, afin de détecter une pathologie et reconnaître à un agent affecté son caractère professionnel.

2- Quelles sont les caractéristiques du système général harmonisé ? *(1 point)*

Le système général harmonisé (SGH) est un système mondial de classification et d'étiquetage des produits chimiques. Il permet de répartir les produits dans 27 classes de danger contre 15 jusqu'en 2008. L'étiquetage comprend l'identification du produit et du fournisseur, des pictogrammes, des mentions d'avertissement et de danger, des conseils de prudence. Les pictogrammes ont la forme d'un losange et comportent un symbole en noir sur fond blanc dans un cadre rouge. Pour exemple, un produit irritant est symbolisé par un point d'exclamation et un produit inflammable par une flamme.

3- Décrivez comment la rédaction d'un document unique d'évaluation des risques peut être mise en place pour une politique de prévention efficace face à l'insécurité routière. *(3 points)*

La conduite fait partie des actes professionnels des agents techniques. En tant que responsable, le technicien se doit de vérifier que l'agent a son permis de conduire avec les points lui permettant de circuler. De plus, il doit s'assurer que l'agent a bien effectué des formations professionnelles, de type CACES par exemple, et qu'il a passé une visite médicale.

Le risque routier est également à prendre en compte dans la rédaction du document unique d'évaluation des risques. Ce document doit intégrer la sécurité du conducteur, en prévoyant d'organiser des formations générales et particulières (exemple des poids lourds ou 4x4), et des actions de sensibilisation à l'alcoolémie, à la prise de stupéfiants ou de médicaments contre-indiqués pour la pratique de la conduite. Le document unique doit également prendre en compte l'organisation des déplacements des agents, tels que les itinéraires, les horaires, les temps de conduite. Les véhicules devront être entretenus et conformes aux contrôles effectués régulièrement. Pour exemple, le kit de sécurité avec gilet fluo et triangle devra bien être présent dans chaque véhicule. Les accès aux bâtiments de la collectivité, les routes empruntées et les dangers potentiels devront être repérés avant le départ du véhicule. Les plans de circulation des communes parcourues pourront être confiés à l'agent. Enfin, le document unique aura également un axe aménagement de la voirie qui intégrera les interventions des agents. Pour exemple, l'accès à l'entretien d'un rond-point ou le long d'une voie à grande circulation peut poser des problèmes d'accès et de stationnement.

4- Citez des exemples de situations pouvant entraîner une chute et les solutions pour les éviter. *(3 points)*

Les chutes peuvent être la cause de nombreux accidents dans les collectivités locales. Pour exemple, les chutes de plain-pied représentent 16 % des accidents de service. Les causes peuvent être liées à l'environnement du travail ou à son organisation.

Ainsi les sols glissants, en mauvais état ou encombrés d'objets peuvent être à l'origine de chutes. Ces cas sont fréquents dans les cantines scolaires ou dans des piscines municipales si des mesures ne sont pas prises. Des passages trop étroits, mal éclairés ou mal signalés sont potentiellement accidentogènes. Lors de tâches réalisées en hauteur, les garde-corps mal posés ou non conformes sont aussi dangereux.

En ce qui concerne l'agent, des chaussures inadaptées ou abîmées sont aussi dangereuses et peuvent provoquer des chutes. De même, la rapidité des placements, ou le fait de porter des charges encombrantes et lourdes peut mener à une chute. Les équipements de protection individuelle (EPI) peuvent également être défectueux, tels que les harnais et ancrages qui doivent s'accrocher au garde-corps.

Les solutions de prévention sont la suppression du risque et la protection contre le risque. Les solutions pour éviter le risque de chute sont liées à la conception des lieux de travail, par exemple le choix des types de sols, des zones de circulation et des configurations des bâtiments. Les locaux doivent être bien entretenus et rangés pour ne pas gêner les passages. Les locaux de travail doivent être bien éclairés et les lieux de circulation bien signalés par une signalisation visible et claire. Pour les agents, le port des EPI est obligatoire, avec une bonne ergonomie et un bon confort. Il existe des équipements antichute plus rapides à enfiler, équipés de sangles et de harnais. Les chaussures ont aussi beaucoup évolué avec des semelles antichute et antichoc. Le technicien devra aussi s'assurer que les EPI sont bien utilisés. Il pourra ainsi proposer à son personnel des formations à la sécurité.

Enfin, l'organisation du travail permet d'optimiser les déplacements, d'avoir des moyens techniques adaptés et de tenir compte du contexte de chaque site.

5- Qu'implique la norme ISO 26 000 ? *(2 points)*

La norme internationale ISO 26 000 a été adoptée le 1er novembre 2010.

Elle est l'unique norme internationale qui vise à fournir aux collectivités les lignes directrices de la responsabilité sociétale. C'est un outil au service de la prévention des risques professionnels.

En effet, le développement durable répond aux besoins du présent sans compromettre la capacité des générations futures à répondre aux leurs. Il couvre trois dimensions : économique, sociale et environnementale. La responsabilité sociétale est la contribution des collectivités au développement durable. Elle se traduit par la volonté de la collectivité d'assumer la responsabilité des impacts de ses décisions et activités sur la société et sur l'environnement et d'en rendre compte.

La norme ISO 26 000 invite donc les collectivités à articuler leurs démarches autour de la gouvernance, des conditions de travail, des questions environnementales, mais aussi des questions de santé et de sécurité au travail.

6- Quelles sont les obligations des collectivités locales en matière d'hygiène et de sécurité ? *(3 points)*

En tout premier lieu, une collectivité a une responsabilité sociétale ; elle doit assurer la sécurité des agents. Ses obligations sont de mettre en place une organisation efficace pour sécuriser les missions confiées aux agents, de sécuriser les lieux de travail, et de protéger individuellement chaque agent.

La collectivité se doit donc de mettre en place un document unique, qui retrace les risques potentiels et les actions possibles à mettre en œuvre. Elle doit identifier les risques encourus par les agents. Ainsi, l'ACFI pourra aider à diagnostiquer l'organisation des différentes tâches, et l'ACMO sera présent dans la collectivité et aidera à améliorer l'organisation du travail des agents.

La collectivité a également l'obligation de vérifier la sécurité et l'hygiène de ses locaux. Connaissant les risques, elle doit pouvoir aménager des espaces de travail faciles à entretenir et limiter les dangers. Le chef d'équipe pourra informer ses agents sur les risques en disposant des affiches à proximité des machines dangereuses, par exemple, une notice d'utilisation et les précautions à prendre, ou l'indication de l'emplacement du bouton d'arrêt d'urgence. Il pourra proposer des formations s'il estime ses agents non conscients du danger ou non formés pour l'utilisation de certains

outils. Il devra aussi privilégier les achats de moyens techniques répondant aux normes de sécurité et se renseigner sur les risques liés à leurs usages.
Concernant la protection individuelle des agents, le chef d'équipe privilégiera le port d'EPI confortable, adapté, facile à entretenir et résistant. Pour que l'EPI soit porté, il faut qu'il soit bien admis par le personnel. Il peut donc être proposé de faire tester l'équipement, et surtout de solliciter l'avis des usagers, c'est-à-dire des agents eux-mêmes. Il s'agira aussi de former les agents à l'utilisation des EPI et de s'assurer qu'ils les portent systématiquement dans les conditions qui le nécessitent.

7- Quels sont les risques pour la santé des bruits et vibrations, comment s'en protéger ? *(2 points)*

Ce sont souvent des nuisances qui se manifestent ensemble. Le bruit des engins de chantier s'accompagne souvent de vibrations. Environ 7 % des 25 millions de salariés sont exposés aux bruits professionnels. Le bruit peut entraîner des surdités d'origine professionnelle, du stress, ou encore être la cause d'accidents du travail. Les vibrations, quant à elles, peuvent provoquer des maux de dos, des pathologies vasculaires ou neurologiques, voire une perte de sensibilité au niveau des mains.
Contre ces deux risques, il convient en premier lieu de sensibiliser les agents, puis de connaître leurs niveaux d'exposition. Ainsi, l'objectif est de réduire les risques à la source, en choisissant les matériels les moins bruyants et les moins vibrants. Il est aussi possible d'agir sur l'isolation des locaux intérieurs. De plus, des protections auditives adaptées sont efficaces.
Toutes ces actions doivent s'accompagner de formations afin que les agents sachent bien utiliser les équipements et s'approprier les spécificités de chaque engin.

8- La mise en œuvre d'énergies renouvelables peut-elle présenter des risques pour la santé et la sécurité au travail ? *(2 points)*

Les collectivités territoriales et les pouvoirs publics ont fixé des objectifs de développement durable, avec notamment l'usage d'énergies renouvelables, telles que les énergies solaires, thermiques, photovoltaïques ; les éoliennes, mais aussi la géothermie et la biomasse.
Ces nouvelles énergies se développent rapidement. Pour exemple, la production solaire thermique et photovoltaïque devrait être multipliée par trente ou quarante, avec près de 118 000 personnes recrutées dans ce secteur d'ici 2020.
Les ouvriers travaillant dans les entreprises du bâtiment qui posent ces nouveaux dispositifs sont exposés à des risques encore mal évalués. Ces personnes travaillent en hauteur et sont donc susceptibles de chuter. Des fiches pratiques de sécurité existent et sont largement diffusées à ces entreprises. L'une d'entre elles permet de connaître les mesures de sécurité à prendre lors de la pose et la maintenance de panneaux solaires thermiques et photovoltaïques.
Contre le risque de chute, des formations spécifiques existent, pour sécuriser la pose et surtout les opérations de maintenance des panneaux, qui se développeront beaucoup dans les prochaines années. Il faut également prévoir des équipements de protection individuelle et des dispositifs de prévention collective.

3

Les candidats aux concours interne et de 3e voie de technicien territorial et les candidats aux concours et aux examens professionnels de TP2 et de TP1 ont à réussir cette épreuve. Dans le cadre d'une épreuve intitulée « rapport technique » ou « rapport technique assorti de propositions opérationnelles », la synthèse exige des compétences et une technique maîtrisées. Les documents extraits de sujets de technicien territorial des années précédentes choisis comme exemples dans les fiches suivantes sont parfaitement adaptés à l'étude de la méthode préparant aux nouvelles épreuves.

LA SYNTHÈSE DE DOCUMENTS

19

PRÉSENTATION DES ÉPREUVES DE SYNTHÈSE

Un bon manager est un professionnel qui fait atteindre par ses collaborateurs les objectifs qui leur ont été fixés. De même, un bon candidat atteint les objectifs que lui fixent le libellé de l'épreuve et le cadrage établi par l'organisateur du concours. D'où la nécessité d'analyser ces deux éléments.

1. Le libellé des épreuves contenant un exercice de synthèse

Nouveau grade	Voie d'accès	Épreuve écrite
TECHNICIEN TERRITORIAL	Concours interne	Élaboration d'un rapport technique rédigé à l'aide des éléments contenus dans un dossier portant sur la spécialité (3 h ; coef. 1)
	3e voie	
TECHNICIEN PRINCIPAL DE 2e CLASSE	Concours externe	Rédaction d'un rapport technique portant sur la spécialité, assorti de propositions opérationnelles (3 h ; coef. 1)
	Concours interne	Rédaction d'un rapport technique portant sur la spécialité, assorti de propositions opérationnelles (3 h ; coef. 1)
	3e voie	
	Examen professionnel	Rédaction d'un rapport technique portant sur la spécialité choisie, assorti de propositions opérationnelles (3 h ; coef. 1)
TECHNICIEN PRINCIPAL DE 1re CLASSE	Examen professionnel	Rédaction d'un rapport technique portant sur la spécialité, assorti de propositions opérationnelles (3 h ; coef. 1)

2. L'analyse du libellé des épreuves

Il est essentiel de bien distinguer l'épreuve de rapport pour accéder au grade de technicien territorial (TT) de l'épreuve de rapport pour accéder au grade de technicien territorial principal 2 (TP2) ou de technicien territorial principal 1 (TP1) :
– l'épreuve de rapport des concours interne et de troisième voie de technicien territorial (TT) ne comprend qu'une synthèse ;
– l'épreuve de rapport des concours externe, interne, de troisième voie et des examens professionnels d'accès au grade de technicien territorial principal 2 (TP2) ou de technicien territorial principal 1 (TP1) comprend, elle, une synthèse complétée par une partie de propositions opérationnelles.

2.1. Un rapport sans propositions (TT), un rapport avec propositions (TP1 et TP2)

Les candidats voulant devenir technicien (TT), hormis ceux qui passent le concours externe, n'ont donc qu'un seul exercice à réaliser, alors que les autres candidats en ont deux.

Comme la durée de l'épreuve est exactement la même, les candidats voulant accéder au grade de TP2 ou TP1 doivent se montrer encore plus rapides que les candidats du concours interne TT.

2.2. Une épreuve unique, des objectifs communs

Les dossiers sont rigoureusement les mêmes pour les concours de TT et de TP, l'épreuve ayant lieu le même jour. Les examens professionnels sont organisés à des dates différentes, mais l'analyse de nombreux sujets d'annales des anciens concours de technicien supérieur territorial et de technicien supérieur territorial chef permet d'affirmer que, quantitativement, les dossiers à synthétiser sont identiques à ceux des concours.

Tout candidat doit faire preuve de « capacités d'analyse et de synthèse » puisqu'il a à réaliser au moins une synthèse, ce qui ne peut se faire sans avoir préalablement analysé le dossier fourni.

20 CADRAGE DES ÉPREUVES DE SYNTHÈSE

Chaque jury, quand il se réunit pour la première fois, définit un certain nombre de règles, dans le cadre du libellé officiel de l'épreuve, afin de respecter l'égalité de traitement de tous les candidats. Ces règles, pour ce qui concerne les concours ou les examens professionnels de technicien territorial et de TP2 et TP1, portent sur les points suivants.

1. Les objectifs de la note ou du rapport

Cette épreuve doit être considérée par les candidats comme un outil d'aide à la décision. C'est une autorité hiérarchique qui est à l'origine de la commande. Celle-ci émane de professionnels et/ou d'élus et doit donc être traitée professionnellement. Pour y parvenir, le candidat-technicien doit sélectionner les informations essentielles dans le dossier qui lui a été fourni. Il doit se montrer précis, clair. Les informations retenues doivent avoir été judicieusement choisies. La synthèse ne peut être constituée que d'informations figurant dans le dossier.

Pour les candidats au concours externe, interne, au troisième concours de TP1 et à l'examen professionnel de TP2 et de TP1, la partie de propositions doit être élaborée à partir de réflexions et de connaissances personnelles fondées sur la culture professionnelle, c'est-à-dire technique, juridique et territoriale du candidat.

2. Le dossier remis au candidat

Le dossier remis aux candidats porte sur la spécialité dans laquelle celui-ci s'est inscrit.

En règle générale, les dossiers ne dépassent pas une vingtaine de pages. Les centres organisateurs de concours veillent à ce que le nombre de pages soit à peu près le même pour chaque spécialité, toujours dans un souci d'égalité de traitement des candidats.

Le dossier fourni est constitué de plusieurs documents. Ces documents sont d'origine professionnelle. Ils sont extraits de revues que tout technicien doit connaître ; elles sont à l'origine de la culture territoriale qu'il doit développer quotidiennement.

Les thématiques retenues par les auteurs de sujets relèvent de l'actualité dans la spécialité du candidat. Il faut prendre le mot « actualité » au sens large, à savoir l'ensemble des événements, des innovations techniques, des modifications réglementaires, etc. qui ont eu lieu entre la date du dernier concours de technicien territorial et le moment où les sujets sont constitués. Il faut partir du principe que les sujets sont remis à l'organisateur du concours deux à trois mois avant le début des épreuves.

Exemple En 2007, les dossiers remis aux candidats dans le cadre du concours organisé par les interrégions Alpes-Maritimes, Grand Ouest, Grand Est, Île-de-France/Centre, Nord-Pas-de-Calais/Picardie, Rhône-Alpes Auvergne, portaient sur les thèmes suivants :
- ingénierie, gestion technique : l'utilisation des biocarburants ;
- bâtiment, génie civil : les contraintes dans le cadre de la création d'une médiathèque ;
- infrastructures et réseaux : les techniques sans tranchée ;
- prévention et gestion des risques : la dépollution des sites ;
- aménagement urbain : la rénovation urbaine ;
- paysages et gestion des espaces naturels : la gestion des espaces verts ;
- informatique et systèmes d'information : l'ouverture du système d'information des collectivités territoriales ;
- technique de la communication et des activités artistiques : l'impact des festivals sur les collectivités territoriales.

3. Le barème des épreuves

Trois informations sont à connaître :
- pour les candidats aux concours interne et de troisième voie de technicien territorial, le barème est uniquement sur 20 points puisque les candidats ont une synthèse à rédiger ;
- pour les candidats aux concours externe de technicien territorial principal 2 (TP2), le barème est le suivant : 8 points pour la partie synthèse et 12 points pour la partie de propositions opérationnelles ;
- pour les candidats aux concours interne, de troisième voie, et à l'examen professionnel de technicien territorial principal 2 (TP2), de même que pour les candidats à l'examen professionnel de technicien principal 1 (TP1), le barème est le suivant : 12 points pour la partie synthèse et 8 points pour la partie de propositions opérationnelles.

Les correcteurs reçoivent avec leur paquet de copies des indications de correction. Celles-ci contiennent à la fois les informations à retrouver dans la synthèse (pour tous les candidats) et les idées à retrouver dans les propositions ainsi que le nombre de points à attribuer globalement pour chacune d'entre elles.

4. Le formalisme du rapport

Outre le fait qu'il est attendu des candidats qu'ils rédigent aussi bien la synthèse que les propositions à partir d'un plan matérialisé, la présentation de la copie doit respecter un certain formalisme. Celui-ci porte essentiellement sur la présence au début de la copie de ce qu'il est convenu d'appeler le timbre. Ce timbre est élaboré à partir des informations contenues dans le sujet remis. En voici le contenu théorique.

Collectivité émettrice (celle indiquée dans le sujet)	Date (le jour de l'épreuve)

Rapport à l'attention de
(destinataire indiqué dans le sujet)

Objet : indiqué dans le libellé du sujet.

Références : principaux textes réglementaires indiqués dans le dossier.

Certains correcteurs pénalisent d'un point les candidats qui ne remplissent pas correctement ce timbre. Il est donc préférable de bien le « renseigner » comme le montre l'exemple du sujet 1 corrigé.

5. Les risques de rupture de l'anonymat

À chaque session, les rapports de jury indiquent que quelques candidats ont été éliminés, car ils ont rompu l'anonymat de leur copie. Il faut donc être très attentif au respect de ces quelques règles qui ne sont fondées que sur le bon sens.

Les centres organisateurs de concours sont très rigoureux pour ce qui concerne toute rupture d'anonymat. Les grands principes à respecter sont les suivants :
- ne jamais signer sa copie, ni de son nom ni de son grade ;
- ne jamais utiliser une couleur d'encre différente du bleu ou du noir ;
- ne jamais changer de couleur d'encre en cours de rédaction.

21 TROIS COMPÉTENCES À DÉVELOPPER
LA LECTURE AVEC PRISE DE NOTES

Le technicien territorial (principal) doit quasi quotidiennement dépouiller des documents techniques, juridiques, financiers, etc. Il lit donc beaucoup afin de distinguer l'essentiel qu'il conserve dans ses dossiers. Face au dossier du concours, le candidat doit démontrer les mêmes capacités. Première des trois étapes de la synthèse, la lecture avec prise de notes.

1. Profiter du travail de veille professionnelle

Lors des lectures que vous avez à mener pour développer vos connaissances, vous devez essayer de gagner en vitesse de lecture, car de cette vitesse dépend une partie de votre réussite. La synthèse est en effet un exercice de rapidité. Les dossiers sont constitués d'une vingtaine de pages et leur lecture doit s'effectuer en respectant un timing précis : 85 minutes pour les candidats aux concours interne et de 3e voie de TT ; 50 minutes pour les candidats au concours externe de TP2 ; 70 minutes pour les candidats aux concours interne, de 3e voie, et à l'examen professionnel de TP2, de même que pour les candidats à l'examen professionnel de TP1.

Dès lors, pour atteindre cet objectif il faut commencer par s'entraîner à lire beaucoup et à lire vite. Il existe de nombreux ouvrages consacrés à la lecture rapide qui vous donnent une méthode de progression. Ceux rédigés par François Richaudeau sont parmi les plus efficaces.

Il vous faut ensuite mettre cette méthode en pratique lors des lectures indispensables conseillées. Un article de fond, un texte de loi, une expérience menée dans une commune sont autant de documents qui doivent à la fois vous permettre d'acquérir des connaissances et d'augmenter votre vitesse de lecture.

Exemple Prenez un chronomètre et mesurez le temps que vous mettez à lire le texte suivant (extrait du dossier remis aux candidats de la spécialité « Techniques de la communication et des activité artistiques » en 2007). Il est parfaitement compréhensible par un non spécialiste.

Le blues des directeurs de festival (Document 2)

Diriger un festival de musique populaire : mal de dos et crampes d'estomac assurés ! Il faut remplir, satisfaire à la fois les élus (bailleurs de fonds), le public et la critique. C'est déjà compliqué. Mais voici venir de nouveaux nuages. « Le métier a changé depuis trois ans », dit Viviane Sicnasi, patronne du Nice Jazz Festival, attribué à sa société après un appel d'offres municipal et triennal, et qui vient de terminer sur un bilan neutre (41 000 spectateurs en huit jours).

Les empêcheurs de danser en rond sont anglo-saxons. Des managers inflexibles. « Auparavant, poursuit Viviane Sicnasi, les artistes affichaient leur cachet. Aujourd'hui, ils nous demandent, *via* leurs managers, souvent anglais, de faire une offre. Puis ils choisissent... » Les réponses arrivent en avril, pour un festival programmé à la mi-juillet. Migraines.

Autre souci : la prolifération des festivals, qui émiette mathématiquement le public. Même le champion en taille, les Vieilles Charrues de Carhaix (Finistère), a dû affronter la concurrence du Festival des Terres Neuvas de Bobital (Côtes-d'Armor), un peu copieur : bénévoles par centaines et têtes d'affiche dans un pot commun où se croisent Johnny Hallyday, James Brown, Louise Attaque, Raphaël, etc. En région Provence-Alpes-Côte d'Azur (PACA), l'offre, à la mi-juillet, est impressionnante : les Voix du Gaou à Six-Fours-les-Plages, Jazz à Antibes-Juan-les-Pins et, dans la même pinède, les Nuits de Juan-les-Pins (Placebo, Raphaël, Massive Attack)...

Résultat : l'inflation des cachets, d'autant qu'en Europe des festivals de grandes dimensions prolifèrent, en Angleterre (Rea-

ding, Glastonburry) ou en Espagne (Benicassim, Barcelone), avec prise de contrôle privée. Alors voilà des Depeche Mode ou un Jamiroquaï qui se vendent entre 300 000 et 500 000 euros, un peu moins pour Massive Attack ou Placebo, sans droit à une quelconque exclusivité.
Comment juger le coût d'un artiste ? « Il faut évaluer correctement ses capacités d'attraction, poursuit Viviane Sicnasi. Erykah Badu, c'est énorme aux États-Unis, mais c'était un pari de l'inviter en France, où elle n'avait jamais chanté. » Les contacts personnels des directeurs artistiques sont ici précieux.
Les festivals en région PACA doivent affronter un redoutable concurrent : le Spoting Summmer Festival organisé à Monaco par la Société des bains de mer (SBM), « avec beaucoup d'argent [celui des casinos] et sans aucune obligation de résultat », dit-on à Nice. La salle des Étoiles du Spoting-Club n'a que 900 places, quand une soirée sur les hauteurs de Nice peut en contenir six fois plus. Mais l'appétence pécuniaire des superstars se passe parfois des foules. Et voici que filent vers le Rocher des têtes d'affiche : Graig David, Pino Daniele, Gotan Project, Texas, Herbie Hancock, Simple Minds... Or les festivals subventionnés ont des obligations, même quand ils sont gérés par le secteur privé.
Avec un budget de 2,5 millions d'euros, dont 997 000 attribués par la ville de Nice, le Nice Jazz Festival est tenu à une politique tarifaire réduite – prix moyen d'une soirée dans les jardins de Cimiez : 39 euros, pour trois scènes et six à sept groupes. Même logique aux Eurockéennes, un festival qui fut créé par le conseil général du territoire de Belfort pour casser l'isolement franc-comtois et faire de la ville une plate-forme européenne. Le budget est de 5 millions d'euros, le ticket moyen est à 40 euros pour quatre scènes et trois jours de fiesta en bord de lac, qui attirent 96 000 spectateurs.
Le cauchemar du directeur de festival, c'est de boire le bouillon. Au Cannet, Bob Dylan – cachet tenu secret mais évalué autour de 250 000 euros – a attiré moins de 4 000 spectateurs. À côté, sur l'îlot du Gaou, le groupe fondateur du hip-hop américain Africa Bambaata, dont le cachet est inférieur de plusieurs zéros, a joué devant 200 passionnés. Autant parier la carte Raphaël ? « Oui et non », répond-on à Six-Fours-les-Plages, près de Toulon (32 000 habitants, quatre fois plus l'été), qui a créé il y a neuf ans le festival Les Voix du Gaou. Jean-Louis Andreani, son directeur, se souvient de l'échec d'un concert d'anthologie rassemblant les stars de la house de Detroit, « salué unanimement par la presse et les connaisseurs » : « Trop tôt dans la soirée, pas à la bonne date, un désert. » Mais avec 1,55 million d'euros de budget, et environ 70 000 spectateurs payant en 2006, Les Voix du Gaou tiennent la route. D'autres n'ont pas eu cette chance : à Cannes, le Palm Beach Festival n'a connu que deux éditions. En 2005, le Théâtre de la Mer à Golfe-Juan a dû congédier Franz Ferdinand, pourtant très en vogue, faute de locations.

Véronique Mortaigne, Extrait du *Monde* du 13 août 2006.

Le résultat doit tourner aux alentours de 3 à 4 minutes. Sachant que ce dossier comprend une page de libellé du sujet et 22 pages de dossier, une multiplication simple débouche sur un temps de lecture de 69 à 92 minutes sans prise de notes.

2. Utiliser les connaissances acquises

Le principal outil d'amélioration de sa vitesse de lecture et de sa prise de notes est sa propre connaissance du sujet. Le lecteur non spécialiste qui effectue le test précédent constate qu'il a du mal à sélectionner les informations essentielles du document. L'absence de culture professionnelle empêche de distinguer les informations essentielles des secondaires. Le spécialiste a également eu quelques difficultés en raison de son ignorance de la consigne fournie par le sujet et des autres textes du dossier. Dès lors, il faut tirer trois leçons de ce test : sans connaissances dans le domaine considéré, la compréhension du dossier est perturbée ; sans méthode pour comparer les documents entre eux, la sélection des informations est difficile ; sans analyse du sujet, il est difficile de distinguer le sujet du hors-sujet.

22 TROIS COMPÉTENCES À DÉVELOPPER

L'ÉLABORATION DU PLAN

Pour rendre une note utile à un élu ou à un supérieur hiérarchique, pour être efficace dans la transmission de consignes indispensables à la bonne marche de son service, un technicien (principal) doit se montrer clair, rationnel, organisé. De même, dans la construction de sa synthèse, il doit adopter une organisation structurée.

1. Matérialiser le plan

Toutes les épreuves de synthèse nécessitent de recourir à un plan matérialisé. Les concours et l'axamen professionnel de technicien n'échappent pas à la règle.

Ce travail doit se faire en respectant le timing suivant :
– 20 minutes pour les candidats aux concours interne et de 3e voie de TT ;
– 10 minutes pour les candidats au concours externe de TP2 ;
– 15 minutes pour les candidats aux concours interne, de 3e voie, et à l'examen professionnel de TP2, de même que pour les candidats à l'examen professionnel de TP1.

Une synthèse doit comporter un développement structuré avec des parties et des sous-parties. Ces parties et ces sous-parties sont matérialisées par des titres et des sous-titres.

Le défaut de structuration de la synthèse, l'absence de ces titres et sous-titres sont des erreurs qui sont très sévèrement pénalisées par les jurys. Ainsi, un candidat qui ne répond pas à cette double demande ne peut en aucun cas obtenir la moyenne à sa synthèse. Au concours externe, il aurait une note inférieure à 10. Au concours interne, au troisième concours et à l'examen professionnel, sa note serait inférieure à 6.

Il faut privilégier les plans en deux parties avec quatre sous-parties car cette structure permet aux correcteurs-décideurs de prendre rapidement connaissance du plan du candidat-technicien. De plus, cette organisation est plus facilement compréhensible qu'un plan avec trois grandes parties qui pourraient comprendre trois sous-parties chacune.

La structure du développement d'une synthèse se présente toujours comme suit :

I ....
  A ....
  B ....
II ....
  A ....
  B ....

Ou encore :

1 ....
  1.1 ....
  1.2 ....
2 ....
  2.1 ....
  2.2 ....

2. Adopter une logique de démonstration

Si une grande majorité de copies contient un plan, toutes ne présentent pas un plan efficace. La plupart des candidats pensent en effet qu'un plan n'est qu'une obligation de forme et plaquent un plan tout fait sur un dossier qui est pourtant particulier par définition.

C'est pourquoi il faut toujours penser qu'un plan est le résultat d'une logique de démonstration.

D'où une double question :

- Quelle logique ?
- Quelle démonstration ?

Et une double réponse :

- la logique est l'organisation cohérente de la démonstration ;
- la démonstration est celle qui est faite par le dossier.

Exemple Soit une partie de plan théorique dont les titres et sous-titres ne sont pas travaillés comme il convient puisqu'ils ne correspondent à aucun dossier particulier.

I. Problèmes
A. Causes
B. Conséquences

Ce plan de première partie d'une synthèse peut paraître cohérent. Or, il n'en est rien. *A priori,* les causes viennent avant les conséquences. Mais un technicien sait bien qu'il faut d'abord faire un constat avant d'élaborer un diagnostic. Dès lors le plan théorique proposé doit devenir :

I. Problèmes
A. Conséquences
B. Causes

Mieux adapté aux concours et à l'examen professionnel de technicien supérieur territorial, il devient :

I. Problèmes
A. Constat
B. Diagnostic

3. S'entraîner à structurer sa pensée

Les fiches 25 à 29 vous fournissent une méthode apte à construire des plans efficaces, que les correcteurs évaluent très précisément. Cependant, pour acquérir plus rapidement les outils présentés, vous devez développer vos compétences de structuration de votre pensée en vous livrant à deux types d'exercices différents :

- d'une part, profiter de vos lectures pour vous concentrer davantage sur les plans qui structurent les articles, les dossiers, les ouvrages que vous allez être amenés à lire ;
- d'autre part, essayer de structurer davantage vos réflexions, vos analyses, vos points de vue lors de réunions, de conversations ou dans le cadre de documents professionnels que vous auriez à rédiger.

Ainsi, peu à peu, vous utiliserez encore mieux les outils méthodologiques dispensés dans cet ouvrage car vous ferez de la recherche d'une structure efficace de vos propos un réflexe qui vous fera gagner à la fois du temps et des points.

23 TROIS COMPÉTENCES À DÉVELOPPER

LA RÉDACTION DE LA SYNTHÈSE

L'écrit est aujourd'hui le premier mode de communication des collectivités territoriales. Transmettre un rapport nécessite donc des qualités d'expression que doit posséder tout cadre territorial, quelle que soit sa filière. Un candidat aux concours ou aux examens de technicien (principal) doit donc maîtriser les règles d'expression française propices à une rédaction professionnelle de qualité.

1. Une synthèse aux formes canoniques

Outre la structure du développement analysée dans la fiche précédente, une synthèse contient une introduction et une conclusion. Celles-ci possèdent toutes deux leur propre structure, étudiée dans les fiches 31 pour l'introduction et 32 pour la conclusion.

On retrouve ainsi une présentation classique :
- introduction (précédée du timbre renseigné en fonction du libellé du sujet) ;
- développement fondé sur un plan matérialisé ;
- conclusion.

Le travail de rédaction de ces trois éléments de la synthèse doit se faire en respectant le timing suivant :
- 70 minutes pour les candidats aux concours interne et de 3e voie de TT ;
- 40 minutes pour les candidats aux concours externe de TP2 ;
- 50 minutes pour les candidats aux concours interne, de 3e voie, et à l'examen professionnel de TP2, de même que pour les candidats à l'examen professionnel de TP1.

Un timing plus précis fixant le temps à consacrer à la rédaction de chaque élément est précisé à chaque étape de la méthode.

2. Une expression correcte

Un technicien territorial a souvent à rédiger des notes :
- pour les élus ;
- pour sa hiérarchie ;
- pour ses équipes.

Il doit donc faire preuve d'une expression correcte, c'est-à-dire peu fautive, pour ne pas dire irréprochable. Nous avons déjà signalé que deux points peuvent être retirés si la copie contient plus de 10 fautes. Mais certains correcteurs pénalisent davantage s'ils constatent que l'expression est trop défaillante.

Il faut donc revoir si nécessaire les règles principales de la syntaxe, les mots qui reviennent souvent dans les copies, le style administratif que doit adopter le candidat.

Exemple **1.** En matière de syntaxe, de plus en plus de candidats n'accordent plus le verbe au pluriel bien que deux sujets au singulier l'imposent, comme dans la phrase suivante : La concertation et la communication **seront** (et non sera) les points forts de notre démarche.
2. En matière de vocabulaire, certains mots pourtant courants dans la filière technique sont mal orthographiés : plannifier au lieu de planifier ; l'état au lieu de l'État (il faut une majuscule à État).

Pour éviter de commettre des fautes pénalisantes, revoyez si nécessaire les principales règles de l'orthographe, vérifiez les règles élémentaires de la syntaxe, forgez-vous une liste de mots de vocabulaire professionnel. Ainsi, le jour de l'épreuve vous serez plus à l'aise quand vous passerez à la phase de rédaction.

3. Une relecture indispensable

À cette phase de rédaction succède une phase de relecture de la totalité de la synthèse qui doit être effectuée en 5 minutes par tous les candidats.

24 LA LECTURE AVEC PRISE DE NOTES

EFFECTUER UNE LECTURE DE SURVOL DU DOSSIER

La lecture dite de survol du dossier doit vous permettre d'atteindre quatre objectifs : comprendre la commande qui vous est passée ; organiser la lecture complète du dossier ; découvrir les principaux thèmes du dossier ; évaluer le quantitatif d'informations par thème. Pour y parvenir, adopter une méthode appropriée.

1. Comprendre la commande passée

Le premier objectif est de prendre connaissance précisément de ce qui vous est demandé, uniquement dans la partie synthèse si vous êtes candidat au concours externe, et dans la partie de propositions pour tous les autres candidats.

Les candidats passent souvent trop peu de temps sur cette étape, obsédés qu'ils sont par les trois heures de l'épreuve. Ils lisent donc superficiellement l'énoncé du sujet ou les deux énoncés (synthèse et propositions), et commettent un hors-sujet lourdement pénalisé. Or le sujet (si l'on se met en position de candidat), la commande (si l'on se met en position de technicien) fournissent toujours cinq informations à découvrir : la position du candidat ; la collectivité fictive qui est la sienne ; les fonctions du destinataire du rapport ou de la note ; le recours unique au dossier fourni ; le thème du sujet (pour le candidat), l'objet du rapport ou de la note (pour le technicien).

La technique pour mettre à jour ces informations n'est pas difficile car elle relève de la simple lecture attentive des quelques lignes du sujet. Mais il s'agit de ne pas se précipiter et donc de ne pas rater une information importante, comme le fait d'occuper un poste dans une commune ou un EPCI, ou de s'adresser à un élu ou à un supérieur hiérarchique. Ces informations ne sont pas seulement utiles pour remplir l'en-tête de la copie mais également, et surtout, pour :
- bien vous positionner en tant que technicien supérieur territorial en poste dans telle collectivité ;
- devant rédiger un rapport ou une note ;
- à l'attention d'une personne aux fonctions précises ;
- qui attend donc des informations précises ;
- sur un thème également précis.

Exemple **Sujet 2007, spécialité « Prévention et gestion des risques, hygiène » (voir sujet 1).**

La lecture du sujet fournit les informations suivantes :
- vous êtes en position de technicien supérieur territorial ;
- en poste dans une ville qui s'appelle IQS ;
- vous vous adressez au directeur des services techniques ;
- vous ne devez utiliser que les documents du dossier ;
- le thème du sujet porte sur la dépollution des sites.

La lecture du sujet vous permet d'entrer dans le dossier en sachant exactement ce que vous avez à faire.

2. Organiser la lecture complète du dossier

Une fois l'énoncé du sujet analysé, vous pouvez repérer un certain nombre d'informations à la lecture de la liste des pièces jointes et de leur contenu. L'objectif est, en quelque sorte, de baliser la lecture approfondie du dossier.

2.1. Utiliser la liste des pièces jointes

La lecture des informations concernant les pièces jointes permet de connaître :
- le titre du document ;
- son origine ;
- la date de sa parution ;
- le nom de son auteur (information souvent sans intérêt).

Les trois premières informations sont très utiles, car elles permettent : de découvrir le thème du document ; de vérifier s'il s'agit d'un document issu d'une revue technique, juridique, etc. ; de constater si les dates des différents documents permettent de valider ou pas une chronologie utile.

Exemple **Sujet 2007, spécialité « Prévention et gestion des risques, hygiène »**

Le document 1 s'intitule : « Les nouvelles règles de la dépollution des sites ». Il est issu du *Moniteur* et est daté du 24 mars 2006.

Vous découvrez donc grâce au titre qu'il s'agit d'un document à teneur essentiellement juridique (nouvelles règles), qui est tiré d'une revue technique bien connue (*Le Moniteur*) dont la date est à comparer avec celle des autres documents.

Le même travail mené sur les cinq autres documents uniquement à l'aide de la première page du sujet permet de mettre à jour les informations suivantes :
- le dossier fournit des documents au contenu juridique (doc. 1 et 2) ;
- le dossier fournit également des documents à teneur technique (doc. 3, 4, 5, 6) ;
- le dossier distingue des méthodes (doc. 3) et des outils (doc. 4, 5, 6) ;
- le dossier soulève un certain nombre de difficultés (doc. 5) ;
- le dossier est constitué de documents issus de trois sources techniques et territoriales ;
- le dossier comprend des documents publiés en l'espace de dix mois (d'octobre 2005 à juillet 2006).

Vous avez donc découvert en quelques minutes de nombreuses informations qui vous permettent d'entrer peu à peu dans le sujet.

2.2. Utiliser le contenu des documents fournis

Utiliser le contenu des documents fournis permet de découvrir un certain nombre d'informations qui « sautent aux yeux », au sens propre du terme. Les documents fournis, quel que soit le dossier, sont constitués de titres, de sous-titres, de chapeaux introducteurs, de termes en caractères gras, en italique, de citations mises entre guillemets. On y trouve parfois des tableaux, des encadrés, des schémas, etc. La lecture de ce qui saute aux yeux permet de découvrir l'essentiel de ce que l'auteur a voulu fournir comme informations.

Exemple **Sujet 2007, spécialité « Prévention et gestion des risques, hygiène »**

La lecture de survol du document 2 intitulé « Une réglementation basée sur l'usage du site et sur le principe pollueur-payeur » s'oriente vers :
- le résumé en gras de la première page ;
- l'encadré intitulé « Principe du pollueur-payeur : les règles » ;
- le constat que deux inventaires (Basol et Basias) doivent être connus ;
- le sous-titre en gras « Une hiérarchisation des sites » ;
- la présence de dates (70, 1917, 21/09/77, 15 ans, etc.) et d'un sigle (ESR).

Ainsi, peu à peu, vous commencez à comprendre que le cadre réglementaire responsabilise l'exploitant et fournit une méthode à appliquer en fonction de données à renseigner.

Ce travail est à faire pour tous les documents et débouche sur l'organisation de lecture suivante : doc. 1 → doc. 3 → doc. 2 → doc. 5 → doc. 4 → doc. 6.

Cette lecture de survol permet de corroborer les regroupements de documents faits précédemment et de mieux organiser votre lecture approfondie du dossier. Ainsi, vous lirez les documents dans un ordre efficace, ce qui vous permettra d'entrer dans la logique du dossier.

Mais pour ce faire, il faut également découvrir les principaux thèmes du dossier. C'est le troisième objectif de la lecture de survol.

3. Découvrir les principaux thèmes du dossier

En même temps que vous accomplissez votre lecture de survol pour classer les documents dans l'ordre qui vous paraît le plus logique, vous devez découvrir les principaux thèmes du dossier. C'est là que vos connaissances, vos savoir-faire entrent en jeu, résultat à la fois des études supérieures pour certains, de l'expérience professionnelle pour d'autres, de la veille culturelle mise en place par tous.

Bâtissez une grille de lecture professionnelle qui sert de support à la prise de notes à l'aide des thèmes découverts. En moyenne, nous vous conseillons de mettre à jour une demi-douzaine de thèmes. Si vous en trouvez moins, il vous faudra découper certains d'entre eux lors de la conception du plan, et si vous en trouvez trop, certains seront sans réel intérêt, voire totalement vides.

Nous vous conseillons également d'effectuer votre prise de notes thème par thème.

Exemple **Sujet 2007, spécialité « Prévention et gestion des risques, hygiène »**

Lors de la lecture du survol, vous constatez que ce dossier porte sur les thèmes suivants :
- un nouveau cadre juridique ;
- des processus de mise en œuvre spécifiques ;
- des outils performants ;
- des difficultés dont il faut tenir compte ;
- des procédés biologiques ;
- des acteurs spécifiques à connaître ;
- des coûts à ne pas oublier ;
- des exemples, il n'y a quasiment pas d'illustrations dans le dossier mais il faut toujours garder un thème « exemple » afin de pouvoir illustrer votre propos dans le développement si le dossier s'y prête.

4. Évaluer le quantitatif d'informations par thème

Dernier objectif de cette lecture de survol : une évaluation des thèmes.

Exemple **Sujet 2007, spécialité « Prévention et gestion des risques, hygiène »**

Une fois la lecture de survol achevée, vous avez découvert par exemple que le cadre juridique du dossier occupe une place importante. À l'inverse les difficultés, sans être à négliger, n'ont pas le même poids que les procédures à suivre. Ce simple constat vous permet d'éviter un plan problèmes-solutions inadapté au dossier fourni.

Le temps à consacrer à cette lecture de survol est le suivant :
- 15 minutes pour les candidats aux concours interne et de 3e voie de TT, qui se décomposent comme suit :
  - lecture de l'énoncé du sujet, 1 à 2 minutes,
  - lecture de la liste des documents, 2 à 3 minutes,
  - lecture de survol des pièces du dossier, 10 minutes ;
- 5 minutes pour les candidats au concours externe de TP2, qui se décomposent comme suit :
  - lecture de l'énoncé du sujet (les deux consignes), 1 minute,
  - lecture de la liste des documents, 1 minute,
  - lecture de survol des pièces du dossier, 3 minutes ;
- 10 minutes pour les candidats aux concours interne, de 3e voie, et à l'examen professionnel de TP2, de même que pour les candidats à l'examen professionnel de TP1, qui se décomposent comme suit :
  - lecture de l'énoncé du sujet (les deux consignes), 2 minutes,
  - lecture de la liste des documents, 2 minutes,
  - lecture de survol des pièces du dossier, 6 minutes.

25 LA LECTURE AVEC PRISE DE NOTES

EFFECTUER UNE LECTURE COMPLÈTE DU DOSSIER

La lecture dite complète ou approfondie du dossier consiste à remplir les thèmes découverts lors de la lecture de survol. Doivent être retenues toutes les informations essentielles à une prise de décision efficace par le destinataire du rapport.

1. Une lecture complète de validation

L'objectif de cette lecture est donc de valider ou d'invalider les thèmes découverts lors de la lecture de survol. Il se peut en effet qu'un thème découvert se révèle vide ou que vous n'ayez pas vu un thème lors de votre première lecture. Ces possibilités sont tout à fait normales. L'important est de rester attentif en se disant qu'une erreur lors de la lecture de survol est corrigée lors de la lecture complète du dossier.

À chacun donc d'être conscient de ce type de difficulté. À chacun également de ne pas supprimer un document d'emblée car, en règle générale, tous les documents fournis doivent être utilisés.

2. Une lecture active

La méthode à adopter est la suivante : vous devez répartir les informations essentielles directement dans les thèmes. La base de cette méthode est, rappelons-le, la mise en place d'une veille culturelle très en amont du concours afin de bâtir peu à peu une grille d'analyse professionnelle valable pour n'importe quel sujet.

Ainsi, bien préparé et confronté à un document qui, lors de la lecture de survol, semble contenir des éléments méthodologiques, vous vous demanderez si ces éléments renvoient à des moyens :

- organisationnels ;
- humains ;
- techniques ;
- juridiques ;
- financiers.

Ces cinq outils sont connus de tous. Pourtant beaucoup de candidats ne s'en servent pas comme grille de lecture, restant davantage candidats que techniciens.

De même, confronté à des éléments financiers, demandez-vous si ces coûts sont globaux ou pas, si le dossier fournit des indications sur des financements possibles, quels sont les partenaires propices à l'obtention de ces financements potentiels, etc. En un mot, il ne faut jamais découvrir ce que contient un dossier, mais chercher les informations utiles à porter à l'attention de décideurs à l'aide d'une grille d'analyse professionnelle, exactement comme lorsque l'on est face à un dossier en situation réelle.

Vous trouverez, sous forme de tableau, ce que pourrait être une prise de notes efficace à l'aide des six thèmes mis à jour lors de la lecture de survol dans la fiche 29. Organiser le contenu des quatre sous-parties. Enfin, les candidats au concours externe ayant plus de temps que les autres candidats, leur prise de notes devrait être un peu plus approfondie.

26 L'ÉLABORATION DU PLAN

ORDONNER SES THÈMES LOGIQUEMENT

Beaucoup de candidats bâtissent leur plan en cherchant d'abord les deux grandes parties, comme si l'on construisait une maison en commençant par le toit. Il faut donc partir de la base, construire les fondations, c'est-à-dire partir des thèmes validés lors de la lecture complète du dossier.

1. Un ordre logique

Les sous-thèmes découverts lors de la lecture de survol ou au cours de la lecture complète du dossier doivent être organisés afin de mettre en évidence la logique du dossier. C'est pourquoi vous devez les mettre dans un ordre logique.

Cet ordre se fonde uniquement sur la logique du technicien territorial. Il ne s'agit pas encore de s'intéresser aux grandes parties du plan, mais seulement de se concentrer sur la cohérence du propos.

2. Un ordre professionnel

Ainsi, les deux correcteurs constateront, à la lecture de la copie, que les informations sont d'une part regroupées en thèmes et d'autre part que ces thèmes s'enchaînent logiquement.

Concrètement il suffit de rester en position de technicien supérieur territorial et de se demander dans quel ordre les thèmes trouvés seraient mis si la note ou le rapport devait effectivement être présenté à son destinataire, dans la vie professionnelle.

Exemple **Sujet 2007, spécialité « Prévention et gestion des risques, hygiène »**

Les six thèmes découverts lors de la lecture de survol du dossier et validés lors de la lecture complète du dossier peuvent être mis dans l'ordre logique suivant :

1 : Un nouveau cadre juridique
2 : Des acteurs spécifiques à connaître
3 : Des processus de mise en œuvre spécifiques
4 : Des coûts à ne pas oublier
5 : Des outils performants
6 : Des difficultés dont il faut tenir compte
7 : Des procédés biologiques

En effet, le cadre juridique est incontournable en première place en raison de son actualité. Lui succède la place des collectivités territoriales, du préfet, des entreprises, etc. Viennent ensuite les outils méthodologiques, puis les outils à mettre en œuvre en n'oubliant pas les contraintes financières et les difficultés. Enfin les solutions techniques, très précises, sont à mettre en dernier.

L'ensemble est cohérent et c'est sur cette cohérence que se fonde la logique générale de la synthèse.

27 L'ÉLABORATION DU PLAN

REGROUPER LES THÈMES EN QUATRE SOUS-PARTIES

Un plan n'est pas uniquement l'organisation de deux parties, d'une superstructure. C'est également la mise en cohérence d'une infrastructure qui se matérialise par le regroupement des thèmes en quatre sous-parties dans un ordre logique.

1. Utiliser le quantitatif d'information

Une fois vos thèmes ordonnés logiquement, regroupez-les en quatre sous-parties, sans modifier la cohérence d'ensemble.

Le critère à retenir n'est plus la logique mais le quantitatif d'informations contenues dans chaque thème. Ainsi un thème très fourni peut constituer à lui seul une sous-partie. À l'inverse, un thème qui correspond à une prise de notes peu importante est regroupé avec le thème suivant ou précédent selon la taille de ce dernier.

La difficulté réside ici dans votre capacité à transformer une quantité de prise de notes en une quantité d'informations rédigées. C'est pourquoi seul un entraînement important peut permettre d'utiliser efficacement cette méthode qui se veut simple et adaptée à la fois au concours et au profil professionnel des candidats.

2. Donner des titres provisoires

Une fois ces quatre sous-parties découvertes, donnez-leur un titre non travaillé. Les titres définitifs ne se trouvent qu'une fois les deux étapes suivantes franchies.

Exemple **Sujet 2007, spécialité « Prévention et gestion des risques, hygiène »**

Si l'on reprend les six thèmes mis dans un ordre logique dans l'étape précédente, on peut les regrouper de la manière suivante :

1 : Un nouveau cadre juridique .... A
2 : Des acteurs spécifiques à connaître .... A
3 : Des processus de mise en œuvre spécifiques .... B
4 : Des coûts à ne pas oublier .... B
5 : Des outils performants.. C
6 : Des difficultés dont il faut tenir compte C
7 : Des procédés biologiques.. D

Des titres provisoires pourraient être :

A. Un cadre juridique nouveau
B. Les dimensions techniques
C. Les outils du processus
D. Les principaux procédés biologiques

28 L'ÉLABORATION DU PLAN

REGROUPER LES QUATRE SOUS-PARTIES EN DEUX PARTIES

Ce travail, qui est le plus facile des étapes de l'élaboration du plan, doit permettre de mettre à jour la logique interne du dossier, c'est-à-dire ce que le dossier dit sur le thème. C'est à ce moment-là de la démarche qu'il faut comprendre ce qui est démontré à travers les documents.

1. Découvrir les deux grandes parties du plan

À partir du travail précédent, c'est-à-dire à partir des quatre sous-parties découvertes, il faut trouver les deux grandes parties de sa logique de démonstration. La technique est très simple : les deux premières sous-parties constituent la première partie de la synthèse et les deux dernières sous-parties constituent la seconde partie de la synthèse.

Exemple **Sujet 2007, spécialité « Prévention et gestion des risques, hygiène »**

Les deux premières sous-parties de l'étape précédente sont regroupées dans une première grande partie dont le titre provisoire peut être : I. Solutions juridiques et techniques

Les deux dernières sous-parties de l'étape précédente sont regroupées dans une seconde grande partie dont un titre provisoire peut être : II. Des traitements adaptés

2. Découvrir le point de vue du dossier sur le sujet fourni

Trop souvent, les candidats oublient que le dossier qui leur est fourni n'est pas un dossier descriptif mais argumentatif. Pour le dire autrement, le dossier n'apporte pas uniquement des informations qui décrivent un texte de loi, une procédure, des solutions, etc., mais également un point de vue sur le sujet.

Quel que soit le dossier fourni, il porte par définition sur un thème : ce thème est fourni en général dans l'intitulé du sujet. C'est ce qui permet de renseigner l'objet dans le timbre fictif de la copie. Mais pour un même thème, il peut y avoir plusieurs dizaines de dossiers possibles qui présentent le thème de différentes manières. Un dossier insiste sur le cadre juridique, un autre sur l'importance du nombre de solutions, un troisième sur la méthode à utiliser. Certains contiennent de nombreux exemples et d'autres très peu.

Dès lors, pour un même sujet, un même thème, un même objet, la lecture du candidat mettrait à jour un point de vue à chaque fois différent. C'est ce point de vue qui constitue l'objectif de la démonstration et qui peut être soit découvert au fur et à mesure de la lecture du dossier, soit au moment de regrouper les quatre sous-parties en deux grandes parties. Beaucoup de candidats parlent de problématique. Or ce terme n'appartient guère au vocabulaire du technicien. C'est pourquoi nous lui préférons celui de point de vue, réponse à la question suivante : qu'est-ce qui ressort de la lecture de ce dossier ?

Exemple **Sujet 2007, spécialité « Prévention et gestion des risques, hygiène »**

À l'aide de la lecture du dossier et du plan mis à jour, le point de vue général qui ressort est le suivant : « Pour parvenir à dépolluer efficacement un site, il faut s'appuyer sur une connaissance précise du contexte législatif et des solutions à mettre en œuvre. »

Ce point de vue doit apparaître dans la synthèse afin que les correcteurs valident votre compréhension du sujet. C'est dès l'introduction que cette information est indiquée.

29 L'ÉLABORATION DU PLAN

ORGANISER LE CONTENU DES QUATRE SOUS-PARTIES

Si la plupart des candidats tentent d'organiser leur démarche logiquement à l'aide de leur plan, beaucoup oublient que l'organisation de la logique de démonstration doit se retrouver dans la structure des sous-parties, structure qui se fonde sur des paragraphes à construire.

Avant d'achever la construction du plan par le travail des sous-titres et des titres, il est essentiel de structurer le contenu de chaque sous-partie.

La technique est simple : il suffit de reprendre les feuilles de sa prise de notes et de numéroter chaque information de la plus importante à la moins importante dans chaque thème, et ce, dans l'ordre des thèmes correspondant à chaque sous-partie.

Exemple **Sujet 2007, spécialité « Prévention et gestion des risques, hygiène »**

Cadre juridique	Processus	Outils	Difficultés
– Loi Bachelot ① – Décret du 21 septembre 1977 ② – Code de l'environnement ③ – Décret du 13 septembre 2005 ④ – Date à retenir : 1er octobre 2005 ⑤	– Diagnostic ② – Évaluation des risques ① – BASOL ③ – BASIAS ③ – EDR ④ – 3 classes de sites ⑤ – 5 étapes d'investigation ⑥	– Échantillonnages ② – Réhabilitation des sols ③ – Confinement des sols ④ – Schéma conceptuel ①	– Évolution des problèmes ① – Retardement des activités économiques ③ – Polluants de plus en plus difficiles à traiter ②
Procédés biologiques	**Acteurs**	**Coûts**	**Exemple**
– Bio venting – Bio sparging – Bioremédiation – Nanofiltration – Phytoremédiation	– Maire ② – Préfet ① – Exploitant ③ – Propriétaire du site ④	– Financement onéreux des dépollutions ① – Principe pollueur-payeur ②	– Le Grand Nancy

Une fois ce travail fait, vous disposez de la totalité des informations nécessaires à la rédaction des sous-titres et des titres. C'est encore la phase d'élaboration du plan, mais on entre en même temps dans la phase de rédaction.

30 L'ÉLABORATION DU PLAN

TROUVER DES TITRES EFFICACES

Les six titres à trouver (en réalité deux titres et quatre sous-titres) doivent être courts, clairs et élaborés à partir du vocabulaire de technicien. Mais ils doivent également être le résumé de la partie ou de la sous-partie qui suit. Or cet objectif est trop souvent oublié.

1. Donner un titre qui informe

Beaucoup de candidats rédigent leurs titres comme s'il s'agissait de dire « ce dont ils vont parler », alors qu'un titre doit signifier : « ce qu'ils vont dire ».

La distinction précédente entre le sujet du dossier et le point de vue qui se dégage du dossier prend ici tout son sens.

Un titre tel « La dépollution des sites » n'indique que ce sur quoi va porter le développement. Il ne signifie rien d'autre et en aucun cas ne permet à un lecteur d'anticiper le contenu à suivre. Un lecteur ne peut en effet pas deviner si ce qui suit va mettre en lumière un cadre réglementaire, une méthodologie, etc.

2. Donner un titre qui résume

Au moment de rédiger sous-titres et titres, vous devez répondre à la question suivante : quel est le contenu de la sous-partie ou de la partie qui suit mon sous-titre ou mon titre ? La réponse est déjà trouvée sur le fond : il s'agit de l'ensemble des informations prises en notes et organisées de manière logique. Le travail à mener s'impose de lui-même : il s'agit, à partir des titres et sous-titres provisoires trouvés dans les étapes précédentes, de rédiger un titre qui résume le contenu qui le suit. Un titre ou un sous-titre ne doit pas être uniquement descriptif, il doit donner du sens.

Exemple **Sujet 2007, spécialité « Prévention et gestion des risques, hygiène »**

I. Un contexte législatif clair au service d'un traitement efficace

A. Un cadre juridique qui associe le préventif et le curatif

B. Un diagnostic nécessaire du site à dépolluer

II. Traiter chaque site de manière adaptée

A. Différents outils à connaître

B. Différentes techniques à maîtriser

Ce plan définitif est cohérent, il montre que le dossier est compris. Si l'on rédigeait ces six titres comme s'ils s'agissait des six phrases d'un paragraphe, on résumerait le dossier. C'est ce qu'il faut viser.

31 LA RÉDACTION DE LA SYNTHÈSE

RÉDIGER L'INTRODUCTION EN TROIS ÉTAPES

Toute introduction s'élabore classiquement en trois étapes, dont la deuxième se subdivise en deux. Une introduction doit être courte, précise, efficace. Elle doit permettre aux correcteurs de vérifier que le technicien a compris ce qui lui était demandé.

1. Quatre questions

Pour rédiger une introduction, il faut répondre aux quatre questions suivantes :
- pourquoi ce sujet m'est-il proposé ?
- quel lien a-t-il avec les collectivités territoriales ? Comment est-il traité dans ce dossier ?
- comment vais-je mettre en évidence la démonstration faite par le dossier ?

Si l'on transforme ces questions professionnelles en méthode classique de construction d'une introduction, on obtient :
- justification du sujet ;
- rappel du sujet et énoncé de la problématique ;
- annonce du plan.

2. Pourquoi ce sujet m'est-il proposé ?

La réponse à cette première question a pour objectif de justifier le choix du sujet. En théorie, la réponse est toujours la même : il s'agit d'un sujet d'actualité. Toutefois l'actualité du sujet peut se justifier de plusieurs manières :
- par un texte de loi récent ;
- par un événement important ;
- par un problème récurrent que rencontrent les collectivités territoriales ;
- etc.

L'essentiel est de justifier le sujet à l'aide d'un argument professionnel. Il ne faut jamais recourir aux médias, jamais se placer en tant que citoyen, jamais faire un rappel historique trop ancien.

Exemple **Sujet 2007, spécialité « Prévention et gestion des risques, hygiène »**

Première phrase possible de l'introduction :

« Depuis 2003 et la loi dite loi Bachelot, les objectifs de la réhabilitation des sites pollués ont été modifiés. »

3. Quel lien a-t-il avec les collectivités territoriales ?

La réponse à la deuxième question a pour objectif à la fois d'informer les deux lecteurs-correcteurs de ce dont il est question, mais aussi de faire le lien avec le monde des collectivités territoriales.

Trop souvent les candidats rédigent une introduction comme s'ils n'étaient que candidats, oubliant leurs fonctions de (futur) technicien territorial. Toute introduction doit montrer ce qui unit le thème du dossier à votre contexte professionnel.

Un rappel de la compétence de telle ou telle collectivité en rapport avec le sujet suffit. Parfois il s'agit aussi de souligner la responsabilité de l'autorité territoriale.

Exemple **Sujet 2007, spécialité « Prévention et gestion des risques, hygiène »**
Une phrase faisant le lien entre le sujet et les collectivités territoriales pourrait être :
« Le rôle du maire y est précisé ainsi que sa place dans la chaîne de décision. »

4. Comment est-il traité dans ce dossier ?

En liaison avec la réponse précédente, il faut indiquer dans l'introduction le point de vue qui ressort de la lecture du dossier. Autrement dit, il ne s'agit pas seulement de dire ce dont parle le dossier mais de préciser ce qu'il en dit. La mise en évidence du point de vue général du dossier est, avec le plan, le point le plus important de l'introduction.

Exemple **Sujet 2007, spécialité « Prévention et gestion des risques, hygiène »**
La phrase élaborée à partir de la compréhension du point de vue général du dossier peut parfaitement être reprise ici :
« Pour parvenir à dépolluer efficacement un site, il faut s'appuyer sur une connaissance précise du contexte législatif et des solutions à mettre en œuvre. »

5. Comment vais-je mettre en évidence la démonstration faite par le dossier ?

La réponse à cette quatrième question a pour objectif d'indiquer aux correcteurs la manière dont vous mettez en évidence la logique de démonstration implicitement contenue dans le dossier, c'est-à-dire votre plan.

Attention : renseignez-vous auprès des centres de gestion qui organisent le concours sur l'existence dans la lettre de cadrage de précisions sur l'annonce du plan. Certains centres demandent en effet que le plan annoncé dans l'introduction précise les quatre sous-parties à venir ; d'autres se contentent des deux grandes parties.

Exemple **Sujet 2007, spécialité « Prévention et gestion des risques, hygiène »**
Une annonce de plan pourrait être :
« Après avoir analysé les obligations légales et les outils techniques à disposition dans une première partie, il conviendra dans une seconde partie de présenter un mode opératoire efficace pour bien exploiter les solutions biologiques possibles. »

6. La forme de l'introduction

En ce qui concerne la forme de cette introduction, notez bien les paramètres suivants :

- l'introduction ne doit pas dépasser 10 lignes ;
- elle doit être constituée de quatre ou cinq phrases courtes maximum ;
- elle se présente sous la forme d'un paragraphe unique.

Le temps à consacrer à la rédaction de l'introduction est le même pour tous les candidats : 5 minutes.

Voici le résultat de ces cinq minutes si l'on réunit les éléments proposés ci-dessus. Pour les réunir, il est important d'utiliser des mots de liaison qui soulignent la cohérence de l'ensemble.

Exemple **Sujet 2007, spécialité « Prévention et gestion des risques, hygiène »**
« Depuis 2003 et la loi dite loi Bachelot, les objectifs de la réhabilitation des sites pollués ont été modifiés. Le rôle du maire y est précisé de même que sa place dans la chaîne de décision. Mais pour parvenir à dépolluer efficacement un site, il faut s'appuyer sur une connaissance précise du contexte législatif et des solutions à mettre en œuvre. C'est pourquoi, après avoir analysé les obligations légales et les outils techniques à disposition dans une première partie, il conviendra dans une seconde partie de présenter un mode opératoire efficace pour bien exploiter les solutions biologiques possibles. »

32 LA RÉDACTION DE LA SYNTHÈSE

RÉDIGER LA CONCLUSION EN DEUX ÉTAPES

La conclusion doit être rédigée immédiatement après l'introduction au brouillon et conservée afin de la recopier dans les dernières minutes de l'épreuve. Tout comme l'introduction, la conclusion répond à des objectifs précis. Ils sont au nombre de deux.

La conclusion est l'élément sur lequel se termine la lecture des deux correcteurs de la synthèse au concours interne et au 3e concours. Pour les candidats aux autres concours et aux examens professionnels, si la lecture des propositions succède à celle de la conclusion, il n'en demeure pas moins que c'est juste après la conclusion que les correcteurs mettent une note.

Il vaut donc mieux soigner du mieux possible sa conclusion pour laisser les correcteurs sur une bonne impression. Pour y parvenir, il faut répondre aux deux question suivantes :
- Que se dégage-t-il de la lecture du dossier fourni ?
- Quelle est l'information essentielle sur laquelle il convient d'insister ?

1. Que se dégage-t-il de la lecture du dossier fourni ?

La réponse à la première question est une restitution du contenu du dossier. Le candidat rappelle les grands axes de son développement ; il résume en quelque sorte le dossier.

Exemple **Sujet 2007, spécialité « Prévention et gestion des risques, hygiène »**

Un résumé de la synthèse pourrait être :

« Ainsi, nous avons pu voir que les savoir-faire techniques, s'ils sont indispensables, ne sont pas pour autant suffisants pour assurer une dépollution efficace. Il faut en effet également s'appuyer sur des connaissances précises de la réglementation en vigueur et des processus à appliquer. »

2. Quelle est l'information essentielle sur laquelle il convient d'insister ?

La réponse à la seconde question est encore plus professionnelle puisqu'elle attire l'attention des deux décideurs-correcteurs sur un élément-clé du dossier. Sans vous montrer subjectif, vous mettez en évidence, parmi les informations les plus importantes du dossier, celle qui vous semble devoir être rappelée dans votre conclusion. Ainsi vous montrez votre professionnalisme jusqu'à la dernière ligne de votre travail de synthèse.

Toute autre information placée dans la conclusion est à bannir. Ainsi, il n'est pas recommandé de faire une ouverture comme dans une dissertation par exemple, tout simplement parce que l'exercice de la synthèse ne s'y prête pas.

Exemple **Sujet 2007, spécialité « Prévention et gestion des risques, hygiène »**

Ici, c'est dans le rôle de chacun des acteurs que se trouve l'information centrale du dossier :

« Au-delà de toutes ces solutions, une bonne dépollution doit passer par une solide volonté de tous les acteurs, aussi bien institutionnels que privés. »

3. La forme de la conclusion

La conclusion est formée d'un seul paragraphe d'une dizaine de lignes.

Comme pour l'introduction, cinq minutes sont nécessaires à la rédaction de la conclusion.

Voici le résultat de ces cinq minutes si l'on associe les deux réponses précédentes aux deux questions théoriques de toute conclusion. De nouveau le recours aux mots de liaison est nécessaire pour souligner la cohérence du propos.

Exemple **Sujet 2007, spécialité « Prévention et gestion des risques, hygiène »**

« Ainsi nous avons pu voir que les savoir-faire techniques, s'ils sont indispensables, ne sont pas pour autant suffisants pour assurer une dépollution efficace. Il faut en effet également s'appuyer sur des connaissances précises de la réglementation en vigueur et des processus à appliquer. Mais au-delà de toutes ces solutions, une bonne dépollution doit passer par une solide volonté de tous les acteurs, aussi bien institutionnels que privés. »

33 LA RÉDACTION DE LA SYNTHÈSE

RÉDIGER LE DÉVELOPPEMENT

Une fois les titres et les sous-titres trouvés, les sous-parties validées et organisées, l'introduction et la conclusion rédigées au brouillon, la rédaction du développement peut se faire assez vite. Mais il convient d'être attentif au formalisme de l'épreuve et à la qualité de l'expression.

30 à 40 minutes doivent suffire aux candidats qui doivent encore élaborer une partie de propositions. Pour les candidats qui n'ont qu'une synthèse à rédiger, une heure est un timing cohérent.

1. Ne pas oublier les chapeaux introducteurs et la phrase de transition

En théorie, vous devez, entre vos deux grands titres et le premier sous-titre de chacune des deux parties, rédiger un chapeau de moins de cinq lignes qui résume le contenu des deux sous-parties à venir.

C'est un exercice difficile car il faut redire ce que l'on a déjà dit dans l'annonce du plan. L'important est de ne pas y consacrer trop de temps, d'autant plus que toute la phase de développement doit être rédigée directement au propre.

Exemple **Sujet 2007, spécialité « Prévention et gestion des risques, hygiène »**

Le chapeau qui suit le titre de la première partie pourrait être :

« Si c'est la loi du 30 juillet 2003 qui fixe les exigences de remise en état des sites classés, une circulaire de 1997 propose des outils méthodologiques afin d'agir efficacement. »

Le chapeau qui suit le titre de la deuxième partie pourrait être :

« Avant d'appliquer des méthodes scientifiques précises, il faut bien connaître les différents outils permettant de construire un mode opératoire adapté. »

Il faut placer entre les deux grandes parties du développement une phrase de transition qui montre bien la logique justifiant le passage de la première partie à la seconde.

Là aussi, c'est davantage une question de forme que de fond puisque vous avez déjà montré dans votre introduction la logique qui sous-tend votre démonstration.

Exemple **Sujet 2007, spécialité « Prévention et gestion des risques, hygiène »**

Une phrase de liaison entre les deux grandes parties du développement pourrait être :

« Une fois le contexte juridique et local connu, il faut bâtir une méthodologie d'intervention adaptée. »

2. Avoir une expression qui réponde aux exigences de l'épreuve

Si la synthèse n'est pas un exercice de français, elle reste un exercice en français. C'est pourquoi vous devez être attentif à la qualité de votre expression. Celle-ci se décompose en trois grands domaines :

– la syntaxe ;
– le vocabulaire ;
– l'orthographe.

2.1. Avoir une syntaxe synthétique

La syntaxe doit être simple. Vos phrases doivent donc être courtes afin d'être claires.

Les deux correcteurs qui vous évaluent sont des professionnels ou se mettent en position de professionnels. Un supérieur hiérarchique qui lit un rapport ou une note rédigée par l'un de ses collaborateurs ne perd pas son temps à chercher le sens d'une phrase si celle-ci est mal rédigée, rendant le propos confus.

À vous de respecter vos lecteurs en faisant un effort de clarté. Sans aller jusqu'à rédiger des phrases de type : sujet + verbe + complément, il est possible de simplifier votre expression afin de faciliter la prise de connaissances des lecteurs.

Exemple **Sujet 2007, spécialité « Prévention et gestion des risques, hygiène »**

Voici le début du développement de la synthèse :

« La loi dite loi Bachelot du 30 juillet 2003 relative à la prévention des risques technologiques et naturels a précisé le cadre dans lequel une réhabilitation devait être effectuée par l'ancien propriétaire du site en question. Désormais, en application de l'article L. 512-17 du code de l'environnement, les exigences de remise en état d'un site sont calées sur un usage précis de ce site. »

Les deux phrases proposées sont claires car leur structure grammaticale est simple. De plus, la ponctuation et les mots de liaison facilitent la compréhension du lecteur.

2.2. Recourir à un vocabulaire technique et courant

Le vocabulaire doit lui aussi être simple, adapté au contexte de l'épreuve. Un technicien supérieur territorial qui s'adresse à un supérieur hiérarchique utilise certes un vocabulaire technique, mais de manière explicite.

Afin d'éviter de tomber dans un jargon peu pédagogique, pensez que vous vous adressez également à un élu, c'est-à-dire à quelqu'un qui a du bon sens, mais peu ou pas de connaissances dans votre domaine de compétence.

Voici quelques exemples de phrases qui correspondent à ces conseils.

Exemple **Sujet 2007, spécialité « Prévention et gestion des risques, hygiène »**

« Pour y parvenir les différents partis se fonderont sur le zonage du PLU (plan local d'urbanisme)... »

« Il s'agit d'utiliser des microbes afin de biodégrader les pollutions. »

« L'objectif est de traiter les nappes phréatiques à travers la bioremédiation dont les avantages sont environnementaux et financiers. »

2.3. Soigner son orthographe

L'orthographe doit bien évidemment être soignée. Deux points peuvent être perdus en cas de fautes trop nombreuses (en général, un nombre supérieur à 10 fautes). Mais ce barème signifie que les correcteurs peuvent pénaliser d'un point la présence de 5 fautes.

Revoyez donc si nécessaire les règles classiques de la langue française comme nous vous le conseillions déjà dans la fiche 9. La rédaction de synthèse.

Les derniers conseils qui peuvent vous être donnés sont des conseils de bon sens. Attention à :

– la lisibilité de votre copie : ce qui est peu lisible, voire illisible, n'est pas lu et donc sanctionné ;

– la présentation de votre copie : aérez votre travail de manière à bien faire apparaître les étapes de votre démonstration, soulignez (avec la même couleur d'encre) titres et sous-titres, etc. ;

– la propreté de votre copie : ne raturez pas comme si vous étiez au brouillon, n'utilisez pas de manière exagérée du correcteur, ne rajoutez pas de mots peu lisibles, etc.

34 LA RÉDACTION DE LA SYNTHÈSE

SE RELIRE À L'ENVERS

Une fois la synthèse achevée, il faut conserver cinq minutes pour relire sa copie. Cette relecture doit s'effectuer à l'envers afin de se concentrer sur l'expression.

Il s'agit là de vérifier la qualité de l'expression et plus particulièrement de l'orthographe. Il est trop tard en effet pour vérifier le choix de son vocabulaire et la cohérence de sa syntaxe, sauf à constater une erreur de construction de phrase évidente.

Il vaut donc mieux se concentrer sur son orthographe, car autant les correcteurs pardonneront quelques fautes (moins de cinq), autant ils sanctionneront une orthographe déficiente, concours oblige. À vous de vous corriger du mieux possible de façon à ne pas perdre de points.

Pour être efficace durant ces cinq minutes de relecture nous vous conseillons :

– avant le concours, de vous améliorer par un entraînement personnel à l'aide d'exercices classiques ;

– pendant la rédaction de votre devoir, de bien lire en même temps que vous rédigez ;

– après la rédaction, de vous relire en partant de la fin de votre copie et en remontant ainsi paragraphe par paragraphe jusqu'à l'introduction. L'idéal est de vous relire en remontant phrase par phrase. Pour y parvenir, il faut vous entraîner bien en amont du concours.

Voici pour finir un tableau récapitulant toutes les durées proposées.

Étapes de la méthode à appliquer	Timing concours interne et de 3e voie de TT	Timing concours externe de TP 2	Timing concours interne et de 3e voie de TP2 et examen professionnel de TP2 et TP1
Lecture de survol (sujet, liste des documents joints, documents joints)	15 minutes	5 minutes	10 minutes
Lecture approfondie du dossier avec prise de notes	70 minutes	30 minutes	40 minutes
Elaboration du plan	20 minutes	6 minutes	10 minutes
Rédaction de l'introduction et de la conclusion	2 × 5 minutes	2 × 3 minutes	2 × 5 minutes
Rédaction du développement	60 minutes	25 minutes	30 minutes
Relecture finale	5 minutes	3 minutes	5 minutes
Total	3 heures	1 heure 15	1 heure 45

SUJET 1 SYNTHÈSE DE DOCUMENTS

Spécialité « Prévention et gestion des risques, hygiène », concours externe, interne et 3e concours

Le sujet de synthèse qui suit servira de sujet d'étude à la fois pour la synthèse de documents et pour les propositions à élaborer (partie 3). Ce sujet a été donné dans la spécialité « Prévention et gestion des risques » au concours de Technicien supérieur territorial organisé par le CIG de la Grande-Couronne en 2007. Il est tout à fait adapté à l'épreuve de rapport des concours interne et 3e voie de technicien territorial et aux concours et examens professionnels de TP2 et TP1 pour ce qui concerne la partie Synthèse.

Vous êtes technicien territorial ou technicien territorial principal au sein de la ville de IQS. Le directeur des services techniques vous demande de rédiger à son attention, exclusivement à l'aide des documents ci-joints, un rapport sur la dépollution des sites.

Documents joints

Document 1 :
« Les nouvelles règles de dépollution des sites », *Le Moniteur*, 24 mars 2006.

Document 2 :
« Une réglementation basée sur l'usage du site et sur le principe pollueur-payeur », *Les Cahiers techniques du bâtiment*, décembre-janvier 2006.

Document 3 :
« Sites et sols pollués, comment agir ? », *Techni.Cités*, 23 juillet 2006.

Document 4 :
« Des traitements biologiques pour les sols », *La Gazette des communes*, 20 mars 2006.

Document 5 :
« Des polluants de plus en plus difficiles à traiter », *La Gazette des communes*, 10 octobre 2005.

Document 6 :
« La phytoremédiation ou comment utiliser la nature », *Les Cahiers techniques du bâtiment*, janvier 2006.

Certains documents peuvent comporter des renvois à des notes ou à des documents volontairement non fournis car non indispensables à la compréhension du sujet.

Document 1

RÉGLEMENTATION : ENVIRONNEMENT

Les nouvelles règles de dépollution des sites

• L'article L. 512-17 du code de l'environnement a été complété par un décret du 13 septembre 2005. De nouvelles règles sont désormais applicables à la réhabilitation des sites pollués.

• Pour les sites sur lesquels sont exploités des installations nouvelles, le nouveau régime est applicable à compter du 1er mars 2006.

• Pour les autres sites, la date à retenir est le 1er octobre 2005.

• Analyse.

La loi « Bachelot » datant du 30 juillet 2003 relative à la prévention des risques technologiques et naturels, et à la réparation des dommages a redessiné en profondeur les objectifs de la réhabilitation des sites pollués en revenant sur l'interprétation de l'article 34-1 du décret du 21 septembre 1977, qui faisait entièrement peser l'obligation de remise en état sur le dernier exploitant de l'installation classée, sans que cette obligation soit limitée, ni dans son quantum, ni dans le temps[1].

L'article L. 512-17 du code de l'environnement ainsi que son décret d'application en date du 13 septembre 2005 viennent désormais borner le niveau de réhabilitation susceptible d'être mis à la charge du dernier exploitant, en le calant définitivement, à l'occasion de la fermeture de l'installation, sur un usage précis du site.

Afin de déterminer l'usage futur du site à l'aune duquel le préfet doit arrêter les différentes prescriptions de remise en état qu'il adresse au dernier exploitant, le législateur a créé plusieurs régimes distincts, en fonction de la date à laquelle l'installation a été mise en service, puis mise à l'arrêt définitif.

Sites sur lesquels sont exploitées des installations nouvelles

Pour les installations nouvelles implantées sur des sites nouveaux, l'article L. 512-17, 4e alinéa, du code de l'environnement prévoit que l'arrêté préfectoral d'autorisation doit désormais déterminer, après avis du maire[2] et du propriétaire du terrain, l'état dans lequel devra être remis le site à son arrêt définitif.

Le décret du 13 septembre 2005 précise que ce nouveau régime est applicable aux installations dont la demande d'autorisation est déposée à compter du 1er mars 2006. Afin de permettre la mise en œuvre de ces nouvelles dispositions, dont l'objectif affiché est d'inciter les exploitants à mieux anticiper les coûts associés à la remise en état de leur site, le décret du 13 septembre 2005 a adapté la procédure de délivrance des autorisations relatives aux installations classées implantées sur des sites nouveaux.

Nouvelles conditions de délivrance des autorisations

L'étude d'impact produite à l'appui de la demande d'autorisation doit indiquer les conditions de remise en état du site après exploitation (article 3e du décret du 21 septembre 1977). En outre, pour ce type d'installation, doivent désormais figurer dans le dossier de demande l'avis du propriétaire – lorsqu'il n'est pas le demandeur – et celui du maire sur l'état dans lequel devra être remis le site lors de l'arrêt définitif de l'installation (article 3, 8e du décret précité). Enfin, au vu de ces éléments, l'autorisation d'exploiter doit déterminer l'état dans lequel devra être remis le site à l'arrêt définitif de l'installation (article 17 dernier al. du décret précité).

Difficultés de mise en œuvre

Pour novateur qu'il paraisse, l'exercice pourrait toutefois révéler, à l'usage, certaines limites. S'il est incontestable que la fixation de l'usage futur du site dans le titre d'autorisation apporte à l'exploitant un certain degré de sécurité, d'autres critères échapperont, en revanche, à l'administration :

– l'impact du facteur temps ne pourra être éludé puisque la date d'arrêt de l'exploitation sera, sauf cas particulier (stockage de déchets, carrières, etc.), imprévisible ;

– l'état réel du sol ou de la nappe phréatique, tel qu'il sera constaté à l'issue de l'exploitation, pourra difficilement être appréhendé par l'administration. Même si des précautions particulières sont désormais prises pour suivre l'évolution de l'état du site tout au long de la vie de l'installation, un delta de pollution est à prévoir lors de l'arrêt définitif de l'exploitation ;

– enfin, les appréciations portées lors de la délivrance du titre devront nécessairement être infléchies en fonction de l'évolution des connaissances scientifiques au jour de la fermeture de l'installation.

> **L'essentiel**
> • En application de l'article L. 512-17 du code de l'environnement, les exigences de remise en état susceptibles d'être mises à la charge du dernier exploitant d'une installation classée sont désormais calées sur un usage précis du site.
> • En cas de changement ultérieur de l'usage du site, les mesures complémentaires de remise en état éventuelles relèvent de la responsabilité de la personne à l'initiative du changement d'usage.
> • En l'absence de définition légale, la notion « d'usage du site » pourrait être définie par rapport à un faisceau d'indices.

Sites sur lesquels sont exploitées des installations existantes

L'article L. 512-17 du code de l'environnement ne pouvait se contenter d'envisager la situation des installations nouvellement autorisées. Il était nécessaire de mettre en place un régime permettant de purger, dans des conditions équilibrées, la situation des installations « existantes », autorisées avant l'entrée en vigueur ce texte. Le décret d'application du 13 septembre 2005 distingue, à ce titre, deux catégories d'installations.

Installations ayant cessé leur activité après le 1er octobre 2005

Pour ce qui concerne les installations dont la cessation définitive d'activité intervient après le 1er octobre 2005, le législateur a créé un mécanisme en trois temps, fondé sur les trois premiers alinéas de l'article L. 512-17 du code de l'environnement. Les conditions de mise en œuvre de ce mécanisme sont définies par les articles 34-1 à 34-4 du décret du 21 septembre 1977 modifié.

La priorité à la recherche d'un consensus

Aux termes du 1er alinéa de l'article L. 512-17, l'exploitant, le maire et le propriétaire du terrain (lorsqu'il ne s'agit pas de l'exploitant) doivent rechercher un accord sur l'usage futur du site. En pratique, au moment où il notifie la mise à l'arrêt définitif de son installation au préfet, l'exploitant doit prendre l'initiative de soumettre au maire et, le cas échéant, au propriétaire du terrain, ses propositions sur le ou les types d'usage du site qu'il envisage d'étudier en vue de la réhabilitation.

Si le principe ainsi posé est relativement clair, ses modalités d'application peuvent soulever d'importantes difficultés. En effet, ni la loi, ni le décret d'application ne prennent soin de préciser ce que recouvre, en pratique, la notion de « type d'usage du site ». L'accord pourrait, toutefois, porter sur un usage défini par référence à un faisceau d'indices. Pourraient être pris en compte :

– le zonage du document local d'urbanisme ;

– les modes d'utilisation conformes à ce zonage, c'est-à-dire la nature des occupations et les spécificités des occupants susceptibles d'être présents sur le site ;

– les restrictions d'usages inscrites dans les servitudes mises en place ;

– les précautions constructives (présence ou non de sous-sols, pose d'éléments d'étanchéité,

Un cercle élargi de débiteurs

La portée des nouveaux régimes de détermination des objectifs de remise en état des sites pollués doit être bien comprise : il ne s'agit nullement d'interdire, par ce biais, toute modification ultérieure de l'usage futur du site. Simplement, en cas de changement ultérieur de l'affectation des terrains, les mesures de dépollution complémentaires éventuellement nécessaires ne seront plus à la charge de l'exploitant, mais de la personne (propriétaire, aménageur, collectivité publique, etc.) à l'initiative du changement d'usage.

En ce sens, le second alinéa de l'article 34-4 du décret n° 77-1133 du 21 septembre 1977 modifié prévoit désormais qu'« en cas de modification ultérieure de l'usage du site, l'exploitant ne peut se voir imposer de mesures complémentaires induites par ce nouvel usage sauf s'il est lui-même à l'initiative de ce changement d'usage ».

Prenons l'exemple d'une société qui décide de mettre à l'arrêt définitif une installation classée qu'elle exploite sur un terrain dont elle n'est pas propriétaire. Le terrain d'emprise de l'installation étant situé dans une zone d'activités, l'exploitant s'entend avec le maire et le propriétaire afin de remettre le site dans un état tel qu'il permette un usage tertiaire. Quelques années plus tard, la commune, rattrapée par l'urbanisme, souhaite modifier son plan local d'urbanisme pour réaliser un projet immobilier comportant des équipements publics. Le terrain est alors cédé à un promoteur pour la réalisation de ce projet.

En application des nouveaux textes, l'administration[1] devra se tourner vers les personnes à l'initiative du changement d'usage en leur qualité de seconds débiteurs de l'obligation de remise en état, le dernier exploitant n'étant plus susceptible d'être recherché au titre des mesures complémentaires induites par le changement d'usage. Dans le silence des textes, l'administration devra, sous le contrôle du juge, cerner les contours du cercle des personnes à l'initiative du changement d'usage et dire si le propriétaire, le promoteur ou la commune sont alternativement ou cumulativement susceptibles d'entrer dans ce cercle.

1. Il conviendra également de déterminer si les prescriptions complémentaires de remise en état seront de la compétence de l'autorité préfectorale, dans le cadre de la police des installations classées, ou de l'autorité compétente en matière d'urbanisme.

choix de bétons spéciaux, pose de drains d'évacuation, etc.).

Il revient à l'exploitant de notifier au préfet l'existence ou l'absence d'un consensus des personnes consultées sur le ou les types d'usage futur à prendre en compte pour les opérations de réhabilitation.

Une solution légale par défaut...

Si aucun accord n'a pu être dégagé, le dernier exploitant est tenu de remettre son site dans un état tel qu'il permette un usage comparable à celui de la dernière période d'exploitation (2e alinéa de l'article L. 512-17). Selon les travaux parlementaires ayant précédé l'adoption de la loi du 30 juillet 2003, cet usage correspond à un usage industriel ou équivalent[3]. Une telle solution permet *a priori* de sécuriser la situation juridique du dernier exploitant.

... assortie des correctifs nécessaires

Toutefois, s'il apparaît que la réhabilitation pour un usage industriel ou équivalent est manifestement incompatible avec l'usage futur de la zone, le troisième alinéa du nouveau texte permet au préfet de fixer des prescriptions de réhabilitation plus contraignantes.

L'usage futur de la zone est apprécié, notamment, en fonction de deux critères :
- les documents d'urbanisme en vigueur à la date à laquelle l'exploitant fait connaître à l'administration sa décision de mettre l'installation à l'arrêt définitif ;
- l'utilisation effective des terrains situés au voisinage du site.

En pratique, l'article 34-2 IV du décret du 21 septembre 1977 prévoit que le maire peut transmettre au préfet un mémoire sur une éventuelle incompatibilité manifeste de la remise en état pour un usage industriel ou agricole avec l'usage futur de la zone. À cette occasion, le maire est tenu de formuler une ou plusieurs propositions de types d'usage à prendre en compte pour la fixation des objectifs de réhabilitation.

Après avoir sollicité l'avis de l'exploitant et, le cas échéant, du propriétaire, le préfet se prononce sur l'incompatibilité manifeste invoquée par le maire et fixe l'usage qui devra être pris en compte par l'exploitant pour établir son mémoire de réhabilitation.

Enfin, s'il constate que la remise en état du site pour un usage industriel (ou agricole) est manifestement incompatible avec l'usage futur de la zone, le préfet peut, de sa propre initiative, déterminer le ou les types d'usage qui devront être pris en compte par l'exploitant dans son mémoire de réhabilitation.

La nécessité d'une lecture globale

L'appréciation de l'exacte portée du mécanisme ci-dessus décrit suppose que l'on en fasse une lecture globale. Plus précisément, le dernier exploitant, le maire et le propriétaire devraient examiner successivement la situation concrète du site au regard de chacune des trois hypothèses ci-dessus rappelées afin d'apprécier les marges de manœuvre dont ils disposent.

En effet, si le site est situé au cœur de la zone d'habitation ou d'activités tertiaires, le dernier exploitant se saura exposé à la prescription de mesures contraignantes de dépollution sur le fondement du troisième alinéa de l'article L. 512-17. Il pourra donc avoir intérêt à privilégier un accord moins contraignant avec la collectivité et le propriétaire.

À l'inverse, si la collectivité et le propriétaire constatent que le troisième alinéa de l'article L. 512-17 n'a pas vocation à s'appliquer, ils pourront chercher à obtenir, par la voie négociée, une remise en état su site allant au-delà d'une réhabilitation limitée au strict usage industriel, voire agricole.

Installations ayant cessé leur activité avant le 1er octobre 2005

Le régime applicable aux installations autorisées ou déclarées dont l'activité a cessé avant le 1er octobre 2005 est défini par l'article 34-5 du décret du 21 septembre 1977.

Pour ces installations, l'usage retenu de manière univoque par le décret est un usage comparable à celui de la dernière période d'exploitation de l'installation. Il s'agira, selon les installations, d'un usage industriel ou agricole.

Afin de s'assurer que les dispositions de l'article 34-5 susvisé trouvent à s'appliquer, l'administration préfectorale est simplement tenue de vérifier que les installations en cause ont effectivement été mises à l'arrêt définitif avant le 1er octobre 2005. Tel sera nécessairement le cas lorsqu'une notification de cessation définitive d'activité aura été adressée au préfet avant cette date. Toutefois, comme le révèle la circulaire du ministère de l'Écologie du 18 octobre 2005, certains sites arrêtés depuis de nombreuses années peuvent avoir fait l'objet d'une cessation d'activité dans des formes différentes et souvent largement plus succinctes que les pratiques actuelles. Sous cet angle, l'administration préfectorale ne doit pas se borner à une approche strictement formaliste de la cessation d'activité. Elle doit s'attacher à déterminer si la situation actuelle du site permet de considérer que l'activité conduite a, en pratique, été définitivement mise à l'arrêt.

À ce titre, le préfet pourra utilement se référer à une circulaire du ministre de l'Environnement du 7 août 1985 qui énumère les critères pouvant être pris en considération afin de déterminer si l'exploitation d'une installation classée a définitivement cessé. Aux termes de cette circulaire, peuvent être retenus comme des indices : l'enlèvement du matériel d'exploitation, la désaffectation des locaux, l'état d'abandon manifeste du site, le licenciement du personnel, la résiliation du bail ou la vente des locaux, ou bien encore la vente du matériel d'exploitation.

En savoir plus

• Textes officiels : Art. L. 512-17 du code de l'environnement ; décret du 13 septembre 2005, publié dans *Le Moniteur* du 23 septembre 2005, cahier détaché n° 1, p. 398.

• Articles du *Moniteur* :
« Les nouvelles responsabilités encourues », 17 juin 2005, p. 102 ;
« L'usage futur d'un sol pollué : un délicat consensus à trouver », 4 novembre 2005, p. 178.

• Ouvrages publiés aux Éditions du Moniteur : *Les installations classées* par J.-P. Boivin, éd. 2003, 640 pages ; *La réglementation des installations classées* par J.-P. Boivin, M. Pennaforte et Y. Vérot, éd. 2002, 238 pages.

Plus d'information

Dans le cahier « TO » de ce numéro la circulaire du 18 octobre 2005.

Bibliographie

Environnement

Sites et sol pollués

La loi du 30 juillet 2003 relative à la protection des risques technologiques et naturels a recadré la responsabilité des débiteurs de l'obligation de remise en état, et clarifié le rôle du maire et du préfet. Désormais, la ligne d'action est autant liée à l'urbanisme et à l'aménagement du territoire qu'à la protection de l'environnement. C'est ce que démontre cet ouvrage en exposant de manière claire les aspects juridiques, techniques et financiers des sites et sols pollués. Écrit par deux des meilleurs spécialistes de l'environnement industriel, il fournit à tous les acteurs de la remise en état (industriels, propriétaires fonciers, aménageurs, État, élus locaux, assureurs, établissements financiers...) une expertise technique et juridique particulièrement précieuse. Publié aux Éditions Le Moniteur (collection « Guides juridiques »), décembre 2005 ; un ouvrage de 320 pages ; prix : 48 euros. Disponible sur www.editionsdumoniteur.com

1. Dans le même temps, le juge administratif s'est attaché à clarifier les contours de l'obligation de remise en état en apportant d'utiles précisions sur les débiteurs (CE, 10 janvier 2005, « Société Sofiservice », req. n° 252307, concl. Yann Aguila ; CE Ass., 8 juillet 2005, « Société Alusuisse-Lonza France », req. n° 247976, concl. Mattias Guyomar) et sur les autorités administratives compétentes pour intervenir (CE, 17 novembre 2004, « Société générale d'archives », req. n° 252514, concl. Yann Aguila), tout en introduisant une prescription trentenaire aussi inattendue que bienvenue (CE Ass., 8 juillet 2005, « Société Alusuisse-Lonza France », précité).
2. Ou du président de l'établissement de coopération intercommunale compètent en matière d'urbanisme.
3. Mme Bachelot avait précisé, à l'occasion de la deuxième lecture du projet de loi devant l'Assemblée nationale, que « dans le cas général l'usage industriel ou équivalent est retenu pour le niveau de dépollution d'un terrain » (Assemblée nationale, 2e séance du 15 juillet 2003, JOAN du 16 juillet 2003, p. 7597).

Jean-Pierre Boivin, universitaire et avocat, *Le Moniteur*, 24 mars 2006.

Document 2

DOSSIER : DÉPOLLUTION DES SOLS

Une réglementation basée sur l'usage du site et sur le principe pollueur-payeur

Évoluant depuis une vingtaine d'années, la réglementation responsabilise l'exploitant d'un site et établit un cadre de surveillance, de maîtrise et de traitement en fonction de l'usage futur du site.

Jusqu'à la fin des années 70, le sol était considéré comme un milieu naturellement épurateur. La prise de conscience des problèmes de pollution de sols par les activités industrielles ne date que d'une vingtaine d'années, activée par un certain nombre d'affaires rendues publiques. Plus précisément, le Love Canal aux États-Unis (un ancien site d'enfouissement de plus de 20 000 tonnes de déchets toxiques) fut reconverti deux décennies plus tard en logements résidentiels : l'affaire provoqua un scandale. Des infiltrations de produits chimiques propres à causer des maladies graves furent constatées *a posteriori*.

La France ne possède pas de réglementation spécifique aux sols pollués. Celle-ci est en fait incluse dans le cadre de la loi de 1917 puis de celle de 1976, relative aux ICPE[1] et du décret d'application du 21/09/77. Cette loi générale établit une police administrative pour encadrer les rejets dans l'eau ou dans l'air. Elle définit les acteurs réglementaires, à savoir les préfets, et leur donne les moyens pour imposer toute mesure de prévention ou de réhabilitation de sols pollués.

Depuis 1977, l'évolution de cette réglementation s'articule autour de deux grands principes : une politique de prévention et de maîtrise plus que de dépollution systématique, et le principe de responsabilité de l'exploitant. Il y a environ 15 ans, l'administration a demandé aux préfets de réaliser un recensement des sites reconnus comme pollués (pollution avérée ou potentielle, au vu de ce qui s'y trouvait). L'idée n'était pas d'établir un plan de dépollution systématique, mais de gérer et maîtriser correctement les sites (établir une surveillance pour empêcher les migrations extérieures, voire imposer des travaux à l'exploitant pour faire cesser le risque). Entamé au début des années 90, puis encadré par une circulaire de 93, cet inventaire s'est enrichi au fil des ans pour être basculé depuis 2000 dans la base de données Basol (voir encadré).

En 1996, une circulaire a donné des outils méthodologiques aux préfets pour encadrer cette prévention. Elle impose de réaliser les études de sols à travers des diagnostics initiaux et des évaluations simplifiées des risques (ESR). L'objectif n'est pas un diagnostic approfondi mais une méthode de score destinée à répertorier les différents sites : ceux de classe 1 doivent passer un diagnostic approfondi avant un traitement possible, ceux de classe 2 sont à surveiller, et les derniers, de classe 3, sont considérés comme « banalisables » au vu de leur usage actuel.

Principe du pollueur-payeur : les règles

Un site doit être réhabilité en cas de risque avéré ou de cessation d'activité. Le dernier exploitant est responsable par défaut d'une pollution détectée. S'il prouve le contraire, l'administration remonte la chaîne des exploitants antérieurs. Si tous sont défaillants (insolvabilité, disparition...), elle peut essayer de mettre en cause le propriétaire. Cette tentative a toujours échoué, les tribunaux administratifs n'ayant jamais statué dans ce sens (jugements rendus par jurisprudence sur la base de l'interprétation du code de l'environnement). En cas de défaillance générale et si le site crée un risque en l'état, l'administration le sécurise (évacuation des produits dangereux présents, clôture) et confie les travaux de remise en état à l'Ademe[1]. Intervenue sur 150 sites depuis 15 ans, elle peut exercer un recours en justice contre les responsables en vue du remboursement des frais engagés.

1. Agence gouvernementale de l'environnement et de la maîtrise de l'énergie.

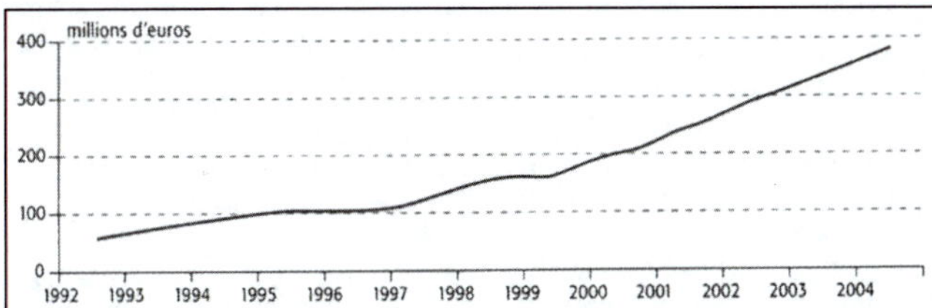

LE MARCHÉ DE LA RÉHABILITATION **des sols pollués est en constante progression depuis 1992 (340 M€ de CA en 2003). La relative stagnation de 1995-96 est due à l'attente des industriels de modifications réglementaires.** (Source Ademe.)

Le propriétaire de cette décharge, répertoriée « site pollué » en 1994, a effectué des travaux d'étanchement pour éviter que la nappe phréatique qui traverse cette décharge ne se charge en polluants. En plus de la pose d'une paroi moulée en bétonite-ciment, une feuille de polyéthylène de haute densité de 2 mm d'épaisseur a été incorporée dans le coulis frais pour une isolation totale. (Doc. UPDS.)

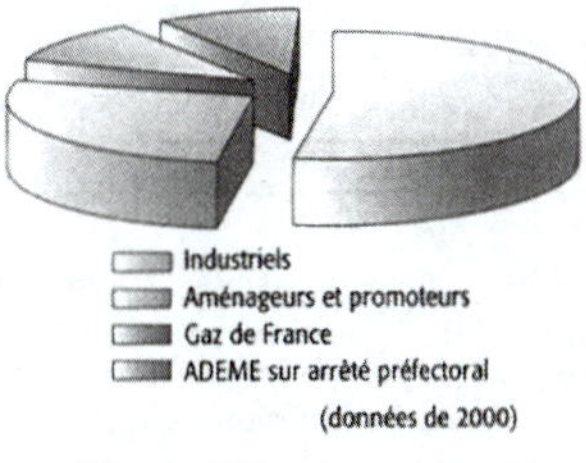

LES PRESCRIPTEURS DE LA DÉPOLLUTION **des sols sont principalement les industriels. Gaz de France est concerné, car nombre de ses unités de production de gaz sont d'anciennes cokeries.** (Source : Ademe.)

Basol et Basias : les deux références

Deux types d'inventaires, mis en place par l'administration et accessibles gratuitement sur Internet, permettent de partager l'information relative aux sites pollués. Basol liste les sites recensés par les pouvoirs publics et faisant l'objet d'une action de leur part. Entamée au début des années 90, elle regroupe actuellement 3 800 sites. Basias est un inventaire historique des activités industrielles des régions françaises. Mise en place et gérée depuis la fin des années 90 par le BRGM[1], elle compte actuellement 67 départements à jour et devrait être finalisée en 2007. Destiné surtout au grand public, aux notaires et aux aménageurs et promoteurs, cet outil permet d'évaluer les enjeux relatifs à l'état d'un terrain en fonction de son passé industriel, mais aussi d'aider un prescripteur à réorienter son projet. Un exemple récent, l'agglomération du grand Lyon, qui avait défini pour un projet de locaux tertiaires leur implantation et celle du parking afférent. La consultation de Basias ayant révélé la présence d'une ancienne zone industrielle sur l'emplacement choisi pour les locaux, les urbanistes ont inversé les implantations.

1. Bureau de recherches géologiques et minières. www.brgm.fr

HISTORIQUE DES ACTIVITÉS INDUSTRIELLES DE VILLEURBANNE

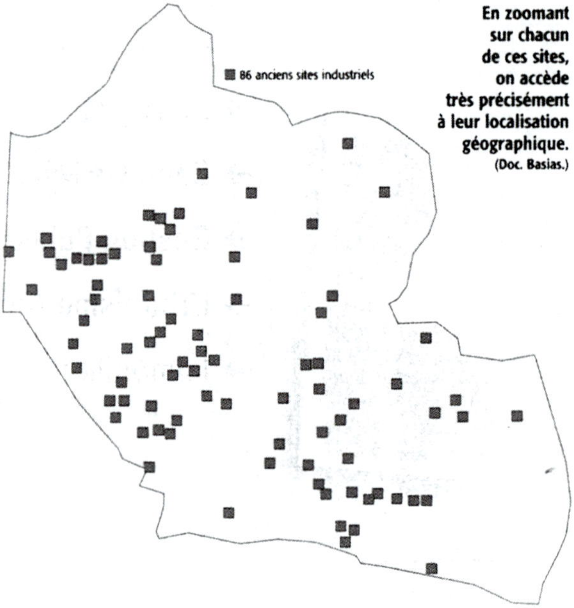

En zoomant sur chacun de ces sites, on accède très précisément à leur localisation géographique. (Doc. Basias.)

Pour en savoir plus : http://basol.environnement.gouv.fr et http://basias.brgm.fr

L'autre axe de cette politique repose sur le principe du pollueur-payeur, (voir encadré) et d'une gestion du site en fonction de l'usage.

L'exploitant, responsable et garant de la prévention des risques de son installation en fonctionnement, est aussi tenu à une remise en état du site à sa cessation d'activité (décret de 1994). Les objectifs de dépollution de cette réhabilitation sont fixés par l'usage à venir du site, et non par l'état intrinsèque du sol au moment de la cessation d'activité (loi de 2003). Exemple : une industrie dont l'activité a engendré une pollution souterraine et qui est reconvertie en zone d'entrepôts. Sans présence humaine permanente, et de par sa fonction, elle sera goudronnée ou bétonnée, éliminant ainsi les zones de contact avec la pollution. La réhabilitation devient minimale, voire inexistante. Une reconversion en école aurait engendré une tout autre solution. Cette approche, partagée par tous les pays européens avec des nuances, est appelée gestion des terrains basée sur le risque.

Une hiérarchisation des sites

Aujourd'hui, le ministère de l'Écologie et du Développement durable est en train de réécrire pour 2006 les outils méthodologiques, notamment l'ESR, car les problèmes ont changé. Un bon nombre de sites étant classés, gérés voire traités, on n'a plus besoin d'outils pour hiérarchiser les sites, mais pour traiter chaque installation au cas par cas.

Parallèlement, une réflexion est menée sur les aspects de financement des dépollutions, pour que la dépollution ne soit pas un obstacle à la réalisation de projets. Un terrain à faible valeur socio-économique et incompatible avec un usage autre que son usage actuel, ne pose pas de problème car il est peu coûteux à maintenir en état. De même pour un site implanté dans une zone géographique à fort besoin de terrain, le surcoût de sa dépollution étant absorbé par le projet immobilier. En revanche, le problème se pose pour des terrains dont la pollution bloque le développement de projets potentiels qui présentent pourtant un réel intérêt socio-économique.

1. Installations classées pour la protection de l'environnement, régies par le code de l'environnement. Se dit d'une installation qui peut présenter des dangers ou inconvénients pour la commodité du voisinage, la santé, la sécurité, la salubrité publique, l'agriculture, la protection de la nature et de l'environnement, ou la conservation des sites et monuments. Exemples : scierie, atelier de réparation de véhicules à moteur, élevage (toutes selon des critères précis), décharge...

G. D., *Les cahiers techniques du bâtiment*, n° 257, décembre-janvier 2006.

Document 3

Sites et sols pollués, comment agir ?

La pollution de sols relève essentiellement d'un état de fait consécutif au phénomène de l'industrialisation des deux siècles écoulés. Mais il faut également citer comme cause de pollution, la forte injection de produits chimiques divers nécessaires à la production agricole et généralement néfastes aux eaux souterraines. Il ne faut pas pour autant exclure d'autres origines de la pollution comme les retombées atmosphériques, certaines sources naturelles tel le radon, les décharges sauvages ou encore la pollution par la radioactivité...

Ce fait a généré des grandes surfaces urbaines et rurales qu'il convient désormais de traiter.

1. Approche générale sur la pollution des sites et des sols
2. La connaissance et la mémoire
3. Le mode opératoire et la chronologie des actions d'investigation et d'études
4. Les outils du mode opératoire et du traitement

1. Approche générale sur la pollution des sites et des sols

Le Petit Larousse nous donne comme définition de la pollution : « *dégradation d'un milieu naturel par des substances chimiques, des déchets industriels* ».

Pour sa part, le BRGM (Bureau de recherches géologiques et minières) donne dans son glossaire *Risques et sols pollués – Gestion des sites et sols pollués*, la définition suivante : « *Un site pollué est un site présentant un risque pérenne, réel ou potentiel, pour la santé humaine ou l'environnement du fait d'une pollution de l'un ou l'autre des milieux résultant de l'activité actuelle ou ancienne* ».

On traitera à la fois de la pollution des sols et des sites. En effet, ce sont en même temps le site et le sol qui sont pollués, le site l'étant en surface dans son aspect et sa typologie alors que le sol, pour sa part, constate une pollution dans sa masse et sa morphologie.

Les sources de la pollution

Selon le BRGM, la source est : « *Un terrain générique désignant une entité (spatialement délimitée : foyer) ou un ensemble d'entités dont les caractéristiques ou les effets permettent de les considérer comme à l'origine de nuisances ou de dangers. Il s'agit en général de zones où des substances, des déchets ont été déposés, stockés ou éliminés* ».

Les caractéristiques de ces substances ou de ces ensembles de substances, définis par des zones de stockage et de dépôts ou d'élimination de déchets, relèvent de leur dangerosité en matière de toxicité, se traduisant par l'existence de paramètres physico-chimiques en quantité et mobilité variables. Il est constaté que la ou les sources ne sont pas toujours très bien identifiées ou localisées. Pour en réduire les risques et les effets, il convient de mettre en place un confinement approprié de la ou des sources polluantes.

Les vecteurs de la pollution

Toujours selon le BRGM, la définition du vecteur est la suivante : « *Milieu, organisme, support physique minéral ou organique, liquide, solide ou gazeux, susceptible de transmettre un élément polluant ou infectieux vers une cible à partir d'une source de pollution, par des processus de transports identifiés* ».

Ces vecteurs ont essentiellement pour supports le sol, l'eau, l'air, l'homme, les animaux, ainsi que les trois caractéristiques suivantes : la direction, le sens et l'intensité. En matière de transfert des pollutions, l'un ou l'autre des vecteurs cités peut afficher une durée parfois très longue pouvant atteindre plusieurs années. En cela, il convient de ne pas ignorer une pollution ancienne que l'on pourrait croire devenue inoffensive, alors qu'elle serait encore tout à fait active et déplacée voire mutante. Le seul moyen permettant de modérer le risque apporté par le vecteur consiste en la réduction de sa capacité de transfert.

Les cibles de la pollution

Encore selon le BRGM, la définition donnée à la cible est la suivante : « *Récepteur physique ou environnemental, êtres vivants exposés aux effets d'un danger direct ou indirect ou soumis à un risque* ». Les principales cibles pouvant être atteintes par la pollution sont l'homme, la faune animale, la faune végétale, la flore et le patrimoine bâti ou environnemental. Les caractéristiques de la cible sont constituées par la sensibilité de la cible au phénomène et par sa vulnérabilité. L'eau est considérée comme l'une des cibles les plus vulnérables et sensibles au phénomène de la pollution ; par conséquent, l'homme, les animaux, les diverses faunes et flores le sont par déclinaison. Il ne faut pas oublier les ouvrages de génie civil enterrés ou existants au sol qui peuvent être attaqués par certaines pollutions susceptibles de mettre en péril leurs fonctions de stabilité. Le premier moyen permettant de réduire l'attaque des cibles par la pollution consiste à limiter leur exposition par la limitation de certains usages.

2. La connaissance et la mémoire

Comme on vient de le voir, l'importance et le type de traitement à effectuer sur le sol d'un site sont fonction de son degré de pollution et de l'usage qui en sera fait. Pour que ce principe soit respecté et perdure, il faut que la connaissance du site, de sa pollution et des risques potentiels que celle-ci occasionne soit détenue par le plus grand nombre de personnes.

Deux types d'inventaires

Pour informer le plus grand nombre, deux types d'inventaires ont été mis en place et sont, depuis, devenus accessibles sur Internet.

• L'inventaire des sites potentiellement pollués appelle une intervention de la puissance publique. Il constitue une base de données couplée à un tableau de bord des interventions menées par les pouvoirs publics et les gestionnaires de sites. Il permet de prévenir les risques et les nuisances que la ou les pollutions pourraient provoquer.

Site : www.environnement.gouv.fr ou autre site de consultation : BASOL (site du ministère de l'Aménagement du territoire et de l'Environnement) :
http://basol.environnement.gouv.fr

• Les inventaires historiques, dont le but est d'investiguer et de reconstituer le passé industriel d'un secteur ou d'une région. Les informations collectées et agrégées par ces inventaires régionaux sont versées dans une base de données intitulée « BASIAS ». Cet inventaire est géré et tenu par le BRGM. Il est en ligne et donc consultable sur Internet : http://basias.brgm.fr. Il est considéré que des sites aux sols pollués abandonnés depuis plusieurs décennies ne présentent plus de risques potentiels. Toutefois, ces sites peuvent redevenir actifs en matière de pollution s'ils font l'objet de travaux divers sans prise de précautions particulières. En cela, il est donc essentiel que les vendeurs, acheteurs, aménageurs et constructeurs détiennent les informations historiques relatives aux sites considérés. Cette recherche sur l'entité historique des sites doit être conduite très en amont de la détermination de l'usage qui sera fait du lieu. Actuellement, ce n'est pas toujours le cas...

En 2005, cet inventaire contenait l'information sur l'histoire industrielle de quelque 350 000 à 400 000 sites.

3. Le mode opératoire et la chronologie des actions d'investigation et d'études

Les actions d'investigation et d'études sont au nombre de cinq et se classent par ordre de mise en œuvre comme suit : la visite préliminaire ; le diagnostic initial ; l'évaluation simplifiée des risques (ESR) ; le diagnostic approfondi et l'évaluation détaillée des risques (EDR).

Pour leur part, les diagnostics initiaux et approfondis s'appuient, pour leur bilan, sur le schéma conceptuel, outil qui permet de faire émerger sous la forme de graphiques les résultats des investigations de la visite préliminaire et des deux diagnostics.

Toutes les études et investigations s'appuient également sur le procédé de l'échantillonnage qui en constitue un outil.

La visite préliminaire

Elle a pour objectif de limiter ou d'éliminer les risques par la prise et la mise en application de mesures immédiates. Elle doit aussi conduire à l'élaboration d'une première approche de la connaissance du phénomène de pollution du site et du contexte dans lequel celle-ci évolue. De plus, elle doit également orienter les réflexions complémentaires à mener et ordonner les actions futures à conduire. Elle se traduit par :

– l'élaboration d'un diagnostic initial ;

– l'évaluation simplifiée des risques (ESR) qui détermine le classement du site et établit un constat de pollution.

Il peut être défini par la visite préliminaire de procéder à un diagnostic approfondi voire une étude détaillée des risques (EDR), puis en dernier ressort, il peut être décidé de réhabiliter ou de confiner le site.

Dans la logique de fonctionnement, cette étude préliminaire peut :

– faire suite à un constat de pollution ;

– être déclenchée par une cession de terrain ;

– être déclenchée par une cessation d'activité ;

– être occasionnée par une étude historique menée sur l'activité exercée sur le site ayant fait émerger un risque potentiel ou avéré de pollution.

Cette étude peut être effectuée par un bureau d'études spécialisé ou par l'industriel ou encore par un inspecteur des Installations classées pour la protection de l'environnement (ICPE). Elle se réalise à l'aide de questionnaires adaptés, l'un aux sites industriels en activité et l'autre aux sites abandonnés.

Les questionnaires sont en principe établis selon neuf axes permettant de définir les caractéristiques du site, les contacts à prendre, les documents à traiter et par déclinaison, les mesures à mettre en œuvre. Le questionnaire peut être rempli de la façon suivante :

– l'identité, la localisation, les caractéristiques typologiques et altimétriques, la superficie du site et le ou les noms des propriétaires ;

– la description typologique du site dans ses états et aménagements actuels ;

– la reconnaissance et la description de la ou des pollutions potentielles ou reconnues ;

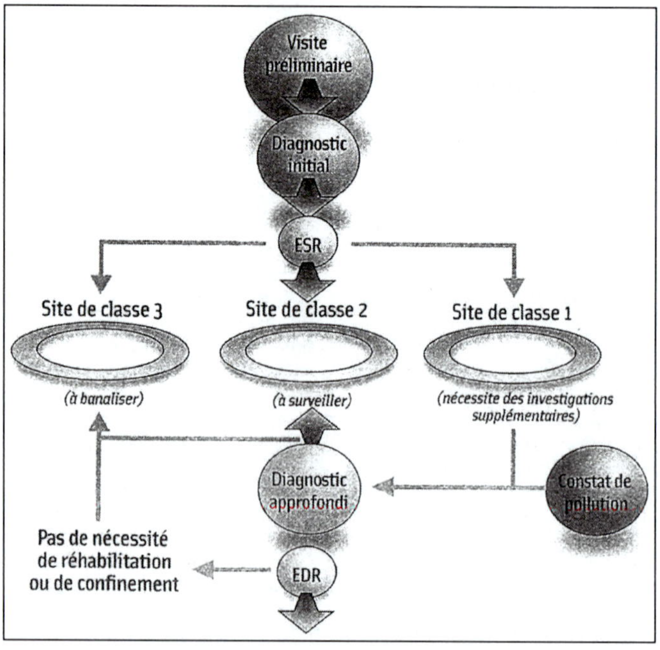

– la description du type de lieu et d'environnement urbain ou rural ;
– la description de l'occupation actuelle du site en matière d'accès et de présence humaine ;
– la liste des documents relatifs à la gestion du site ;
– la liste des partenaires des opérations de traitements de la pollution ;
– la définition des éventuelles mesures d'urgence à prendre ;
– la liste des remarques générales.

Le diagnostic initial

Il est indispensable à l'identification de la ou des pollutions potentielles du site. Il doit constater et afficher de façon succincte un éventuel impact sur la santé des personnes, des animaux et de l'environnement. Par ailleurs, ce diagnostic a pour but de recueillir les informations nécessaires à la mise en place de la méthodologie nationale de l'évaluation simplifiée des risques.

Pour sa mise en place, le diagnostic initial mobilise un certain nombre de partenaires tels que l'État, les collectivités territoriales, les établissements publics industriels et commerciaux ou administratifs, les industriels, les bureaux d'études, les compagnies d'assurances…

Il se réalise en phases successives classées en étapes.

Dans une première étape :
– la constitution du dossier documentaire permettant de recenser les activités passées exercées sur le site dans leur contenu, leurs localisations sur le site, leurs durées et leurs caractéristiques diverses ;
– la visite de terrain sur le site qui a pour but la vérification des informations recensées et le complément nécessaire à celles-ci ;
– l'examen de l'état du site ;
– la définition des études complémentaires à mettre en place et à conduire.

Puis en seconde étape :
– les recherches documentaires plus approfondies et plus précises sur le site ;
– les investigations de terrain complémentaires se traduisant par des interventions matérielles sur le site comme la prise d'échantillons de sols pour analyse et la mesure de caractéristiques physiques du sol et du site telles les analyses d'air ou de gaz.

Les documents nécessaires à l'analyse que le diagnostic doit fournir sont : un schéma conceptuel ; le tableau récapitulatif des sources de pollution ; le rapport de la première étape et le rapport final faisant suite à la seconde étape.

L'évaluation simplifiée des risques

L'évaluation simplifiée des risques constitue par le diagnostic l'élément d'opération le plus significatif sur le type et le degré de pollution. Ses objectifs sont simples mais pertinents, ils consistent à distinguer les sites ne présentant pas de danger de pollutions de ceux pouvant générer des risques notoires pour la santé humaine et animale. Cette démarche permet de noter et de classifier le site.

Les étapes de l'ESR sont :
– le sondage et le prélèvement ;
– l'analyse ;
– l'attribution d'une note ;
– la classification du site ;
– le constat des impacts ;
– les éventuelles prescriptions de confinement ou de réhabilitation.

La notation du site s'établit en fonction de paramètres :
– le potentiel danger constaté sur la source de pollution ;
– le potentiel de mobilité et de transfert de la ou des pollutions ;
– les cibles potentielles à préserver ;
– les impacts constatés de la ou des pollutions.

Il existe sept grilles de notation pour des usages et des milieux différents qui se répartissent comme suit :
– trois grilles pour les eaux souterraines avec les trois usages considérés : alimentation en eau potable (AEP), ressource future en eau potable et autres usages ;
– trois grilles pour les eaux superficielles également séparées en fonction des usages ;
– une grille pour les sols.

Le diagnostic approfondi

Son but est d'identifier et de caractériser les sources du diagnostic initial et également de rechercher les informations relatives aux sources de pollutions pour les sites n'ayant pas fait l'objet d'une ESR. Il doit, de plus, permettre la mesure de l'extension de la pollution, en comprendre les mécanismes de transfert, et enfin collecter les données permettant l'évaluation des impacts.

Il fait naturellement suite à un constat de pollution affichant un fort impact envers l'homme et l'environnement et, bien entendu, à une ESR classée niveau 1 qui nécessite une étude approfondie. Il se base sur le tableau récapitulatif des sources et le schéma conceptuel.

Il se développe selon trois étapes elles-mêmes subdivisées en catégories.

• La caractérisation des sources de pollution selon :
– les types de sources de pollution ;
– la définition chimique, physique et biologique ;
– le comportement et les mouvements constatés dans le milieu.

• La caractérisation des milieux de transfert par :
– la détermination des objectifs de qualité des milieux eau et sol ;
– la caractérisation intrinsèque des milieux (sols argileux, perméabilité des formations du sous-sol…) ;
– l'évaluation du bruit de fond.

• La caractérisation des cibles identifiées d'après :
– la densité et la typologie des populations humaines et animales ainsi que la faune végétale ;
– la connaissance des alimentations en eau potable et leurs caractéristiques.

Plusieurs types d'investigations peuvent être conduits dans le cadre d'un diagnostic approfondi :
– les prélèvements de sols, de gaz intégré dans le sol, d'eaux souterraines, d'éléments biologiques, d'air ambiant… ;
– les techniques intrusives par procédés de forages horizontaux ou verticaux, d'excavations ;
– les procédés géophysiques tels qu'électriques ou sismiques ;
– le traçage pouvant déterminer et suivre le sens et la vitesse de la nappe.

Les documents de synthèse consistent en un modèle conceptuel d'exposition de la pollution qui doit compléter le schéma conceptuel et le rapport final.

L'évaluation détaillée des risques

L'évaluation détaillée des risques (EDR) constitue après l'ESR l'investigation la plus complète et la plus usitée en matière de recher-

che et d'identification menées sur la pollution.
Ses objectifs principaux consistent à identifier les sites présentant des risques inadmissibles pour les populations humaines et animales et pour l'environnement en général. Elle doit en outre définir les actions qui seront conduites afin de réduire ou annihiler la ou les pollutions et ainsi faire diminuer les risques de sorte qu'ils deviennent acceptables. En dernier lieu, elle doit définir les objectifs et la stratégie de réhabilitation afin de permettre un usage défini et autorisé du site.
Cette étude fait naturellement suite au diagnostic approfondi et les différents types d'EDR sont organisés et menés soit sur la santé des populations, soit sur les écosystèmes, soit encore sur les ressources en eau, en s'appuyant sur le principe de transparence.
Elle se décompose en plusieurs étapes :
• l'identification et la caractérisation des dangers en déterminant les substances dangereuses et les effets indésirables ;
• l'évaluation de l'exposition aux risques :
– en quantifiant les substances en contact avec les cibles,
– en évaluant les voies d'exposition et de transfert,
– en définissant les scénarii d'exposition,
– en déterminant les nombres et typologies des populations ;
• la caractérisation des risques en mettant en relation les expositions et les cibles potentielles, puis en définissant les effets néfastes sur les populations après exposition.
Les acteurs et partenaires qui peuvent intervenir ou être associés à une étude détaillée des risques sont les industriels concernés par la pollution ou étant responsables de celle-ci ; les bureaux d'études ; l'État et les diverses administrations et collectivités territoriales et leurs établissements rattachés et les inspecteurs des installations classées.

4. Les outils du mode opératoire et du traitement

Le schéma conceptuel

C'est un outil permettant la tenue et la gestion des diverses données alimentant le concept de dépollution tout au long de son processus. Il doit, sous la forme des graphiques, agréger et afficher toutes les données anciennes et nouvelles à toutes les étapes.
Le schéma conceptuel s'appuie sur le tableau récapitulatif des sources et les données recueillies lors du schéma initial et définitif. Les étapes de la réalisation du schéma conceptuel sont :
– l'identification de la source ;
– l'identification des milieux d'exposition ;
– l'identification des potentielles voies de migration ;
– l'identification des usages liés aux milieux d'exposition ;
– l'identification des points d'exposition.

L'échantillonnage réalisé sur les sols

Les objectifs des échantillonnages réalisés sur les eaux et le sol sont de déterminer leur qualité, de définir puis d'établir une cartographie afin d'affiner le schéma conceptuel permettant de caractériser les expositions aux dangers.
Les investigations portent sur les fonds documentaires et les relevés de terrain. Il existe trois types de stratégies d'échantillonnage :
• L'échantillonnage de jugement consiste à sélectionner des points de prélèvement en fonction de

Un exemple de traitement par excavation

Commune : Palais-sur-Vienne (87 – Haute-Vienne)

Activité industrielle : fabrication de cuivre électrolytique.
Les eaux utilisées pour la production sont récupérées pour être traitées avant leur rejet dans un ruisseau situé en bordure de site. Une partie des déchets solides produits est stockée à proximité du site, formant progressivement un talus d'une vingtaine de mètres de hauteur.

Situation du site au moment de la dépollution : site en activité jusqu'en 1999

Type de pollution : cuivre

Méthodologie d'action : malgré l'installation d'une station d'épuration et de traitement des eaux et l'arrêt en 1993 du stockage des déchets inertes, la Compagnie générale d'électrolyse du Palais (CGEP) constate une pollution des sols et de la rivière imputable à l'infiltration de l'eau dans le talus. À la fermeture de l'usine d'électrolyse, la DRIRE prescrit à la CGEP la réalisation d'une ESR, qui aboutit en 1999 à l'élaboration d'un plan concerté de réhabilitation du site.
Un arrêté préfectoral de 2001 précise :
– les conditions de réhabilitation ;
– la mise en place de servitudes d'utilité publique ;
– les modalités de surveillance du site.
Pour assurer une réhabilitation optimale en cohérence avec l'installation d'une nouvelle activité, la CGEP entreprend des travaux de protection et de dépollution supérieurs à ceux prescrits par l'ESR.

Solutions techniques de dépollution :
– excavation et évacuation de près de 6 000 tonnes de déchets issus du remblai, envoyés en décharge de classe 1. Un curage de la rivière et de ses berges est également entrepris ;
– mise à sec du remblai par l'aménagement d'une tranchée drainante en amont du site ;
– modernisation du système d'épuration et de traitement des eaux ;
– pose d'un revêtement étanche sur le site ;
– remodelage du talus ;
– surveillance des eaux à l'aide de piézomètres.

Acteurs de la dépollution : CGEP, propriétaire du site

Usages projetés : maintien de l'activité

Réhabilitation du site : après avoir fermé l'usine d'électrolyse, la CGEP concède une partie du site (dépollué) à l'accueil d'une société spécialisée dans la valorisation de déchets métalliques et minéraux spéciaux (ICPE soumise à autorisation).

Schéma conceptuel d'exposition (cas d'une cuve d'hydrocarbure défectueuse)

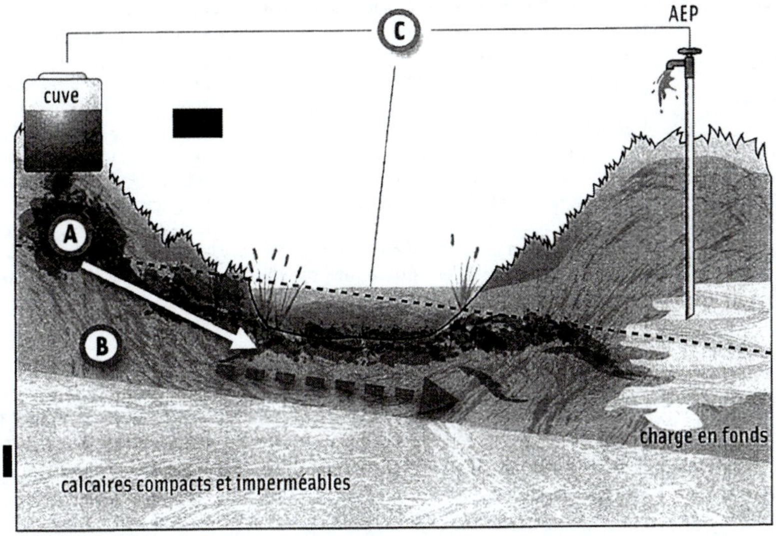

l'étude historique et de la visite du site. Cette stratégie permet d'évaluer les sources et d'apprécier les risques.

• L'échantillonnage systématique se réalise selon une grille pouvant arborer des formes diverses. Cette méthode est utilisée pour délimiter le phénomène de pollution ou, *a contrario*, contrôler la dépollution d'un site.

• L'échantillonnage aléatoire où l'on localise les points de prélèvement de façon tout à fait arbitraire. On utilise ce procédé pour le contrôle de la dépollution.

Les techniques d'échantillonnage sont de quatre ordres :
- le forage ou carottage ;
- l'excavation réalisée à l'aide d'une pelle mécanique ;
- le forage à la tarière ou à la sonde ;
- le forage manuel.

Afin de réaliser de bons prélèvements de sols, il convient de disposer d'outils propres et en bon état, obligatoirement nettoyés à la suite de chaque prélèvement. Il faut également prélever un volume minimum permettant une bonne analyse en éliminant les corps étrangers, un tamisage des extraits est conseillé.

Dans la mesure du possible, il convient d'effectuer un prélèvement en constituant un matériau composite réduisant le nombre d'analyses et les variétés de celles-ci.

L'échantillonnage réalisé sur les eaux

Il permet de définir et de connaître la qualité de l'eau en un instant donné et durant une période déterminée plus ou moins longue.

Pour les eaux superficielles, on procède par des prélèvements :
- au droit des rejets d'eaux ;
- en aval des rejets ;
- au droit des cibles potentielles ;
- sur des sédiments de fond de cours d'eau ;
- sur des bio-indicateurs tels que diatomées ou bryophytes.

En principe, la corrélation et la compilation des résultats obtenus sur ces deux prélèvements permettent d'acquérir des données accumulées sur une longue période.

Pour les eaux souterraines, les procédés consistent à :
- mesurer des niveaux d'eau statique dans le puits ou le forage ;
- purger des eaux superficielles le puits ou le forage ;
- réaliser des mesures à l'intérieur du puits ou du forage, déterminant les caractéristiques de l'eau telles que son alcalinité, sa conductivité, son pH... ;
- collecter et conserver les échantillons et les transporter au laboratoire.

Bien évidemment, certaines précautions sont à prendre, elles consistent à :
- définir avec précision la cible ;
- définir et situer les points de prélèvement ;
- préciser la méthode d'échantillonnage et ne pas en changer pour d'autres prélèvements sur le même site.

La réhabilitation ou la protection par le confinement

Divers moyens permettant l'utilisation d'un site pollué sont à disposition des aménageurs de terrains ou des constructeurs. Ils sont de deux types, l'un étant la réhabilitation du sol par divers procédés et l'autre un principe de confinement des sols. Les uns ou les autres procédés sont mis en œuvre en fonction du ou des usages qui seront faits du site et le choix s'établit surtout en relation avec le type et le classement du sol en matière de pollution.

Dossier rédigé par Christian Legrand, ingénieur en chef territorial, et Marie Solerieu, ingénieur territorial, *Techni.Cités*, n° 8, 23/07/2006.

Document 4

DÉPOLLUTION

Des traitements biologiques pour les sols

• Développés in situ dans des centres spécialisés, les procédés biologiques sont de plus en plus utilisés pour dépolluer les sols.

• Gros plan sur ces techniques rentables et respectueuses de l'environnement.

Bactéries, algues, champignons..., chaque gramme de terre peut contenir des dizaines, voire des milliers d'espèces microbiennes différentes. Ces micro-organismes, peu connus, jouent un rôle important dans la biodégradation, en particulier les bactéries. Sur un site contaminé, les populations microbiennes subissent une sélection. Celles qui parviennent à s'adapter révèlent généralement de fortes capacités à dégrader les contaminants en composés moins polluants en termes de persistance que de toxicité. Née dans les années 90, la bioremédiation tire parti de cette capacité de dégradation des espèces microbiennes pour dépolluer des sites contaminés. « Aujourd'hui, les techniques de dépollution fondées sur des processus biologiques sont opérationnelles et elles offrent une totale efficacité », analyse Dominique Darmendrail, chef du service environnement industriel et procédés du Bureau de recherches géologiques et minières (BRGM).

Application large. Ces procédés qui ont fait leurs preuves sont applicables à un large éventail de polluants : hydrocarbures aromatiques polycycliques (HAP), solvants chlorés, etc. Ces substances peuvent être présentes sur des sites industriels très divers : cokeries, usines pétrochimiques, laboratoires pharmaceutiques, fabricants de peinture, etc. Souvent, les biotraitements sont conseillés pour des polluants peu concentrés. Selon la société de traitement Biogénie, ils peuvent même être envisagés pour des concentrations élevées, allant jusqu'à 30 % d'hydrocarbures !

Avis d'expert : Laurent Clémentelle, référent national[1] pour Arcadis

« Plus écologique, plus économique et plus efficace »

« La bioremédiation in situ se développe depuis trois ans, essentiellement pour traiter les nappes phréatiques. Appliquée à ce genre de milieu, c'est une technique d'avenir. Neuf fois sur dix, elle est plus économique, plus écologique et plus efficace que le pompage traitement. En France, plusieurs chantiers utilisent ce procédé. Notre originalité réside notamment dans l'injection d'hydrates de carbone – des sucres – favorisant le développement des bactéries qui dégradent la pollution. Cette technique, développée aux États-Unis depuis 1993, active les processus naturels. Plus de 200 sites en ont déjà bénéficié (170 aux EU, 40 en Europe). Bien maîtrisée, elle est très efficace. Mais une trop grande quantité de sucres peut provoquer un effet contraire. L'hyperoxygénation est une autre solution. »

1. Travaux de dépollution.

Degré de biodégradabilité potentielle des polluants courants

Composés	Voie aérobie (*)	Voie anaérobie (*)
Acétone	1	1
BTEX (benzène, toluène, éthylbenzène, xylène)	1	de 2 à 4
HAP	de 1 à 2	de 3 à 4
PCB		
Hautement substitué	4	2
Faiblement substitué	2	4
Chloro-éthylènes		
Perchloroéthylène	4	de 1 à 2
Trichloroéthylène	3	de 1 à 2
Dichloroéthylène	3	de 2 à 3
Chlorure de vinyle	de 1 à 2	de 3 à 4

(*) Hautement biodégradable (1). Modérément biodégradable (2). Faiblement biodégradable (3). Non biodégradable (4).

Lorsque les procédés biologiques peuvent être employés, deux situations sont envisageables : soit la population présente est déjà active, il suffit alors de la stimuler en favorisant les conditions de croissance ; soit elle n'est pas suffisante et il faut injecter d'autres micro-organismes. Il s'agit alors de bio-augmentation, une technique pour l'instant moins développée, mais la recherche progresse, notamment *via* des modifications génétiques.

Dans tous les cas, pour que ces systèmes fonctionnent, les conditions de croissance des micro-organismes doivent être satisfaisantes : sources de nourriture complémentaires au carbone (azote, phosphore), pH et température adéquate (souvent : $5 < pH < 9$ et T°> 10 °C), accepteur d'électron (O_2, nitrate, sulfate, CO_2, etc.). Parfois, une source de carbone organique, un donneur d'électron et/ou des oligo-éléments sont aussi nécessaires. Par ailleurs, il faut tenir compte de certains paramètres, comme une eau trop dure ou des sols chargés en métaux lourds, qui peuvent inhiber les réactions.

Souplesse d'utilisation. Les modes d'utilisation des procédés biologiques présentent une grande souplesse. Ceux-ci peuvent être employés selon trois grandes modalités de traitement. *In situ*, le procédé est appliqué directement dans le sol ou la nappe ; sur site, le sol est excavé et traité sur place ; et hors site, les terres excavées sont exportées pour être traitées ailleurs. Les traitements *in situ* sont les moins onéreux, mais ceux comportant une excavation sont les plus sûrs, en termes de contrôle et de maîtrise.

Deux traitements *in situ* : bio-venting et bio-sparging

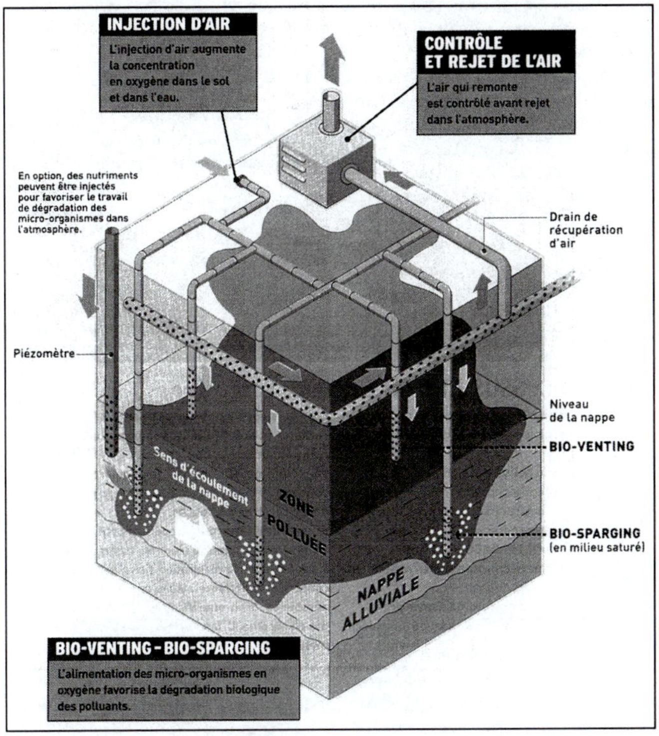

Parfois, les processus naturels de transformation du sol suffisent à réduire l'effet de la pollution dans un délai acceptable. On parle alors d'« atténuation naturelle ». C'est la formule la plus simple et la plus économique, car il ne reste qu'à effectuer un suivi. Mais ce processus est généralement trop limité et/ou trop long et il faut mettre en œuvre une technologie supplémentaire.

Oxygénation. Le bio-venting (terres) et le bio-sparging (nappes) – voir l'infographie – sont des traitements in situ courants. Contrairement au venting et au sparging dont ils sont dérivés *(lire « la Gazette » du 8 août 2005, p. 40)*, ils ne volatilisent pas le polluant, mais favorisent sa dégradation biologique en alimentant les micro-organismes en oxygène. Si le sol est perméable et homogène, le bio-venting peut être très efficace. Sur des hydrocarbures, les rendements avoisinent souvent 90 %. Sur le site d'une ancienne cokerie, à Liévin (Pas-de-Calais), Charbonnages de France a fini de traiter la pollution diffuse résiduelle des hydrocarbures aromatiques polycycliques (HAP) légers par bio-venting. Pour les composés dégradables in situ sous conditions anaérobies (sans oxygène), comme les métaux lourds (chrome) ou les solvants chlorés, l'apport d'hydrates de carbone (mélasse, sucre, sirop de maïs, etc.) peut aussi être envisagé. Cette technique est surtout utilisée pour les nappes phréatiques.

Mais les traitements *in situ* ne sont pas toujours applicables et, bien souvent, les terres polluées doivent être excavées. Si le temps et l'espace sont suffisants, il est préférable de les traiter sur site, en andains, en landfarming ou en biotertres. Les terres sont déposées sur un réseau de tuyaux d'aération, dans des alvéoles de traitement étanches. Des amendements développés spécifiquement sont ajoutés. Les polluants les plus lourds sont dégradés directement. Les produits volatils dégagés dans l'air sont captés et également traités par voie biologique ou sur charbon actif.

99 % des polluants dégradés. À Gosnay (Pas-de-Calais), Charbonnages de France a ainsi décontaminé en andains 25 000 tonnes de terres polluées aux hydrocarbures aromatiques polycycliques. Ce passage en biotertre a permis de réduire les HAP de 1 300 mg/kg à 80 mg/kg. « La dépollution s'est déroulée en deux temps (deux fois six mois), car il n'y avait pas assez de place pour tous les andains simultanément sur le site. Au final, l'objectif a été atteint, avec une dégradation à 99 % des polluants », raconte René Lagarde, responsable du département environnement Nord-Pas-de-Calais à Charbonna-

Les processus mis en œuvre

La destruction et/ou la transformation des polluants par voie biologique implique trois principaux processus.

Minéralisation du polluant. Le polluant sert de substrat pour la croissance des micro-organismes. Dans le cas optimal, les molécules organiques polluantes (hydrocarbures, solvant chlorés, alcools, etc.) sont transformées en CO_2 et en eau : il y a minéralisation. Les micro-organismes récupèrent de l'énergie.

Cométabolisme. Les micro-organismes provoquent de façon indirecte la dégradation de molécules organiques, ils n'en retirent pas d'énergie. Ce processus concerne notamment les hydrocarbures polycycliques, les composés halogénés haliphatiques et les pesticides. La transformation par cométabolisme permet de transformer des polluants réfractaires en substrats, qui pourront eux aussi être minéralisés.

Accepteur d'électrons. Le polluant peut aussi devenir un accepteur d'électron, comme l'est l'oxygène dans la respiration classique. Cette voie concerne le perchloréthylène en zone saturée aérobie ou, le chrome VI – très mobile – transformé en chrome III, insoluble à pH neutre et nettement moins toxique.

ges de France. « Ces traitements biologiques sont économiquement intéressants : leur coût avoisine, excavation et remise en place comprises, 100 euros la tonne. Nous avons déjà procédé ainsi pour plus de 40 000 tonnes », précise René Lagarde.
Si le temps ou la place manquent, il est possible de transférer les terres hors sites sur des biocentres. Leur prise en charge permet un transfert de responsabilité immédiat, mais le transport a un coût financier et écologique important !
« Sur des sites ou la pression foncière est forte, c'est l'option biocentre qui est choisie. Pour le chantier de l'école normale supérieur, le Grand Lyon a envoyé 3 000 tonnes de terre en biocentre et 3 000 autres pour le quartier de Vaise. Le coût du traitement seul est de 60 à 65 euros la tonne environ. Il doit y avoir en France plus de 150 000 tonnes de terres dépolluées en biocentres par an », estime Jean-Michel Brun, directeur général adjoint de GRS Valtech, société de dépollution. En Île-de-France, le biocentre de Biogénie a traité depuis son ouverture, en 1999, plus de 300 000 tonnes de terres polluées. Chez Arcadis, une autre société de dépollution, les techniques de bioremédiation représentent environ 15 % des interventions. « Ces techniques offrent de nombreux avantages, conclu Dominique Darmendrail. Cependant, en France, leur mise en œuvre est encore limitée. »
Avec la multiplication des sites à traiter et l'amélioration des techniques, les bactéries, les algues et les champignons dépollueurs devraient pourtant voir leur cote grimper.

Contacts

- Communauté urbaine Grand Lyon, Pierre Clothes, tél. : 04.78.63.40.
- BRGM, Dominique Darmendrail, email : d.darmendrail@brgm.fr
- Arcadis, tél. : 01.55.17.13.20.
- GRS Valtech, tél. : 04.72.01.81.96.

Pour en savoir plus

- *Sites et sols pollués, outils juridiques, techniques et financiers de la remise en était des sites pollués* de Jean-pierre Boivin et Jacques Ricour, Éditions Le Moniteur, collection « Guides juridiques », 560 pages.
- Base de données Astres : issue d'une partenariat entre le pôle de compétences sites et sédiments pollués et le Centre national de recherche sur les sites et sols pollués, cette base recense les principales techniques de traitement. Site internet : www.polessp.org.

Emmanuelle Lesquel, *La Gazette*, 20 mars 2006.

Document 5

EAU

Des polluants de plus en plus difficiles à traiter

• Désormais, ce sont des cocktails de micro-polluants qu'il faut traiter et non plus des pesticides seuls.

• L'évolution des produits phytosanitaires risque de faire grimper le coût de traitement.

Malgré tous les efforts menés en matière de prévention, de protection des captages, de changements de pratiques culturales, la pollution des ressources en eau par les pesticides ne connaît pas de recul sensible. Le phénomène a pris une telle ampleur que, dans certaines zones, les coûteuses recherches de ressources non contaminées se révèlent parfaitement infructueuses. « Dans les zones rurales de la grande couronne, la qualité des eaux des nappes souterraines continue à se dégrader, alors que la qualité des eaux superficielles est plutôt en amélioration, constate Michel Vamprouille, vice-président du conseil régional d'Île-de-France. En Seine-et-Marne comme dans les zones rurales du Val-d'Oise ou des Yvelines, les hypothèses les plus fréquemment retenues indiquent que la quasi-totalité des eaux souterraines sera non potable dans quelques années. »
Sans abandonner les actions préventives qui finiront bien par porter leurs fruits, il a donc fallu se résoudre à passer aux actions curatives. Celles-ci consistent soit à couper l'eau avec une ressource moins contaminée, ce qui requiert de mettre en place des interconnexions, soit à traiter l'eau.

Filtrer davantage de substances

Depuis quelques années, les projets de traitement des pesticides se multiplient, même dans des communes isolées. Sont également concernés de petits syndicats en territoires ruraux. Jusqu'à présent, ils faisaient surtout appel à des technologies standard, incluant un traitement par charbon actif en poudre ou en grains. Mais la situation se complique avec la nécessité de traiter, outre les pesticides, d'autres types de micro-polluants. Cela appelle des solutions de traitement plus évoluées.
« Jusqu'à maintenant, la solution face à la problématique des pesticides était d'utiliser du charbon actif en grains », témoigne Bernard Laubiès, directeur de Vendée Eau, une intercommunalité s'occupant de la distribution et fédérant les syndicats de production d'eau vendéens. « Mais, lors de la dernière rénovation d'une unité de production, poursuit-il, le choix s'est porté sur la technique membranaire d'ultrafiltration couplée à du charbon actif, permettant de gérer à la fois les problèmes de trihalométhanes et de pesticides. Cette solution sera certainement privilégiée dans les travaux à venir. Elle est plus coûteuse en investissement, mais présente l'avantage d'aller au-delà des normes actuelles et d'anticiper d'éventuelles futures normes sur les parasites, virus ou rétrovirus. »
Avec l'ultrafiltration, l'eau passe à travers une membrane qui arrête physiquement tous les éléments dont la taille dépasse une valeur limite appelée « seuil de coupure » de la membrane. Le rôle de celle-ci est plutôt de remplir un objectif de désinfection, tandis que le charbon actif arrête les pesticides. « Aujourd'hui, ce couplage apparaît souvent comme le bon niveau

Grand Nancy

Une référence en matière d'ultrafiltration

Construite en 1982, l'usine d'eau potable de la communauté urbaine du Grand Nancy, à Vandœuvre, qui rend potable l'eau de la Moselle, avait besoin d'une rénovation ainsi que d'une extension, du fait de la fermeture prévue d'une autre usine devenue obsolète (celle de Saint-Charles). Les travaux, commencés en décembre 2004, consistent en une amélioration de la filière de traitement par la mise en œuvre de membranes d'ultrafiltration et en une extension de la capacité de 100 000 m^3/jour à 130 000 m^3/j. La filière existante (décantation, filtres à sable, ozonation, charbon actif en grains) sera conservée et complétée par la réalisation d'une deuxième file en parallèle, selon le procédé OTV Opaline S : filtration sur charbon actif en grains et ultrafiltration. L'interconnexion des files permettra l'optimisation de la filière existante, en réduisant son débit et en faisant passer sur les membranes d'ultrafiltration 90 000 m^3/j. Le reste (40 000 m^3/j) sera désinfecté par UV. La continuité du service de production d'eau potable est assurée pendant les travaux. À sa mise en service, à la mi-2006, cette usine sera la plus grande référence en France en matière d'ultrafiltration.

Ultrafiltration et charbon actif

- Maître d'ouvrage : Grand Nancy.
- Conducteur d'opération : IRH Environnement.
- Conception-réalisation : OTV France ; Paul Maurand-Thierry Vermeil, Babylone Avenue ; Spie Batignolles Nord, Jean Bernard.
- Montant du marché d'étude et de réalisation : 22,14 millions d'euros hors TVA.
- Début des travaux : octobre 2004.

de traitement », constate Catherine Ricou, responsable marketing de la société Degrémont.

« La norme "bromates" impose une réduction des doses d'ozone utilisées pour la désinfection. Lorsqu'il est nécessaire à la fois d'affiner la désinfection et de régler des problèmes de pesticides, la solution ultrafiltration-charbon actif est souvent adaptée », ajoute Louis Herremans, directeur technique de Veolia Water. Cette combinaison est celle qui a été choisie par Eau de Paris, ex-Société anonyme de gestion des eaux de Paris (Sagep), pour le traitement des eaux arrivant dans les réservoirs de Saint-Cloud (Hauts-de-Seine) et de L'Haÿ-les-Roses (Val-de-Marne).

Confiée à Degrémont, la construction de l'unité d'affinage d'eau potable implantée à Saint-Cloud, qui a débuté en janvier, permettra de gérer des pointes de pesticides, des traces de solvants chlorés, ainsi que les phénomènes de turbidité. Le montant de l'investissement est d'environ 22 millions d'euros.

« Nouveaux » phytosanitaires. Le couplage ultrafiltration-charbon actif peut aussi être mis en œuvre dans de petites stations, avec une surface membranaire adaptée au débit et une injection de charbon réalisée en fonction des pointes de pesticides. La seule difficulté est que cette technique n'offre pas de réponse adaptée, à long terme, à l'évolution des produits phytosanitaires. Le charbon actif est, en effet, efficace pour traiter les eaux contaminées par les produits conventionnels, comme l'atrazine ou ses dérivés, mais il ne parvient pas à piéger les molécules qui arrivent sur le marché.

Le cas du glyphosate est emblématique (c'est vers cette molécule que se sont reportés de nombreux utilisateurs après l'interdiction de l'atrazine en novembre 2001), mais n'est certainement qu'un signe avant-coureur d'une ère nouvelle, où des produits inconnus vont apparaître. « Dans le cadre de nos campagnes d'analyses systématiques, nous constatons aujourd'hui un bruit de fond dans tous les produits pesticides, sur quasiment tout le territoire départemental, et nous commençons notamment à voir poindre le glyphosate, explique Philippe Delacroix, directeur général du syndicat des eaux de la Charente-Maritime. La grande majorité de nos points d'eau est touchée et nous n'avons pas encore trouvé de réponse technique financièrement acceptable pour résoudre le problème de ces produits phytosanitaires "nouvelle formule". »

Secret de fabrication. Parmi les techniques existantes, seule la technique membranaire de nanofiltration (avec une membrane plus fine) permettrait d'arrêter ces produits, mais cette solution a un coût considérable (en investissement et surtout en fonctionnement). De plus, elle présente des inconvénients (colmatage, régénération des membranes, nécessité de reminéralisation de l'eau traitée, etc.). Les collectivités se tournant vers ce genre de solution sont encore peu nombreuses *(lire l'encadré ci-dessous)*. « À mon sens, la pérennité des solutions de nanofiltration par rapport à des évolutions potentielles de la qualité de la ressource est plus grande que celle des solutions combinant ultrafiltration et charbon actif », consi-

Seuils de filtration

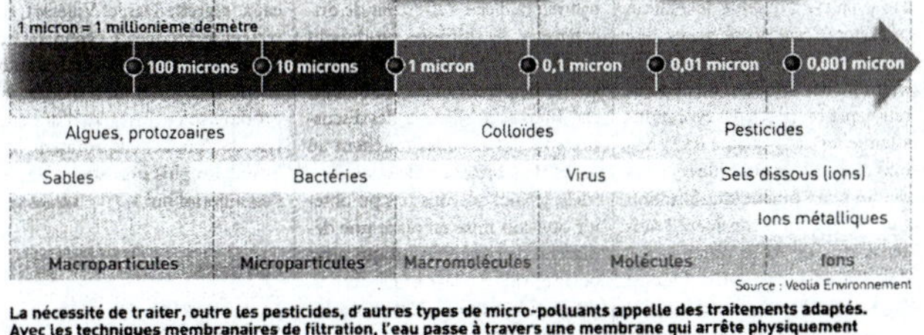

Source : Veolia Environnement

La nécessité de traiter, outre les pesticides, d'autres types de micro-polluants appelle des traitements adaptés. Avec les techniques membranaires de filtration, l'eau passe à travers une membrane qui arrête physiquement tous les éléments dont la taille dépasse une valeur limite, appelée « seuil de coupure » de la membrane.

Sivom de la Baie, Côtes-d'Armor

En prévention contre les nouvelles molécules, l'intercommunalité a choisi la nanofiltration

Le Sivom de la Baie (syndicat intercommunal à vocation multiple) regroupe moins de 30 000 habitants dans les Côtes-d'Armor.
Confronté à un double problème de teneurs élevées en nitrates et de pesticides, le syndicat, qui devait reconstruire son usine de traitement d'eau, n'avait pas de véritable alternative. Avec une capacité de production de 2 600 m^3/jour, cette unité correspond à l'un des plus faibles volumes traités par nanofiltration. Le coût de l'investissement s'est élevé à 3,51 millions d'euros et le coût de fonctionnement est de 0,355 euro/m^3.
« Les élus ont opté pour la sécurité plutôt que pour le simple respect de la norme, explique Thierry Cargueray, responsable des services techniques. Les autres techniques permettaient de résoudre le problème à un moment donné, mais pas de faire face dans le cas où il se déplacerait sur des substances un peu différentes. »
La perspective de l'interdiction de l'atrazine, de l'apparition d'autres pesticides et la volonté d'opter pour un équipement pérenne ont motivé le choix de la nanofiltration. « Ce choix permet aujourd'hui d'afficher une eau quasi exempte de pesticides et de diminuer jusqu'à 75 % la teneur en nitrates », précise Thierry Cargueray.

Nanofiltration

- État des lieux : teneurs élevées en nitrates et pesticides.
- Capacité de production : 2 600 m^3/jour.
- Investissement : 3,51 millions d'euros.
- Coût de fonctionnement : 0,355 euro/m^3.

dère Louis Herremans, de Veolia Water.
Mais il faut reconnaître qu'il est difficile de choisir aujourd'hui une technique qui permettrait de traiter, dans le futur, une pollution qui ne s'est pas encore manifestée et dont la nature n'est pas définie.

Les distributeurs d'eau s'efforcent de discuter avec les chimistes produisant de nouvelles molécules, afin de pouvoir anticiper les mises sur le marché. Mais ce ne sont pas des discussions faciles car elles touchent au secret de fabrication de ces industriels. « Nous n'avons pas pu obtenir que soit mise en place une démarche de concertation qui nous permettrait de savoir, en amont, comment leurs nouvelles molécules vont se diffuser dans l'environnement ou comment elles se comporteront au regard des procédés conventionnels de traitement des eaux, regrette Daniel Villessot, directeur technique de Lyonnaise des eaux France. Il faudrait que les autorisations de mises sur le marché des produits soient assorties d'une analyse de l'impact environnemental beaucoup plus poussée qu'elle ne l'est aujourd'hui. »

Contacts

- Communauté urbaine Grand Nancy, tél. : 03.83.91.83.91.
- Sivom de la Baie, Yffiniac, tél. : 02.96.72.66.53.
- Vendée Eau, tél. : 02.51.24.82.00.

Fabienne Nedey, *La Gazette*, 10 octobre 2005.

Document 6

DOSSIER : DÉPOLLUTION DES SOLS

La phytoremédiation ou comment utiliser la nature

Utiliser les capacités des végétaux ou des micro-organismes pour dégrader ou éliminer les polluants, tels sont les objectifs de la phytoremédiation et de la biodégradation. Des techniques pertinentes, à condition de faire preuve de patience.

Parallèlement à des procédés plus classiques, les traitements biologiques assurent une décontamination et une détoxification parfois impressionnantes. Le système consiste à utiliser les capacités naturelles des végétaux ou des micro-organismes pour dégrader, détruire ou absorber les polluants organiques ou non. On recense notamment la phytoremédiation et la biodégradation.

La phytoremédiation (du grec *phyto* ou plante, et du latin *remedium* ou remise en état) constitue un axe de recherche, mené notamment par l'Inra (Institut national de la recherche agronomique) en développement important. Elle consiste à dépolluer *in situ* (dans le sol) les terrains contaminés, avec des plantes capables de contenir, dégrader voire éliminer des produits chimiques toxiques ou des polluants du sol et de l'eau. Quatre principes de phytoremédiation sont envisageables : la phyto-extraction, la phytofiltration ou rhizofiltration, la phytovolatisation et la phytostabilisation.

Polluants absorbés par les racines

La phyto-extraction est utilisée pour éliminer les métaux, les pesticides, les solvants, les explosifs, le pétrole brut et les contaminants divers. Des végétaux – sélectionnés pour leurs capacités à fixer dans leurs racines ou leurs parties aériennes lesdits métaux – sont plantés sur le site. Les plantes hyperaccumulatrices ou métallophytes, aptes à extraire des volumes importants, seront privilégiées. Arrivées à maturité, elles seront arrachées, séchées puis incinérées. Les cendres sont alors traitées de manière à en extraire les métaux lourds. Des études réalisées avec du tabac et de la moutarde ont, par exemple, montré le bon potentiel d'extraction de ces deux plantes : environ 20 % du zinc, 60 % du cadmium et 40 % du plomb présents dans les échantillons de sédiments de ces expériences ont ainsi été extraits du sol.

Traitement biologique hors site

Lorsqu'il n'est pas possible de traiter *in situ* (dans le sol), la plupart du temps pour des raisons économiques, les terres révélées polluées à la suite de travaux d'excavation sont acheminées dans des biocentres pour y subir un traitement qui détruit définitivement ces polluants.

Ce procédé est réalisé hors site afin de ne pas ralentir les travaux de construction.

Au niveau environnemental, ces centres incluent notamment des aires de traitement étanches, la gestion intégrées des eaux de procédés et des eaux de ruissellement, ainsi que le biotraitement des effluents gazeux. Ils sont en mesure de traiter une large gamme de polluants organiques – tels les hydrocarbures pétroliers, BTEX, HAP, PCP, créosote, phénols et solvants organo-halogénés – et peuvent gérer de quelques dizaines à plusieurs milliers de tonnes de terres.

À titre d'exemple, le biocentre de Biogenie, le premier à voir le jour en région parisienne, utilise le procédé, breveté de Biopile. Cette technologie de traitement biologique crée les conditions favorables à la multiplication de micro-organismes spécifiques qui, naturellement présentes dans le sol, ont la capacité de dégrader les polluants en composés inoffensifs.

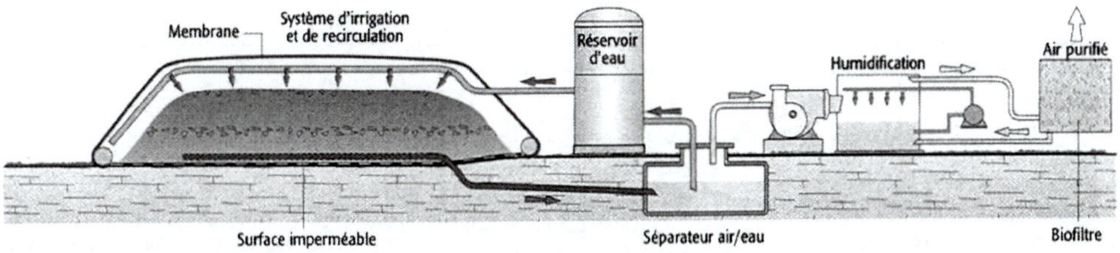

Les avantages de cette méthode sont nombreux : l'activité biologique et la structure des sols sont maintenues après le traitement, le paysage reste ou redevient agréable grâce à l'implantation d'un couvert végétal, les métaux lourds sont récupérables facilement et les coûts relativement faibles. Les produits secondaires de la phytoremédiation peuvent être, dans une certaine mesure, valorisés : ventes des métaux extraits du sol après incinération ou compostage de la récolte, ou utilisation de l'énergie thermique issue de la combustion pour la production d'électricité.

Mais cette méthode de décontamination reste partielle et ne permet pas toujours de réduire significativement la pollution des sites très atteints. Autre difficulté, les plantes capables d'accumuler les métaux lourds ont souvent une faible production de biomasse et une croissance lente.

Plusieurs plantes associées

Pour accélérer le processus, il est envisagé de la modifier génétiquement en y introduisant des gènes responsables de l'accumulation et de la résistance métallique.

Néanmoins, ce procédé constitue une première étape vers l'installation d'une végétation durable. Il peut être complété par la mise en place d'arbres, lesquels agissent à de grandes profondeurs (la phytoextraction fonctionne au mieux lorsque les contaminants sont localisés dans les 70 premiers centimètres de terre explorés par les racines). En revanche, leur croissance est lente et l'accumulation des polluants relativement faible.

La mise en place de la phytoextraction implique bien évidemment une étude préalable des sols pour déterminer la nature des polluants (type et toxicité), mais aussi la fertilité du sol et les espèces de plantes adaptées au climat. Dans la plupart des cas, la contamination étant due à plusieurs métaux, différentes espèces de plantes sont associées, chacune accumulant le métal pour lequel elle est spécialisée. On cherche également à déterminer les pratiques agronomiques adéquates, de manière à obtenir une biomasse maximale et une concentration élevée en métal dans la récolte. Certains paramètres chimiques du sol peuvent améliorer le processus, comme l'abaissement du pH, qui accroît la disponibilité des métaux dans la solution du sol ou des agents chélateurs, comme l'EDTA ou le DTPA.

Ce procédé est également utilisé pour empêcher la dispersion des métaux non-biodégradables dans les eaux souterraines ou de surface.On parle alors de phytofiltra-

Les premières expériences de phyto-extraction ont été menées sur des sols agricoles que l'on cherchait à ramener à des teneurs en métaux légales.

La thalaspi caerulescens est l'une des plantes hyperaccumulatrices les plus étudiées, en particulier l'écotype local dit « Ganges » originaires du site cévenol de St Laurent-le-Minier. Cette espèce, qui a une forte aptitude à transporter les métaux vers ses parties aériennes, présente une grande résistance polymétallique au zinc, au plomb, au nickel et au cadmium.

Doc. Christophe Schwartz, Inra.

La technologie des biocentres est basée sur la biodégradation aérobie de polluants chimiques hydrocarburés en composés non-toxiques : eau et gaz carbonique. Le procédé est utilisé de façon optimale pour les composés organiques biodégradables : essence, gasoil, fuel, kérosène, pétrole brut…

Quelles bactéries pour quels polluants ?

Polluants	Bactéries dépolluantes
Nitrates	Acinetobacter, moraxella
Phosphates	Enterobacter
Pesticides	Brevibacterium
Dioxines	Thibacillus, rhizoctonia
Cyanures	Thibacillus
Composés soufrés	Sulfolobus, rhodocosccus, thiobacillus
Huiles graisses	Pseudomonas, xanthomonas, bacillus
Hydrocarbures	Acinetobacter, flaobacterium, bacillus, pseudomonas, achromobacter, artobacter
Métaux lourds	Saccharomyces, rhizopus, cholera, thiocillus, zoogloea

tion ou rhizofiltration. Dans cette configuration, les polluants sont absorbés par les racines des plantes supérieures.
Dans le même ordre d'idée, la phytovolatisation consiste à utiliser les plantes pour transférer et transformer les produits toxiques du sol en éléments volatils vers l'atmosphère.

Bioégradation : l'œuvre des micro-organismes

Mais cette technique n'est pas totalement satisfaisante puisque, même si elle décontamine, elle n'en libère pas moins des toxiques dans l'atmosphère. Enfin, la phytostabilisation permet d'immobiliser la pollution dans le sol afin d'éviter sa dispersion. Elle offre l'avantage de réduire les processus d'érosion, de ruissellement et d'entraînement en profondeur des particules porteuses de polluants. Les graminées sont les plus efficaces en la matière. L'autre grand procédé biologique – la biodégradation – exploite la capacité de certains micro-organismes (champignons, bactéries, actinomycètes et algues) à dégrader des polluants organiques : hydrocarbures (fuel, essence, kérosène...), composés chlorés tels que PCB[1], molécules nitrées type TNT[2]. L'objectif étant de ramener les quantités de polluants à des niveaux acceptables selon les normes en vigueur. Les micro-organismes transforment les polluants organiques en molécules de moins en moins polluantes en termes de persistance et de toxicité. De fait, ils s'en nourrissent et les changent en eau et en dioxyde de carbone.

> La biodégradation exploite la capacité des micro-organismes tels que les champignons, bactéries, actinomycètes et algues à dégrader les polluants organiques. Réalisées *in situ* ou dans des biocentres, ces opérations peuvent prendre plusieurs années.

Avant toute intervention, cette méthode exige, comme précédemment, une étude des sols pour définir précisément le type de polluant présent. À chacun d'entre eux correspond en effet un ou plusieurs micro-organismes (voir encadré). Certaines études vont même jusqu'à identifier les séquences génétiques des bactéries, afin de déterminer les meilleurs moyens de stimuler leur action de dépollution. Mais il est aussi indispensable de veiller à ce que ces micro-organismes ne prolifèrent pas de manière anarchique et ne deviennent pas source de problèmes, de par leur croissance naturelle ou la manière dont ils sont mis en œuvre sur le site.

Bio-venting : une injection d'air sous pression

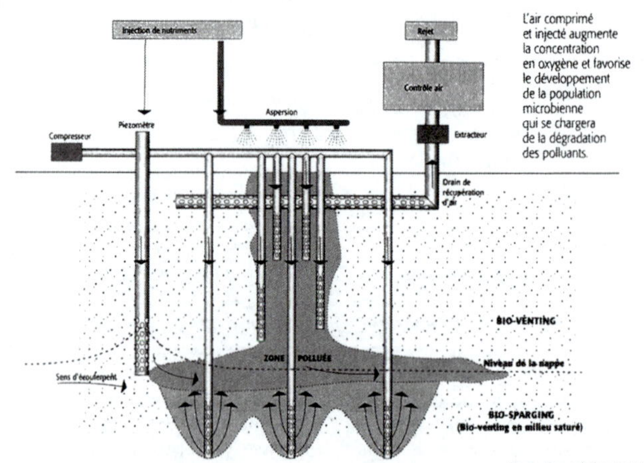

Source : Banque de données Astre

Les biocentres, une méthode hors site

Ainsi, certaines bactéries employées pendant des années pour traiter des sols pollués par des solvants chlorés ont été reconnues avec le recul peu efficaces, le traitement microbiologique ayant généré des produits de dégradation (métabolites) plus toxiques et plus mobiles que les polluants. L'autre limite à l'utilisation de cette solution *in situ* tient à la profondeur que ces organismes peuvent atteindre qui dépasse rarement 70 cm. Leur relative lenteur d'action (de quelques mois à quelques années) constitue également une contrainte, souvent peu compatible avec les enjeux économiques de la revalorisation du site. Les performances de ces traitements biologiques peuvent être améliorées en les associant avec l'aspiration des gaz du sol. Avec cette méthode, dite de bio-venting, les micro-organismes sont stimulés par la circulation d'air, et les molécules qu'ils font diminuer sont alors aspirées avec les gaz du sol.

Parallèlement, les « éco-industriels » mettent en place des biocentres (voir encadré) dans lesquels sont traitées des terres issues de sols pollués devant être réutilisés rapidement.

Aujourd'hui, les recherches portent sur la sélection de micro-organismes adaptés à la dégradation d'un polluant donné. Elles commencent à porter leurs fruits pour certains types d'hydrocarbures aromatiques polycycliques (comportant plus de trois noyaux benzéniques) qui semblent sensibles à certaines souches de champignons capables de les attaquer à l'aide d'enzymes extracellulaires. On cherche également à identifier des souches bactériennes aptes à dégrader des composés de type pyrène, à partir d'espèces présentes dans des milieux hypersalés, par analyse de leurs séquences génétiques.

1. Polychlorobiphényles.
2. Trinitrotoluène.

St. M., *Les cahiers techniques du bâtiment*, n° 257, décembre-janvier 2006.

CORRIGÉS

Ville de IQS — IQS, le (date du concours)
Services Techniques

Note (ou rapport) à l'attention de Monsieur le Directeur des services techniques

Objet : la dépollution des sites

Ref :
- Code de l'environnement
- Loi du 30 juillet 2003
- Décret du 13 septembre 2005
- Circulaire de 1997

Depuis 2003 et la loi dite loi Bachelot, les objectifs de la réhabilitation des sites pollués ont été modifiés. Ainsi le rôle du maire y est précisé de même que sa place dans la chaîne de décision. Mais pour parvenir à dépolluer efficacement un site, il faut s'appuyer sur une connaissance précise du contexte législatif et des solutions à mettre en œuvre. C'est pourquoi, après avoir analysé les obligations légales et les outils techniques à disposition dans une première partie, il conviendra dans une seconde partie de présenter un mode opératoire efficace pour bien exploiter les solutions biologiques possibles.

I. Un contexte législatif clair au service d'un traitement efficace

Si c'est la loi du 30 juillet 2003 qui fixe les exigences de remise en état des sites classés, une circulaire de 1997 propose des outils méthodologiques afin d'agir efficacement.

A. Un cadre juridique qui associe le préventif et le curatif

La loi dite loi Bachelot du 30 juillet 2003 relative à la prévention des risques technologiques et naturels, a précisé le cadre dans lequel une réhabilitation devait être effectuée par l'ancien propriétaire du site en question. Désormais en application de l'article L.512-17 du code de l'environnement, les exigences de remise en état d'un site sont calées sur un usage précis de ce site.

De plus, il est essentiel de tenir compte des dates auxquelles les installations ont cessé leur activité comme le prévoit le décret du 13 septembre 2005. Ainsi, pour celles ayant cessé leur activité avant le 1er octobre 2005, c'est l'usage comparable à la dernière période d'exploitation qui sera retenu. Pour celles ayant cessé leur exploitation après le 1er octobre 2005, une autre solution a été arrêtée : ce sont l'exploitant du site, le maire et le propriétaire du site qui doivent trouver un accord sur l'usage futur du site.

Pour y parvenir, les différents partis se fonderont sur le zonage du PLU (plan local d'urbanisme), la nature des occupations et des habitants, les précautions classiques en matière de construction. En cas d'absence de consensus, c'est au dernier exploitant qu'il appartiendra de remettre le site en état.

Enfin, pour les exploitations nouvelles (dont la demande d'autorisation a été déposée à partir du 1er mars 2006), c'est un arrêté préfectoral qui doit déterminer l'état dans lequel le site devra être restitué quand l'activité cessera. Le maire doit donner son avis de même que le propriétaire du terrain.

B. Un diagnostic nécessaire du site à dépolluer

Afin d'agir préventivement un certain nombre de précautions sont à prendre. Globalement, les sites doivent être répertoriés en classes qui sont au nombre de trois :

- la classe 1 regroupe les sites devant subir un diagnostic approfondi ;
- la classe 2 concerne les sites à surveiller ;
- la classe 3 renvoie aux sites ne représentant pas de danger.

De plus, deux inventaires sont disponibles sur l'Internet. L'un, nommé Basol, recense les sites faisant l'objet d'une action de la part des pouvoirs publics. L'autre, appelé Basias, regroupe les activités industrielles des régions françaises. Ainsi les élus locaux disposent d'outils d'informations pour mieux agir.

Mais ils disposent aussi d'outils d'action pour traiter chaque site en particulier. Ainsi cinq étapes forment le processus à suivre pour mener des actions d'investigation : une visite préliminaire, un diagnostic initial, une évaluation simplifiée des risques (ESR), un diagnostic approfondi et enfin une évaluation détaillée des risques (EDR).

Une fois le contexte juridique et local connu, il faut bâtir une méthodologie d'intervention adaptée.

II. Traiter chaque site de manière adaptée

Avant d'appliquer des méthodes scientifiques précises, il faut bien connaître les différents outils permettant de construire un mode opératoire adapté.

A. Différents outils à connaître

Un premier outil, véritable tableau de bord du mode opératoire à utiliser, est le schéma conceptuel. À partir de l'analyse des données recueillies, il permet de programmer la dépollution. Ces données sont produites à l'aide d'échantillonnages dans les eaux et dans les sols. Ainsi, il est possible d'obtenir des données sur le long terme afin de mieux connaître les zones dangereuses. Deux autres procédés, curatifs cette fois, sont à connaître : la réhabilitation des sols ou leur confinement.

Mais quels que soient les procédés employés, une analyse des coûts devra être menée. Une solution intéressante est celle du principe dit pollueur-payeur. Mais elle est complexe à mettre en œuvre. Quoi qu'il en soit, ce sont les sites pollués qui empêchent un développement économique potentiel pour lesquels il conviendra de trouver des solutions efficaces.

B. Différentes techniques à maîtriser

Aujourd'hui, les procédés biologiques sont de plus en plus utilisés. Il s'agit d'utiliser des microbes afin de biodégrader les pollutions. L'objectif est de traiter les nappes phréatiques à travers la bioremédiation dont les avantages sont environnementaux et financiers. Dans la même logique, deux techniques sont également possibles : le bio venting et le bio sparging.

Autre procédé dans un autre contexte : la technique membranaire d'ultrafiltration – charbon actif. Il ne s'agit plus de traiter les nappes phréatiques mais les eaux polluées. Les pesticides seront arrêtés de même que les produits phytosanitaires. La référence en la matière est l'usine d'eau potable de la communauté urbaine du Grand Nancy.

Dernière possibilité : le recours à la phytoremédiation qui utilise des plantes éliminant les produits chimiques toxiques.

Ainsi nous avons pu voir que les savoir-faire techniques, s'ils sont indispensables, ne sont pas pour autant suffisants pour assurer une dépollution efficace. Il faut en effet également s'appuyer sur des connaissances précises de la réglementation en vigueur et des processus à appliquer. Mais au-delà de toutes ces solutions, une bonne dépollution doit passer par une solide volonté de tous les acteurs, aussi bien institutionnels que privés.

4

L'épreuve de synthèse des concours interne et 3e voie de technicien territorial, traitée dans la partie 2 de cet ouvrage, est complétée pour les autres concours et examens professionnels, par des « propositions opérationnelles ». Celles-ci permettent d'évaluer la culture et les capacités professionnelles du candidat. La durée totale de l'épreuve est de 3 heures (synthèse et propositions). La partie synthèse doit être réalisée en 1 h 15 ou 1 h 45, selon le barème. Il reste donc 1 h 45 ou 1 h 15 à consacrer à la partie « propositions ». Le coefficient de l'épreuve est 1.

LE RAPPORT ASSORTI DE PROPOSITIONS OPÉRATIONNELLES

35 PRÉSENTATION DE L'ÉPREUVE

Cette partie d'épreuve s'adresse à des candidats qui doivent être capables de se positionner en tant que techniciens (principaux) d'une collectivité territoriale, c'est-à-dire en tant que cadre technique de catégorie B.

1. Comprendre la finalité de l'épreuve

La partie « Propositions opérationnelles » est élaborée à partir d'un certain nombre d'idées personnelles, contrairement à la partie « Synthèse », qui consiste à restituer objectivement des informations à partir de documents joints et sans aucun ajout personnel.

L'objectif est de savoir développer, argumenter et évaluer les idées qui constituent l'apport technique du candidat, mais aussi de savoir mettre en évidence les avantages et inconvénients des solutions proposées. Les actions préconisées devront être organisées et expliquées, sans omettre d'appréhender les dimensions scientifiques, techniques, réglementaires, financières et organisationnelles.

Pour le concours de technicien territorial, le sujet est en rapport avec la spécialité choisie par le candidat.

2. Se mettre « dans la peau » d'un technicien territorial (principal)

Pour cette épreuve, il s'agit de se positionner en tant que cadre technique et de proposer des réponses professionnelles à la collectivité et à ses décideurs.

Le concours ou l'examen professionnel ne doit pas être considéré comme un simple exercice hors d'un contexte professionnel, mais correspond bien souvent à une mise en situation. Le candidat doit donc se positionner en tant que technicien (principal) d'une collectivité territoriale et proposer une réponse professionnelle à une demande des élus. La faisabilité technique et opérationnelle, de même que la mise en œuvre sont évaluées. Plusieurs options peuvent être proposées en fonction des priorités fixées.

La dimension spécifique du rôle de technicien (principal) en tant que conseil, aide à la décision et force de propositions est fortement appréciée. La prestation du candidat en réponse au sujet doit permettre au jury de juger de sa culture territoriale, de ses capacités à exercer les fonctions de technicien, mais aussi de ses connaissances techniques, acquises par son expérience professionnelle et sa culture professionnelle.

3. Savoir comment est corrigée une copie

La correction de la copie se fait toujours en double correction. Un premier correcteur juge la copie sans mettre d'annotation sur celle-ci. Puis la copie est remise à un autre correcteur qui procède de même. La double correction, c'est-à-dire la mise en commun de l'appréciation des deux correcteurs permet de vérifier qu'il n'existe pas plus de 2 points d'écart entre les deux corrections. Ainsi, la moyenne est apposée comme note définitive. En cas de désaccord important, une relecture permet de revoir l'appréciation de l'un et l'autre. Une autre solution peut être le recours à un troisième correcteur chargé de départager les correcteurs et de trouver la note la plus juste, ce qui est extrêmement rare. Ce système a pour objectif de garantir une totale impartialité et une équité aussi parfaite que possible entre candidats, toujours dans le respect le plus total de l'anonymat.

36 FAIRE APPEL À SES CONNAISSANCES PROFESSIONNELLES

Les propositions doivent être nettement distinguées de la note de synthèse. Pour cette partie, le candidat doit exercer son esprit d'analyse, mobiliser ses connaissances et établir des liens entre les idées développées. Ces qualités s'expriment dans la pertinence des propositions.

1. Se préparer efficacement

Pour se préparer à cette partie du concours, il se révèle pertinent de posséder une culture importante sur la spécialité choisie et sur une partie des autres options. Les journaux conseillés sont : *La Gazette des communes, Techni.Cités, Le Moniteur, La Lettre du cadre* et tout autre journal ou site internet spécialisés dans l'option (tels que constructif.fr pour la spécialité « Bâtiments, génie civil », ou urbanisme.equipement.gouv.fr pour la spécialité « Aménagement urbain »). Les sujets étant rédigés longtemps à l'avance, il est recommandé de lire ces brochures jusqu'à deux années avant le passage au concours.

Une des solutions est de se constituer des chemises par thématique abordée, en collectant les articles au fur et à mesure de ses lectures.

Pour assimiler la méthode, il est aussi nécessaire de réaliser des devoirs en temps limité à partir de sujets d'annales.

2. S'imprégner de l'objectif de l'épreuve pour y répondre

2.1. Les objectifs

Le candidat doit non seulement se positionner en tant que professionnel hors d'un contexte réel mais de plus comme un « prestataire » au service d'une structure sur laquelle il n'a pas d'information.

Les principaux objectifs pour bien traiter cette partie sont :

- d'évaluer l'intérêt du projet, ses enjeux, ses difficultés ;
- de justifier les propositions développées et argumentées ;
- d'énoncer les solutions techniques, leurs avantages et inconvénients, les priorités ;
- de savoir organiser leurs mises en œuvre opérationnelles.

2.2. Répondre en fonction du type de sujet

Il existe différents types de sujets, tels qu'une mise en situation, une thématique plus globale à développer dans un secteur d'activité, ou encore un thème précis à généraliser à différents secteurs.

Pour répondre, il faut apporter des éléments extérieurs à la synthèse. Néanmoins, les propositions peuvent reprendre ou s'inspirer des informations contenues dans le dossier de la note, telles que les textes de loi, les normes, les décrets et autres dispositions réglementaires. C'est pourquoi il est recommandé de prendre connaissance de l'ensemble du sujet avant de lire les documents joints, afin de travailler parallèlement les propositions, en annotant au brouillon les éléments importants à reprendre ou les idées qui viennent à la lecture du dossier.

Les propositions doivent être réalistes. Il ne faut pas proposer de solutions démesurées, inadaptées, irréalisables techniquement ou encore trop onéreuses, si par exemple le candidat s'adresse à des élus d'une commune de taille modeste. Dans le cas (le plus courant) où aucune indication n'est fournie sur la collectivité, il faut expliquer les solutions proposées et auprès de quel type de collectivité elles peuvent convenir. L'erreur à ne pas commettre est de prendre arbitrairement un exemple de taille ou de type de collectivité en excluant toute autre sorte de structure territoriale.

37 BIEN RÉPARTIR SON TEMPS

Une méthode peut être appliquée comme une suite d'opérations à effectuer. Une des difficultés de l'épreuve concerne la gestion du temps : le candidat a 3 heures pour passer du rapport de synthèse à la partie « Propositions », qui doit compter 4 à 5 pages.

1. La gestion du temps pour la partie « Propositions opérationnelles »

Étant donné que la première partie (synthèse) doit être réalisée en 1 h 45 ou 1 h 15, il faut consacrer 1 h 45 à 1 h 15 pour la seconde partie de l'épreuve (propositions sur 8 ou 12 points).

Le candidat doit donc travailler en minutant chaque opération. Savoir gérer son temps fait partie de l'épreuve. Plus le candidat est préparé et a acquis des connaissances, moins il risque de se trouver « sec » sur un sujet, et plus il peut prendre le temps nécessaire à la réalisation d'une partie « Propositions » intéressante.

Pour résumer la gestion du temps se répartit comme suit :

Étapes	Durée	
	Note sur 8 points	Note sur 12 points
Lecture et compréhension du sujet	3 minutes	15 minutes
Recherche et organisation des idées par thèmes	10 minutes	20 minutes
Élaboration du plan et validation (plan équilibré)	5 minutes	10 minutes
Travail des titres et sous-titres	5 minutes	5 minutes
Rédaction de l'introduction au brouillon	5 minutes	5 minutes
Rédaction de la conclusion au brouillon	5 minutes	5 minutes
Rédaction au propre du devoir	40 minutes	50 minutes
Relecture finale	2 minutes	5 minutes
Total	**75 minutes**	**115 minutes**

Le découpage proposé peut bien sûr être adapté en fonction de la complexité plus ou moins grande du dossier ou de la capacité du candidat à écrire rapidement (difficultés ou facilités de lecture pour le dossier et d'écriture pour les deux exercices). Cependant, pour un devoir réussi, il ne faut pas beaucoup s'écarter de ce minutage au risque d'obtenir un devoir inachevé, qui sera alors fortement pénalisé au niveau de la note.

2. S'entraîner pour augmenter ses performances

Le candidat peut se tester afin d'évaluer sa vitesse d'écriture. L'entraînement à la réalisation de devoirs complets en 3 heures est incontournable pour apprendre à maîtriser la gestion du temps et notamment pour savoir combien de temps le candidat doit s'accorder pour rédiger, à partir d'un plan détaillé, une copie de l'ordre de 4 à 5 pages (en fonction de la taille de l'écriture).

C'est la condition pour que la méthode soit maîtrisée et permette un gain de temps et d'efficacité dans la réalisation du devoir le jour du concours.

38 COMPRENDRE LE SUJET

L'objectif de cette fiche est de bien définir les termes du sujet et d'orienter sa réponse en fonction de la problématique que l'on souhaite traiter. Le candidat doit en premier lieu comprendre les termes du sujet et éviter une réponse partielle ou un hors-sujet. Puis, il s'agit de trouver une problématique pertinente et de mobiliser ses connaissances en fonction de celle-ci.

1. Analyser le sujet

L'énoncé du sujet doit être analysé et non simplement parcouru. Il faut être vigilant à éviter les contresens d'un terme à l'autre. La priorité est de bien comprendre le sujet et d'analyser l'objectif et les enjeux que représente un tel sujet pour un technicien territorial.

Les sujets peuvent être transversaux, mais restent proches du domaine et des compétences des services techniques d'une collectivité territoriale. Pour exemple, si l'on prend le domaine de compétence de la voirie, il ne faudra pas omettre de mobiliser ses connaissances en urbanisme, d'avoir recours aux compétences d'autres services, tels que les espaces verts, les réseaux, l'éclairage public, qui auront une incidence sur les aménagements de voirie proprement dit. C'est pourquoi, il est nécessaire d'avoir une vision transversale des sujets, tout en restant professionnel et forcément plus compétent dans sa spécialité.

2. Exprimer une problématique

Traiter un sujet, c'est avant tout expliciter une problématique avec des propos argumentés et structurés. La notion de problématique est le fait de se poser des questions sur le sujet. C'est avoir une construction conceptuelle thématique mettant en relation un certain nombre de problèmes et de questions qui dépendent les uns des autres.

Le jury sait qu'il est impossible d'être compétent dans tous les domaines, mais le technicien doit être capable d'avoir une vision élargie et savoir prendre un minimum de hauteur sur une problématique technique.

Exemple **Sujet 2007, spécialité « Prévention et gestion des risques, hygiène »**

Ce sujet, compréhensible par des non-spécialistes, a pour thème : « La dépollution des sites ». Il est demandé de formuler un ensemble de propositions pour améliorer la connaissance du risque de pollution ainsi que la préservation et la valorisation des ressources naturelles. Pour ce sujet, la problématique pourrait être de déterminer comment préserver les ressources naturelles du risque de pollution. Ce risque de pollution, quel est-il et peut-il être évité ?

3. Rassembler ses connaissances sur le sujet

En priorité, il s'agit de prouver ses aptitudes à comprendre une question, à l'analyser et à savoir la traiter dans sa globalité : technique, financière, administrative, juridique, organisationnelle.

Exemple **« Améliorer la connaissance du risque de pollution pour l'éviter »**

Il s'agit de bien identifier les risques encourus sur les ressources naturelles, tels que le risque d'inondation, le polluant progressif ou encore l'accident.

L'intitulé du sujet débute souvent par : « En tant que technicien territorial dans la collectivité de X, vous devez mettre en place... », ou encore : « Puis dans une seconde partie, vous formulerez à l'attention du DST, un ensemble de propositions pour... ». Ceci signifie que le candidat doit se positionner en tant que professionnel du niveau de technicien, jugé par d'autres professionnels de sa spécialité.

39 LISTER LES IDÉES À DÉVELOPPER

Il s'agit ici de définir les pistes de réflexions issues de la lecture et de la compréhension du sujet dans l'objectif de répondre à la problématique que vous avez envisagée.

1. Exploiter les idées pertinentes du dossier de la note

Certains éléments prélevés de l'exploitation du dossier de la note de synthèse pourront être repris. La prise de notes ne devra pas représenter l'intégralité du devoir mais 10 à 20 % tout au plus.

Exemple **Sujet 2007, spécialité « Prévention et gestion des risques, hygiène »**

Le document 1 relate le contexte réglementaire relatif à la prévention des risques technologiques et naturels (loi Bachelot du 30 juillet 2003).

Le document 3 (page 70) donne une définition de la pollution : « dégradation d'un milieu naturel par des substances chimiques, des déchets industriels ». « Un site pollué est un site présentant un risque pérenne, réel ou potentiel, pour la santé humaine ou l'environnement du fait d'une pollution de l'un ou l'autre des milieux, résultant de l'activité actuelle ou ancienne ». Deux types d'inventaires sont cités (pages 70 et 71) : l'inventaire des sites potentiellement pollués et les inventaires historiques. Ils peuvent être utiles pour un diagnostic de site. De même (page 71), des éléments pour un diagnostic sont intéressants (dossier documentaire, évaluation simplifiée des risques).

2. Savoir utiliser les « axes de réflexions »

Ce que nous appelons « axes de réflexion » sont des bases d'idées, qui permettent de balayer le sujet. Ainsi, plusieurs thématiques sont pratiquement toujours abordées, mais sont de toute façon à adapter à la problématique. Il s'agit de prendre les idées qui semblent être importantes à aborder au regard du sujet et de la problématique que l'on souhaite traiter.

2.1. Les aspects opérationnels

Les axes de réflexion regroupent un certain nombre d'éléments qui sont abordés lors d'une « opération » ou d'un « projet » à développer dans une collectivité.

Définissons ces deux termes afin de mieux cerner la suite de ce que peut comprendre la palette d'idées.

2.1.1. Une opération. C'est un ensemble visant à mettre en œuvre un objectif ou une mission représentant un tout cohérent.

Ce peut être une opération de voirie regroupant à la fois la partie étude et la partie opérationnelle. Un autre exemple est la construction d'un ouvrage qui regroupe les aspects réglementaires, les études d'impact de l'ouvrage dans son environnement, mais aussi les phases de conception, de réalisation et de réception avec la levée des réserves.

Exemple **Sujet 2007, spécialité « Prévention et gestion des risques, hygiène »**

L'opération consiste à mettre en place une veille pour éviter ou minimiser le risque de pollution. L'ensemble cohérent est une prise en compte globale avec les aspects techniques (diverses études, analyse des sols, outils d'urbanisme...), financiers (financement des études et travaux de dépollution éventuels), réglementaire (code de l'environnement, loi sur l'eau).

2.1.2. Un projet. Il s'agit d'une notion plus globale et transversale qui regroupe une organisation à la fois opérationnelle et de réflexion. Un exemple est la mise en place des 35 heures au sein d'un service ou encore la mise en place d'une évaluation des performances d'une direction.

Exemple Le projet peut être assimilé à un objectif : valoriser et préserver les ressources naturelles. Une organisation transversale peut se mettre en place avec la communication (informer et associer les usagers, les associations...), et les différents services (voirie, urbanisme, espaces verts, assainissement...).

2.2. Les aspects politiques

Les aspects politiques sont à comprendre non pas d'un point de vue « politicien », mais comme représentant les enjeux territoriaux, relevant des responsabilités des décideurs et de la collectivité. Les axes de réflexion permettent d'aborder un certain nombre de notions à prendre en compte lors de la mise en œuvre d'une opération ou d'un projet :
– les enjeux et objectifs pour le décideur de la collectivité (maire, président) ou pour la collectivité elle-même. Ce peut être répondre à des besoins, anticiper de nouvelles demandes, améliorer une situation non totalement satisfaisante ou encore développer un nouveau principe ;
– l'analyse des responsabilités, telles que les responsabilités pénales, juridiques encourues par le maire ou par le technicien territorial au regard de ses missions et de ses domaines de compétences. Les points de vue des fonctionnaires et celui des élus ou des usagers, celui de l'État et des collectivités territoriales peuvent se révéler nettement différents.

2.3. Les aspects administratifs

Les aspects administratifs concernent tous les domaines liés aux procédures administratives, tels que les parcours des décisions, les commandes publiques, la veille juridique :
– le contexte juridique et administratif : ce qu'il est possible de faire ou les interdits imposés par les lois, décrets, codes et autres dispositifs réglementaires ; l'évolution réglementaire qui a conduit à mettre en place de nouvelles procédures par exemple ;
– l'application des procédures, telles que le code des marchés publics, la loi MOP (maîtrise d'ouvrage publique), le parcours des décisions (bureaux municipaux, conseils municipaux, validation du projet lors de son passage en commission thématique, prise d'arrêtés, de délibérations, de décisions...) ;
– l'analyse du contexte législatif ou réglementaire : ce qu'il est possible de faire au regard des lois, règlements, décrets, normes. Il est important, durant la préparation au concours, de bien se tenir au courant des textes sortis ou en cours d'avènement concernant la spécialité dans laquelle le candidat concourt, mais aussi les spécialités transversales. Ainsi, un candidat inscrit dans la spécialité « bâtiment » ne pourra pas ignorer les lois relatives à l'urbanisme, à la sécurité, à l'accessibilité, à l'énergie, à l'environnement.

2.4. Les aspects techniques

Les aspects techniques sont ceux liés à l'option et à la spécialité choisies par le candidat.

Ils regroupent à la fois les aspects opérationnels, tels que les nouvelles pratiques et performances techniques, et les aspects fonctionnels tels que les enjeux liés au domaine de l'hygiène et de la sécurité des biens et des personnes.
– Les aspects techniques : les normes applicables, les nouvelles techniques et leurs évolutions ; les avantages et inconvénients du recours à telle ou telle solution technique ; leurs aspects quantitatifs et qualitatifs ; leurs adaptations en fonction de la typologie de la collectivité.
– L'estimation et l'anticipation des risques liés à l'opération. Ils peuvent être d'ordre réglementaire ou juridique, liés à la sécurité des biens et des personnes, ou encore d'ordre technique ou liés à des aléas.

– Les assurances, qui peuvent être nécessaires, afin de protéger les agents, les riverains, les constructions, l'ouvrage, le bien matériel ou encore la maîtrise d'ouvrage par rapport aux risques estimés.
– Trouver l'échelle pertinente de territoire est le fait de savoir sur quel territoire il est plus judicieux de développer une compétence ou un projet.

Exemple **La gestion des espaces verts et du paysage**

Ce domaine nécessite de travailler au niveau d'une ou de plusieurs entités paysagères. Or, ces entités correspondent rarement aux limites administratives d'une commune. Ainsi, il peut être pertinent d'élargir l'étude ou même la gestion d'un tel projet à une échelle plus large, telle qu'une structure intercommunale ou un département.

Il en est de même pour le domaine de l'assainissement où l'échelle de travail se fait au niveau d'un bassin versant. Il n'est donc pas impossible de proposer aux élus de collaborer avec une structure supracommunale.

2.5. Les aspects humains et matériels

Les aspects humains concernent le domaine des ressources humaines et les aspects matériels correspondent aux outils techniques nécessaires pour la gestion des activités de la collectivité. Il est impératif de prendre en compte ces aspects quel que soit le sujet.
– L'évaluation des besoins humains, c'est l'analyse de ce que la situation réclame comme personnel.
– L'évaluation des compétences en interne permet de définir s'il est nécessaire de recourir à un bureau d'études extérieur ou de garder la maîtrise d'œuvre en régie. Il s'agit de définir à quel moment l'intervention d'entreprises privées est nécessaire et pertinente.
– La formation des agents peut se révéler nécessaire, voire indispensable au regard par exemple de la mise en place de nouvelles techniques (nouveaux logiciels informatiques) ou procédures (nouveau code des marchés publics, nouveaux décrets, mise aux normes pour les bâtiments...).
– De plus, il peut être proposé, avec parcimonie, de procéder au recrutement d'agents s'il apparaît que les moyens humains sont insuffisants ou inexistants dans le domaine à développer. Là encore, une formation peut compléter ce recrutement.
– L'évaluation des besoins en matériel, c'est l'analyse de la nécessité d'acquérir du matériel supplémentaire pour assurer la gestion de compétences territoriales à assurer en régie (ex. : balayeuses).

2.6. Les aspects financiers

Le coût de réalisation ou de mise en œuvre ne doit jamais être oublié. Pour les décideurs territoriaux, les aspects financiers et économiques sont souvent les plus importants.
– Le coût global est une notion de plus en plus répandue notamment dans le domaine de la construction. Il s'agit de prendre en compte à la fois le coût d'investissement et le coût de fonctionnement induit. L'estimation des frais futurs d'entretien et de maintenance découle des choix d'investissement de départ.

Exemple Le choix d'un système énergétique, gaz ou panneaux solaires, aura une incidence très différente en terme de fonctionnement et de coût énergétique. Pour les panneaux solaires, le coût sera sans doute plus important en investissement mais probablement moindre en fonctionnement.

– Ce coût d'investissement et de fonctionnement doit être prévu et inscrit au budget de la collectivité. Le budget se prépare par les services avant d'être présenté en débat d'orientation budgétaire (DOB) et voté par le conseil de la collectivité. Il est voté pour une année budgétaire, ou exercice, dans une limite fixée par la loi qui ne doit pas dépasser le 31 mars de l'année suivante.

En cas de difficulté à supporter une dépense sur un exercice, il peut être proposé par le technicien de doter la collectivité d'un plan pluriannuel d'investissement

(PPI) permettant de planifier les dépenses sur plusieurs années, avec des autorisations de programme prenant en compte la globalité de l'opération planifiée sur plusieurs exercices budgétaires.
– Afin de réaliser plus facilement une opération ou un projet, des financements peuvent être recherchés. Il s'agit de collecter des aides financières telles que des subventions d'organismes publics (État, région, département, fonds européens, syndicats spécifiques : agence de l'eau, syndicats d'assainissement, ADEME...), des dotations.

Les partenaires financiers sont associés dès les phases en amont du projet ou de l'opération.

2.7. Les aspects organisationnels

Les aspects organisationnels doivent tenir compte des phases de l'opération, des délais de réalisation et des outils de mise en œuvre.
– L'organisation des différentes phases met en évidence la notion de délais (des études, des travaux, de la mise en place, des procédures, des formations...). Il est en effet important pour un élu de bien comprendre à quelle échéance le projet pourra être opérationnel et quelles sont les raisons des éventuels retards de mise en place.
– Des outils peuvent être utilisés pour organiser la gestion des délais tels que des plannings. Planifier, c'est prendre du temps pour établir son planning, fixer les priorités, organiser les éléments incontournables et ceux qui sont récurrents. Bien s'organiser permet de savoir anticiper et déléguer à ses collaborateurs, de savoir quoi faire au bon moment et auprès de qui. C'est aussi apprendre à prendre du recul en fixant des objectifs et l'ordre des priorités.

40 ORGANISER LE TRAVAIL EN GESTION DE PROJET

Afin d'organiser la mise en œuvre des solutions proposées, on peut appliquer la méthode de gestion de projet. Cette démarche d'organisation est fréquemment utilisée dans de nombreux domaines d'activité dans le secteur privé comme public. Elle est rigoureuse pour suivre efficacement des projets divers. La gestion de projet ou conduite de projet est une démarche visant à structurer, assurer et optimiser le bon déroulement d'un projet devant être planifié dans le temps. Elle est un outil organisationnel.

1. Réaliser un état des lieux et un diagnostic

La première phase nécessaire est la réalisation d'un état des lieux, c'est-à-dire une prise en compte de l'existant.

Exemple **Sujet 2007, spécialité « Prévention et gestion des risques, hygiène »**

Il faut procéder à un recueil d'informations : le droit à construire affecté à l'opération, les plans et documents en lien avec le projet tels que les PLU (plan local d'urbanisme), les POS (plan d'occupation des sols), les PDU (plan de déplacements urbains)... Il peut aussi être cohérent de réaliser un rapport d'analyse de sols, de pollution et de vérifier s'il existe un PEB (plan d'exposition au bruit), un rapport amiante, plomb, etc., pour s'assurer de la présence ou non de ces substances devenues interdites.

La seconde étape est le diagnostic, c'est-à-dire une analyse de l'état des lieux permettant de mettre en évidence les points forts et les points faibles du projet, de percevoir les difficultés qui seront susceptibles d'être rencontrées.

Exemple **Sujet 2007, spécialité « Prévention et gestion des risques, hygiène »**

Pour un projet de réhabilitation d'un bâtiment, si le rapport amiante détecte de nombreux éléments à désamianter, le diagnostic met en évidence les contraintes financières et d'organisation du chantier, l'impossibilité d'occuper le bâtiment... Il faut également tenir compte des délais comprenant à la fois le plan de retrait amiante (un mois d'instruction) et la dépose (procédures d'hygiène et de sécurité renforcées).

Il est aussi envisageable de collecter ou de rechercher des exemples et expériences vécues dans d'autres collectivités. Cela peut se révéler utile, notamment lorsqu'on traite de sujets innovants ou peu usités, tels que la démarche qualité, le management environnemental, l'application d'un label Haute Qualité Environnementale, etc.

Le correcteur sera attentif au choix d'exemples concrets pertinents qui viendront illustrer les propositions, tirés notamment de la pratique professionnelle, de l'actualité ou des réflexions menées par certaines collectivités territoriales.

2. Constituer un comité technique et de validation

Puis, il s'agira de travailler en transversalité, c'est-à-dire avec l'aide d'autres collègues de la collectivité, et de constituer une équipe de travail (ou comité technique) composée des acteurs les plus pertinents au regard de l'opération à mener. Ce comité technique (dont le technicien chargé du projet est à la tête) va réaliser chaque phase technique ; phase de faisabilité, esquisse, APS (avant-projet sommaire), APD (avant-projet détaillé), montage du DCE (dossier de consultation des entreprises), réception de la mise en place du projet ou du chantier.

Ces acteurs sont essentiellement issus de la collectivité. Cependant, s'il apparaît que les compétences ne sont pas présentes en interne, il sera utile de missionner un intervenant adapté en externe, par voie de mise en concurrence, conformément au code des marchés publics. Au préalable, il s'agit donc de définir quelles sont les personnes ressources en adéquation avec l'opération.

Exemple Pour une mise en réseaux de bibliothèques, les acteurs pertinents pourraient être les bibliothécaires, le directeur des systèmes informatiques, le directeur des bâtiments.

Le directeur des services techniques doit bien évidemment être informé régulièrement de l'avancée des études. Par son intermédiaire, les élus (les décideurs) sont chargés de valider chaque phase et de décider des orientations à prendre au fur et à mesure de l'évolution du projet.

3. Faire un bilan et communiquer

Un bilan permet de mesurer les éléments problématiques, les dysfonctionnements éventuels et d'apporter les mesures correctives nécessaires. Le bilan peut se faire à l'aide d'outils de mesure, tels que le tableau de bord, en prenant soin de bien choisir les indicateurs pertinents.

Dans ces différentes étapes, il ne faut pas omettre la concertation avec les habitants, l'information des services et des agents autres que ceux associés au départ, la communication auprès des services et des riverains ou usagers, la formation des agents si elle se révèle nécessaire dans certains domaines (tels que l'installation d'un nouveau logiciel).

41 BÂTIR UN PLAN

Il s'agit d'ordonner ses idées pour élaborer un plan, tout d'abord avec une ébauche de titres, puis en retravaillant les titres. Le plan sert de véritable menu à dérouler au fur et à mesure de la rédaction, permettant au candidat de savoir où il va et comment il organise sa logique de démonstration.

1. Organiser ses idées par thèmes

La recherche des idées se fait sous forme de prise de notes rapide et non pas de rédaction, même succincte. On utilise des abréviations, des signes, qui constituent progressivement une liste d'idées et de thématiques.

Le candidat regroupe ses idées par thèmes qui créent des sous-parties puis des parties. Un thème est composé d'idées ou réflexions concernant un même domaine. Ex. : le contexte juridique.

Le sujet peut faire apparaître 4, 5, 6, ou 8 sous-parties. En fonction du développement nécessaire et de l'importance du thème abordé, il est possible de regrouper certains thèmes proches entre eux, afin d'aboutir à 4 sous-parties, dans 2 grandes parties.

Structurer signifie organiser ses idées de façon pertinente, avec un découpage permettant de tendre vers une ébauche de plan avec ses parties, sous-parties et leurs contenus. Progressivement, le devoir se construit, s'organise, se structure en une progression logique.

Quel que soit le sujet, il est logique de commencer par analyser ce sur quoi on peut et doit agir, avant de proposer des actions à mettre en place.

Exemple **Sujet 2007, spécialité « Prévention et gestion des risques, hygiène »**

Le sujet demande d'aborder les actions visant à améliorer la connaissance du risque de pollution ainsi qu'à valoriser et préserver les ressources naturelles.

Il semble pertinent de commencer par analyser la situation de la collectivité en terme de pollution éventuelle de sites, puis de mettre en place des moyens d'action pour minimiser le risque de pollution, la gérer et sensibiliser la population.

Les thèmes abordés seront ainsi le diagnostic, le contexte réglementaire (loi sur l'eau, code de l'environnement), les documents liés à la gestion du risque de pollution (SAGE, SDAGE, PPR), les recommandations techniques, la sécurité des sites, l'information, la concertation (agir sur les comportements), le financement.

2. Structurer ses propos

2.1. L'objectif du plan

L'épreuve a pour but de vérifier la capacité du candidat à savoir structurer ses propos et à organiser une logique de démonstration, dans le suivi d'un projet ou d'une problématique.

Il n'existe aucun plan type. En effet, tout sujet autorise une diversité de plans. Deux plans très différents peuvent obtenir la même note, s'ils sont efficaces et pertinents.

Le plan constitue une obligation. Un devoir non structuré est fortement pénalisé par les correcteurs. Le plan traduit un esprit d'organisation et de synthèse. Il manifeste une rigueur logique et facilite la compréhension des correcteurs. Sa logique, sa pertinence et son efficacité forment le squelette du devoir.

Le plan respecte une logique de continuité et de progression, en ordonnant les informations. Cette logique doit permettre aux correcteurs de suivre un raisonnement, leur prouvant que le sujet a été bien compris et que le devoir concrétise une analyse de professionnel.

2.2. L'organisation du plan

Un plan s'organise autour d'une introduction, d'un développement par parties et sous-parties et d'une conclusion. Il doit être apparent, en coordonnant les deux parties et en assurant une transition entre l'introduction, le développement et la conclusion. Le plan doit être efficace. La logique de démonstration est le fil conducteur de l'ensemble du devoir.

Le développement s'organise en 2 ou 3 grandes parties et 2 ou 3 sous-parties. Cependant, il est plus facile de travailler sur un plan structuré en 2 parties et 2 sous-parties.

Le candidat peut s'appuyer sur la « démarche de projet » (fiche précédente) pour organiser sa réponse au sujet. Il ne s'agit pas d'utiliser cette démarche comme une recette applicable pour tout type de sujet. Cependant, l'analyse préalable du territoire ou du contexte réglementaire, la réalisation d'un diagnostic ou des enjeux semblent être souvent la première étape avant de proposer des solutions techniques.

Le plan binaire (2 parties de 2 sous-parties chacune) est sans doute plus facile à maîtriser et donc recommandé. Le plan tertiaire (3 parties et 2 ou 3 sous-parties chacune) doit être évité. Il a pour inconvénients de morceler le développement, de prendre plus de temps à rédiger et d'être plus difficile à équilibrer.

Exemple **Sujet 2007, spécialité « Prévention et gestion des risques, hygiène »**

Plan possible pour la problématique de la maîtrise du risque de pollution :

I – Analyser le risque de pollution sur les ressources naturelles

a) Réaliser un diagnostic précis du site potentiellement pollué

b) Connaître les responsabilités encourues

II – Valoriser et préserver les ressources naturelles

a) S'organiser pour gérer le risque de pollution

b) Communiquer et informer sur le risque de pollution

Pour répondre à la problématique « maîtriser le risque de pollution », le plan ci-dessus propose dans la première partie l'analyse globale des risques sur les ressources naturelles et des responsabilités de chacun, puis dans la seconde partie les actions de protection et de valorisation de ces mêmes ressources.

3. Valider le plan pour s'assurer qu'il soit équilibré

Le plan doit être équilibré, c'est-à-dire que l'ébauche de plan se traduit par un découpage en parties et sous-parties avec une quantité d'informations identique. Il ne s'agit pas de « remplir » chaque sous-partie pour que toutes semblent de même importance mais de s'assurer que la pertinence ou l'importance des informations sont identiques.

Le plan élaboré doit être adapté au sujet. Le candidat confronte le sujet aux informations essentielles à développer, aux outils à évoquer. Puis, il tâche d'ordonner ces idées en un plan de 2 parties et 2 sous-parties équilibrées.

Il arrive qu'un plan se dessine très rapidement et qu'il puisse être retenu, lorsqu'on s'aperçoit qu'il est tout de suite équilibré et suit une logique de démonstration. Mais, le plus souvent, le plan définitif n'est atteint qu'après tâtonnement. Ainsi, certaines idées essentielles convergentes peuvent être rapprochées pour définir la thématique de la première et de la seconde partie. Il faut ensuite réussir à répartir, dans chaque sous-partie, des éléments d'importance quantitative et surtout qualitative à peu près égale et les agencer de façon logique. Ce plan au brouillon permet de lister les idées sous forme de paragraphes et de les classer dans un ordre logique avant qu'elles ne soient développées (1, 2, 3...).

Ainsi, toute cette méthode a pour but de préparer la rédaction du devoir et de la rendre la plus facile possible, rapide et structurée, comme si on préparait un patron avant de commencer son ouvrage. Le devoir fera ainsi preuve de clarté, d'assurance et de structure hiérarchisée. Il permettra aussi au candidat de travailler dans le temps imparti de l'épreuve sans stress supplémentaire.

42 TRAVAILLER LES TITRES ET SOUS-TITRES

Les titres doivent être efficaces. Ils ne sont ni trop longs ni trop complexes. L'objectif est qu'ils résument bien ce qui va être développé dans chaque sous-partie ou partie.

1. Sur le fond : rédiger des titres concis et précis

Dans la copie définitive, le plan doit être apparent explicitement, c'est-à-dire composé de parties et sous-parties matérialisées par des titres et sous-titres numérotés. La numérotation peut se faire de plusieurs manières :

A, a, b, B, a, b ou I, a, b, II, a, b ou encore I, 1, 2, II, 1, 2.

En étant informatif, le titre permet de dévoiler le contenu du développement. En effet, la seule lecture du titre doit indiquer aux correcteurs que le sujet est bien compris.

Il doit donc être le plus percutant et précis possible. Le style directif représente un atout dans le sens où il semble plus professionnel pour un technicien. Commencer par un verbe à l'infinitif permet de rendre plus percutant un titre, à condition qu'il reste bien précis et réponde à une logique de démonstration globale.

Exemple Analyser le contexte réglementaire.
S'organiser en démarche de projet.
Mettre en œuvre un plan de communication.

Le plus facile est de commencer par la rédaction des titres de chacune des sous-parties, qui résument les idées développées. Puis, de rédiger les titres des 2 grandes parties, qui résument les 2 sous-parties qui suivent.

Plus le plan est détaillé et explicite, plus il est facile par la suite de rédiger rapidement le devoir. Ainsi, le plan se doit de préciser le contenu des parties et des sous-parties.

2. Sur la forme : mettre en évidence les titres

D'un point de vue formel, les titres, pour être mis en évidence, sont bien séparés de leur développement, par des espaces et/ou des soulignements. Les développements des sous-parties sont structurés en paragraphes relativement courts et avec des espaces, en allant à la ligne à chaque changement d'idée. Cependant, il ne faut pas « hacher » son discours et aller à la ligne à chaque phrase. Un paragraphe fait environ 10 à 15 lignes.

Les paragraphes sont enchaînés par des mots de liaison, tels que « d'une part, d'autre part, ainsi, donc, or, aussi, de même, en effet, enfin... », comme pour la synthèse.

De plus, la copie doit être aérée afin de renforcer la rigueur générale du devoir et la mise en valeur du plan. Le saut de ligne se fait après l'introduction, avant la conclusion, entre chaque sous-partie.

Les titres ne doivent pas être trop généraux ou imprécis, tels que :
- Le diagnostic.
- La mise en œuvre.

De même, les titres exclamatifs, sous forme de jeux de mots ou interrogatifs sont prohibés :
- Comment réaliser la gestion de la voirie ?
- Ne pas intégrer le développement durable : quelle négligence !

Le plan chronologique n'apporte que peu d'intérêt :
- La gestion des espaces verts avant 2007.
- La gestion des espaces verts après 2007.

Le plan basé sur une opposition basique ne permet pas de montrer des compétences professionnelles :
- Les avantages de la régie.
- Les inconvénients de la régie.

Exemple **Sujet 2007, spécialité « Prévention et gestion des risques, hygiène »**

I – Analyser le risque de pollution sur les ressources naturelles

a) Réaliser un diagnostic précis du site potentiellement pollué
– analyser la fréquentation des sites ;
– analyser le passif, l'historique du site, les activités passées et leurs impacts supposés ou avérés sur les installations classées ;
– identifier les différentes catégories de risques : polluants (métaux, pesticides, solvants, pétrole, polluants organiques, pollution par déchets...), évaluation détaillée des risques sur la santé, la ressource en eau, les biens matériels, les écosystèmes ;
– classer les sites dans la grille ESR (évaluation simplifiée des risques) ;
– réaliser des analyses en laboratoire ;
– faire des mesures de caractérisation et de quantification permettant d'estimer les risques encourus et de définir des critères d'acceptation ou de réhabilitation des sites.

b) Connaître les responsabilités encourues
– les obligations pour les communes (réhabilitation des sites pollués) ;
– le rôle du maire dans l'encadrement des travaux (circulaire du 8 février 2007) ;
– les pouvoirs de police du maire (police de l'eau...) ;
– jurisprudence sur la police des déchets, loi « risques » du 30 juillet 2003 ;
– vigilance et coopération renforcée avec les services de l'État.

II – Valoriser et préserver les ressources naturelles

a) S'organiser pour gérer le risque de pollution
– documents d'urbanisme comme outils de gestion du risque : PLU, SAGE, SDAGE, PPR inondation. Les documents d'urbanisme déterminent les conditions permettant d'assurer la préservation de la qualité de l'eau, du sol et du sous-sol, des écosystèmes, des espaces verts et la prévention des risques de pollution ;
– analyser la compatibilité d'usage avec le site. Concilier aménagement et dépollution ;
– aspects techniques liés à la notion de développement durable (minimiser l'utilisation des produits phytosanitaires...) ;
– élaborer une démarche de gestion : visite du site, démarche d'interprétation des milieux (IEM) ; plan de gestion. Appréhender les relations entre les sources de pollution, les différents milieux de transfert (voies de migration), et les milieux cibles à protéger (populations riveraines, ressources naturelles...).

b) Communiquer et informer sur le risque de pollution
– la communication, l'information des populations riveraines ;
– la concertation avec les partenaires locaux : associations, exploitants, agriculteurs, agents des services espaces verts, environnement, sensibilisation de la population à l'épandage des déchets... ;
– outils de communication (SIG) ;
– principe pollueur-payeur, les enjeux financiers de la dépollution.

43 RÉDIGER L'INTRODUCTION

L'introduction reformule le sujet, le situe dans son contexte et annonce le plan. Elle doit répondre, en 4 à 5 lignes maximum, aux questions : pourquoi ? quoi ? comment ? Elle doit être rédigée au brouillon car elle constitue les premières phrases lues par le correcteur et exprime clairement la façon dont le sujet va être traité.

1. Répondre à la question « Pourquoi ? »

Répondre à « Pourquoi ? » permet d'amener et de reformuler le sujet. Il s'agit de bien comprendre pourquoi ce sujet est proposé à un futur technicien. S'agit-il d'une mission demandée à un technicien ? Cette problématique relève-t-elle des compétences d'une collectivité territoriale ? Face à ce sujet, le maire, le technicien ou sa collectivité engage-t-il sa responsabilité ? Les responsabilités du technicien, de la collectivité, du décideur territorial doivent être démontrées, ce qui illustre l'importance et l'intérêt du sujet. L'intitulé du sujet est repris en expliquant l'implication des acteurs concernés.

Il s'agit de recourir à ses connaissances personnelles, en évitant les grandes généralités sans lien direct avec le sujet. (Ex. : Depuis la nuit des temps les déplacements de l'homme sont pris en compte…).

2. Répondre à la question « Quoi ? »

Répondre à « Quoi ? » permet de resituer le contexte du sujet. S'agit-il d'un sujet d'actualité, le contexte a-t-il évolué ? La problématique est annoncée dans cette partie. L'idée est de savoir comment le candidat va traiter le sujet et comment est orienté son argumentaire, mais aussi de savoir ce qu'il souhaite montrer aux correcteurs. Un lien de causalité est établi avec la première partie de l'introduction à l'aide d'expressions telles que : « ainsi, face à cette situation, c'est pourquoi… ».

3. Répondre à la question « Comment ? »

Répondre à « Comment ? » permet d'annoncer le plan. L'objectif est de montrer qu'il existe une progression et une logique de démonstration de l'argumentaire. Ce dernier paragraphe de l'introduction doit être succinct et n'annoncer que les grandes parties du plan (et non les sous-parties). Il est possible de formuler directement l'intitulé de la première partie et de la seconde partie, en le précisant entre parenthèses.

Exemple « La première partie permettra d'analyser le contexte réglementaire (I), pour mettre en place une organisation de suivi de projet (II). »

Une autre solution consiste à procéder par des ponctuations telles que : « Dans une première partie… puis dans une seconde partie… » ou « En premier lieu… en second lieu… » ou « D'une part… d'autre part… ».

De même, il est inutile de chercher à modifier les titres, ou à les reformuler, entre l'annonce du plan et le plan lui-même. En effet, le correcteur peut ne pas saisir le rapport entre ce qui est annoncé et ce qui est développé. La répétition des titres accentue la clarté et la facilité de lecture pour le correcteur.

Attention : l'introduction n'est pas un début de courrier ou rapport (ex. : Suite à votre demande…).

Exemple **Sujet 2007, spécialité « Prévention et gestion des risques, hygiène »**

« Un site pollué est un site présentant un risque pérenne, réel ou potentiel, pour la santé humaine ou l'environnement du fait d'une pollution, résultant d'une activité actuelle ou ancienne. Le risque de pollution atteignant des ressources naturelles est le résultat de l'exposition à un phénomène dangereux, qualifié d'aléa. Ainsi, nous verrons comment améliorer la connaissance du risque de pollution (I), pour valoriser et préserver les ressources naturelles (II). »

44 RÉDIGER LA CONCLUSION

La conclusion reprend de façon synthétique l'essentiel des réflexions menées dans le développement et retrace la logique de démonstration de la globalité du devoir. La conclusion de la partie « Propositions » se compose de cinq lignes maximum. Elle doit être rédigée au brouillon car elle constitue la dernière impression ressentie par le correcteur.

1. Sur le fond

Ce dernier paragraphe est consacré à retracer un bilan de l'ensemble du sujet et finit éventuellement sur des perspectives d'avenir.

Il ne s'agit pas de faire un résumé des idées essentielles du rapport, ni de relancer un autre sujet, ou d'éclairer le sujet avec un nouvel angle, ou encore de poser de nouvelles questions vouées à rester sans réponses. Ce ne doit pas être non plus un essai de rattrapage d'un sujet mal ou partiellement abordé, en évoquant un thème majeur qui n'aurait pas su trouver sa place dans le développement du devoir.

La conclusion est un point d'aboutissement, un bilan des différentes propositions faites dans le devoir.

2. Sur la forme

La conclusion débute par une expression telle que « Pour conclure », « En définitive », « Finalement », « Par conséquent », exprimant nettement la volonté d'achever son développement.

Comme l'introduction, elle se rédige au brouillon. C'est d'autant plus important que ce sont les dernières lignes lues par le correcteur et donc sa toute dernière impression. Un devoir sans conclusion est fortement pénalisé, étant considéré alors comme inachevé. Aussi, il est plus sûr d'avoir sa conclusion prête à être recopiée dans les dernières minutes de l'épreuve, sans avoir à rassembler ses idées dans un moment d'agitation, avec le bruit des candidats remettant leur copies ou les surveillants commençant à s'organiser pour les récupérer. La vue d'ensemble est aussi beaucoup plus pertinente après avoir rédigé le plan et l'introduction, alors qu'une conclusion rédigée à la fin de la rédaction risque de ne résumer qu'une partie des propositions abordées, voire les derniers paragraphes.

Exemple **Sujet 2007, spécialité « Prévention et gestion des risques, hygiène »**

Prenons l'exemple du sujet sur le risque de pollution, la conclusion pourrait être :

« Pour conclure, la réhabilitation des sites pollués consiste, en premier lieu, en une analyse du risque par une approche de type source-vecteur-cible. Cette démarche permet d'évaluer l'impact potentiel des contaminants sur l'environnement, sur la santé humaine et sur l'activité économique, et ainsi de définir les objectifs de dépollution. C'est dans le cadre d'une approche globale, en partenariat avec les acteurs locaux concernés, que l'on pourra envisager la gestion du risque de pollution comme un volet à part entière de la recherche d'une ville durable. »

45 RÉDIGER LE DEVOIR ET SE RELIRE

Cette fiche a pour objectif de donner des recommandations sur le fond et sur la forme à adopter. En effet, le développement du devoir se rédige à partir du « patron », c'est-à-dire du plan. Il ne s'agit plus de penser au sujet mais de rédiger à partir des idées listées au brouillon. De plus, cette fiche permet de comprendre quel style d'écriture utiliser. D'un point de vue formel, l'ensemble du devoir (introduction et conclusion comprises) comprend 4 à 5 pages rédigées. Un devoir trop court risque de ne pas aborder complètement un sujet, de paraître superficiel alors qu'un devoir trop long au contraire indique le manque d'esprit de synthèse et de rigueur du candidat.

1. La rédaction du devoir et sa présentation

1.1. Sur le fond : rédiger à partir du plan validé

La rédaction se fait à partir du plan finalisé et le plus détaillé possible. Il faut bien vérifier que le plan soit équilibré avec des titres rédigés définitivement, et renseigné avec toutes les idées listées.

Rédiger consiste à développer progressivement les idées en paragraphes qui constituent chaque partie et sous-partie. Cette rigueur méthodologique dans le développement du devoir sera remarquée par le correcteur.

Un devoir sans plan structuré, sans introduction ou sans conclusion, indisposera le correcteur qui risque de pénaliser la copie par une note non satisfaisante.

Si l'énoncé ne précise pas de nom de ville ou d'éléments d'identification (ce qui est plus fréquemment le cas), le candidat ne doit jamais faire preuve d'imagination pour ramener le sujet à ce qu'il connaît dans sa collectivité par exemple ou à imaginer un cas d'école. Avoir recours à un nom de ville même fictif ou *a fortiori* réel, peut conduire le correcteur à conclure à une rupture d'anonymat et faire éliminer la copie.

1.2. Sur la forme : adopter un style professionnel

Tout d'abord, il n'est pas utile de recopier l'énoncé du sujet.

Il n'est pas question, par manque de temps, de rédiger le devoir au brouillon. Les feuilles de brouillon ne doivent pas être remises avec la copie et donc ne seront pas notées. La gestion du temps fait partie de l'épreuve, nous ne le rappellerons jamais assez.

Le développement, pour être lu facilement, est articulé et met en évidence l'enchaînement des arguments grâce à des mots de liaison (tout d'abord, puis, ensuite, enfin, certes, cependant, donc, d'une part, d'autre part…), le lien entre les parties (dans une seconde partie…), l'annonce de la conclusion (pour conclure…).

Les phrases sont rédigées à la troisième personne ou dans un style impersonnel. Le candidat ne doit donc pas s'impliquer personnellement, ce qui permet d'avoir une approche beaucoup plus professionnelle du sujet. La première personne du singulier (je, ma, mon) doit être évitée, ainsi que le « nous ». De même, les formules de politesse en fin de devoir sont inutiles. Préférer les débuts de phrase tels que « il semble », « il apparaît », « il s'agit de ». Le candidat endosse le rôle du technicien : il ne décide pas à la place du supérieur hiérarchique, mais l'aide dans ses choix et l'informe au mieux.

Le style doit être clair, sobre et précis. Il est inutile de chercher à adopter un style journalistique ou trop alambiqué. Le langage parlé, le ton familier ou encore les prises de positions trop polémiques ou les avis politiques sont à bannir. Gardons à l'idée que le technicien est un expert technique.

Le présent de l'indicatif est utilisé. Les phrases sont relativement courtes afin d'éviter que le correcteur se perde.

L'écriture se doit d'être facilement lisible. Les correcteurs prendront la peine de déchiffrer les premières lignes mais ne perdront pas de temps à lire complètement une écriture très difficile à comprendre. Plusieurs éléments illisibles peuvent donc être ignorés.

On utilisera de préférence des encres foncées (bleue ou noire) et peu liquides (les papiers de copies d'examen font souvent effet buvard). Les couleurs rouge, violette, verte et autres sont à prescrire. Leur emploi peut être interprété comme un signe distinctif et une rupture d'anonymat, provoquant l'annulation de la copie. Il faut préférer les pointes fines aux traits épais.

On évitera également des « blancs de correction » vite repérables sur des copies en couleurs (ce qui est souvent le cas). Il est préférable de rayer proprement et de réécrire à la suite. Éviter aussi les astérisques ou les reports de paragraphe.

D'une manière générale, une copie avec de nombreuses ratures, des renvois par des astérisques, pas de paragraphes et d'aération du devoir indisposera le correcteur et impliquera une note non satisfaisante.

L'ensemble de la copie doit être rédigé, ce qui exclut le style télégraphique ou encore une liste de tirets évoquant des idées non développées ou des prises de notes.

Il est possible d'utiliser des sigles, à condition qu'ils soient développés la première fois qu'ils sont cités dans la copie (ex. : Plan local d'urbanisme (PLU), puis PLU par la suite).

2. La relecture finale

Il est essentiel de consacrer trois minutes à la fin de l'épreuve à la relecture finale de l'ensemble de la copie.

Il s'agit de relire complètement son devoir et de corriger les fautes d'orthographe, les oublis de ponctuation, et éventuellement de souligner les titres si ce n'est pas déjà fait. Deux points peuvent être retirés de la note sur 20 si la copie contient plus de 10 fautes d'orthographe, de syntaxe ou une présentation jugée négligée.

Les titres sont soulignés à la règle et non à main levée, ce qui est encore trop souvent le cas et est alors considéré comme un manque de respect pour le lecteur, pénalisé en conséquence. Là encore, le jury peut annuler des copies dans lesquelles les titres ou sous-titres seraient soulignés en rouge, vert ou violet. Il est par contre interdit de souligner des idées, des propositions, ou expressions importantes dans le devoir.

SUJET 2 RAPPORT ASSORTI DE PROPOSITIONS

Spécialité « Prévention et gestion des risques, hygiène », concours interne et 3e concours

La première partie du sujet, la synthèse, est traitée dans le sujet 1 (Synthèse de documents). Les documents listés sont ceux du sujet 1.

Vous êtes technicien principal au sein de la ville de IQS. Le directeur des services techniques vous demande de rédiger à son attention, exclusivement à l'aide des documents ci-joints, une note sur la dépollution des sites. (8 ou 12 points)
Voir corrigé du sujet 1 Partie 2.

Vous établirez ensuite, à l'attention du directeur des services techniques, un ensemble de propositions d'actions visant à améliorer la connaissance du risque de pollution ainsi qu'à valoriser et préserver les ressources naturelles. (8 ou 12 points)

Documents joints (voir sujet 1)

Document 1 :
« Les nouvelles règles de dépollution des sites », *Le Moniteur*, 24 mars 2006.

Document 2 :
« Une réglementation basée sur l'usage du site et sur le principe pollueur-payeur », *Les Cahiers techniques du bâtiment*, décembre-janvier 2006.

Document 3 :
« Sites et sols pollués, comment agir ? », *Techni.Cités*, 23 juillet 2006.

Document 4 :
« Des traitements biologiques pour les sols », *La Gazette des communes*, 20 mars 2006.

Document 5 :
« Des polluants de plus en plus difficiles à traiter », *La Gazette des communes*, 10 octobre 2005.

Document 6 :
« La phytoremédiation ou comment utiliser la nature », *Les Cahiers techniques du bâtiment*, janvier 2006.

CORRIGÉS

Un site pollué est un site présentant un risque pérenne, réel ou potentiel, pour la santé humaine ou l'environnement du fait d'une pollution, résultant d'une activité actuelle ou ancienne. Le risque de pollution atteignant des ressources naturelles est le résultat de l'exposition à un phénomène dangereux, qualifié d'aléa. Ainsi, nous verrons comment améliorer la connaissance du risque de pollution (I), pour valoriser et préserver les ressources naturelles (II).

I. Analyser le risque de pollution sur les ressources naturelles

A. Réaliser un diagnostic précis du site potentiellement pollué

Quelles soient accidentelles ou installées progressivement, les pollutions des ressources naturelles, telles que les nappes phréatiques, les sols, les eaux des rivières, par des polluants comme les hydrocarbures, les solvants chlorés ou les métaux, représentent une menace pour la santé. Même en quantité minimes, ces produits faiblement biodégradables peuvent contaminer d'importants volumes. Cette contamination peut aller toucher des périmètres de captage d'eau potable, menaçant, parfois, l'approvisionnement des populations. En cas de pollution, il faut donc pouvoir agir rapidement, mais de façon réfléchie, pour limiter les risques au minimum.

Sans responsables identifiés ou solvables, les collectivités se trouvent souvent obligées de s'attaquer elles-mêmes aux contaminants. Les collectivités sont même parfois obligées d'intervenir pour pouvoir mener à bien une opération d'aménagement ou d'urbanisme.

Confrontées aux problèmes, les collectivités doivent pouvoir évaluer précisément le risque, choisir les techniques les plus efficaces et les moins coûteuses et, le cas échéant, trouver les responsables pour obtenir des compensations financières. La caractérisation du polluant sert, notamment, à identifier l'origine.

Il s'agit de mener une enquête historique des sols et des activités. On peut avoir recourt à un ingénieur géologue ou hydrogéologue. La qualité de ce diagnostic aura une influence significative sur la nature et le coût des traitements ultérieurs. Des techniques d'investigation et des méthodes d'échantillonnage sophistiquées sont fortement recommandées.

B. Connaître les responsabilités encourues

À la fin de l'exploitation d'une installation classée, pour la protection de l'environnement, le niveau de remise en état d'un site doit faire l'objet d'un accord entre l'exploitant et le maire, en fonction de l'usage futur envisagé du terrain (loi n° 2003-699 du 30 juillet 2003). À défaut d'accord, la remise en état doit permettre un usage comparable à celui de la dernière exploitation. Par exception, le préfet peut imposer un niveau de remise en état, s'il existe une incompatibilité manifeste entre cet usage et les documents d'urbanisme.

Les clauses environnementales des ventes immobilières définissent précisément l'état du site au moment de la vente et prévoient des garanties financières en cas de découverte de pollution non connue lors de la transaction. Pour acquérir un terrain, les collectivités ont tout intérêt à se comporter comme des acheteurs privés et à demander le plus de garanties juridiques et financières possibles (cautions bancaires, assurances...). Pour cela, il faut se montrer très exigeant lors de la négociation et s'entourer de professionnels de l'environnement (consultants techniques).

Dans le domaine des déchets, c'est en tant que « détenteur » que le propriétaire peut être mis en cause en application de la réglementation relative aux déchets. La cour de justice des Communautés européennes a considéré, dans un arrêt du 7 septembre 2004, que le propriétaire, détenteur d'un site pollué, pouvait être responsable de l'évacuation de la pollution, non pas au titre de la réglementation sur les installations classées, mais au titre de la réglementation des déchets (ex. des hydrocarbures).

II. Valoriser et préserver les ressources naturelles

A. S'organiser pour gérer le risque de pollution

Chaque activité comporte son lot de produits à risque. De façon accidentelle ou chronique, ces derniers sont susceptibles de polluer les sites et de menacer la santé des riverains. Or, le principe pollueur-payeur n'est pas toujours applicable. La complexité des situations, l'insolvabilité de certains responsables et les limites des moyens d'actions forcent les collectivités au pragmatisme pour trouver des solutions viables. Il faut mettre en place des réflexes techniques et juridiques spécifiques face aux sites à risque.

Il est nécessaire d'apprendre à gérer au mieux le passif, sur place, en adaptant les usages et les servitudes du site pollué. Les travaux dans les zones saturées peuvent entraîner d'autres pollutions, parfois pires que les précédentes. Il est donc possible de confiner la pollution plutôt que d'essayer de la supprimer.

Il s'agit de prendre en compte le foncier, tant dans sa gestion globale du territoire (plan local d'urbanisme, schéma de cohérence Territoriale) qu'au niveau du quotidien (permis de construire, servitudes...). Les documents d'urbanisme permettent d'intégrer les restrictions d'usages (permis de démolir, traitement préalable du sol...) et de signaler les terrains pollués (au plomb par exemple). De plus, la loi sur l'eau du 3 janvier 1992 a créé les schémas d'aménagement et de gestion des eaux (SAGE) et les schémas directeurs d'aménagement et de gestion des eaux

(SDAGE), outils permettant la maîtrise des problématiques (pollutions, aménagements) sur la totalité des bassins versants des rivières et des fleuves.

Dans le domaine des espaces verts, on limitera au maximum les produits phytosanitaires pour une gestion durable. Pour les déchets, la collectivité développera la collecte sélective et prônera le compost des déchets verts.

B. Communiquer et informer sur le risque de pollution

Les collectivités n'aiment pas parler de sols pollués. Mauvaise publicité, dévaluation des terrains, peur de la réaction du public, les raisons sont multiples.

La mise en place de dispositif de recensement des sites à risques, via la base de données Basias, ainsi que les inventaires historiques urbains, constituent des avancées majeures. L'animation et la concertation dans le domaine de la gestion et de la protection des ressources naturelles doivent être favorisées.

Il s'agit de comprendre et s'approprier les outils de gestion des risques mis en place sur le territoire de la collectivité. Responsabiliser et inciter à mettre en œuvre, au niveau de chacun, des mesures de prévention, de protection et donc de réduction de la vulnérabilité. Relayer l'information et programmer des actions conjointes avec les acteurs locaux. Plusieurs outils existent tels que les publications, expositions, réunions publiques d'information.

Grâce à un système d'information géographique (SIG), il est par exemple possible d'adapter les techniques à mettre en place, d'ouvrir la voie à une nouvelle forme de communication dans le cadre de la démocratie participative. C'est un outil cartographique d'aide à la décision que peuvent acquérir les grandes collectivités telles que les communautés d'agglomérations. Ce support rend possible une lecture, par parcelle, du type de terrain, de son usage et de son taux de pollution. Les progrès seront ainsi mesurables. Il s'agit d'un point essentiel à la mobilisation des acteurs.

Pour conclure, la réhabilitation des sites pollués consiste, en premier lieu, en une analyse du risque par une approche de type source-vecteur-cible. Cette démarche permet d'évaluer l'impact potentiel des contaminants sur l'environnement, sur la santé humaine et sur l'activité économique, et ainsi de définir les objectifs de dépollution. C'est dans le cadre d'une approche globale, en partenariat avec les acteurs locaux concernés, que l'on pourra envisager la gestion du risque de pollution comme un volet à part entière de la recherche d'une ville durable.

Le corrigé correspond à un devoir d'une durée de 1 h 45.

5

L'étude de cas, réservée aux concours interne et de troisième voie pour l'accès au grade de TP2, consiste en la rédaction d'une note à partir d'un dossier portant sur la spécialité choisie par le candidat au moment de son inscription au concours. Elle a un coefficient de 1.
Une étude de cas a pour objectif de situer le candidat dans un contexte professionnel réel ou imaginé par le rédacteur du sujet. Il s'agit d'une mise en situation, vécue dans une collectivité territoriale.

L'ÉTUDE DE CAS

46 PRÉSENTATION DE L'ÉPREUVE

L'épreuve d'étude de cas se compose d'un texte permettant de bien comprendre un contexte professionnel et de questions relatives à une mise en situation professionnelle. Il existe des sujets avec une seule question, ou une question double, mais aussi des sujets avec plusieurs questions. Il faut savoir répondre de façon structurée et en argumentant avec des solutions techniques adaptées. Il s'agit d'un cas pratique, c'est-à-dire une mise en situation issue d'un cas réel que vit une collectivité.

1. Les objectifs de l'épreuve

La finalité de l'épreuve est de développer un argumentaire technique spécialisé et de proposer des actions concrètes et adaptées aux questions. Les actions préconisées doivent être organisées et expliquées, et ne doivent pas omettre les dimensions techniques, réglementaires, organisationnelles et financières.

Contrairement au rapport assorti de propositions, abordant un sujet d'ordre général, l'étude de cas se situe dans un contexte précis. L'objectif est d'analyser les enjeux d'une situation donnée et d'argumenter des propositions techniques, leurs avantages et leurs inconvénients, d'organiser leurs mises en œuvre opérationnelles. Ces propositions doivent être réalistes, réalisables et accessibles financièrement, en cohérence avec la taille de la collectivité décrite.

2. Se positionner en technicien principal

Le candidat doit se positionner en tant que professionnel dans un contexte réel au service d'une collectivité. Pour cette épreuve, il se met dans la peau d'un cadre technique de catégorie B, c'est-à-dire d'un technicien principal et propose des réponses professionnelles à la collectivité et à ses décideurs. Il s'adresse donc à son supérieur hiérarchique ou à un élu, ce qui n'est pas toujours précisé dans le sujet.

Le candidat doit exercer son esprit d'analyse et de synthèse à partir de documents d'où il faut extraire l'essentiel, et mobiliser ses connaissances pour répondre aux questions posées.

3. Suivre une méthode en différentes phases

Les différentes phases de la méthode vont être développées par la suite. Cependant, voici les principales étapes à appliquer :
- Dans un tout premier temps, il faut bien comprendre le sujet, le contexte et les questions qui suivent, c'est-à-dire comprendre ce qu'attendent les correcteurs et pourquoi le sujet s'adresse à un technicien territorial.
- La seconde phase consiste à lire le dossier en survol. Il s'agit de s'imprégner des grandes thématiques techniques abordées.
- Puis, il faut rechercher des idées dans les documents, c'est-à-dire tout ce qui peut être intéressant pour répondre aux questions.
- Ensuite, il faut mobiliser ses connaissances personnelles, c'est-à-dire celles qui ne sont pas comprises dans les documents. Cela sous-entend qu'il faut, pour réussir le concours, se constituer une base de connaissances à partir de lectures et d'expériences professionnelles.
- Une phase importante est d'élaborer et de valider un plan, construit à partir des idées et connaissances mobilisées.
- Ensuite, travailler les titres et les sous-titres.
- Rédiger l'introduction puis la conclusion au brouillon.
- Rédiger le devoir directement, c'est-à-dire sans brouillon.
- Se relire, principalement pour corriger les fautes d'orthographe.

47 GÉRER LE TEMPS DE L'ÉPREUVE

C'est au candidat de s'adapter dans le délai imparti au type de sujet posé. Une des difficultés de l'épreuve concerne la gestion du temps : le candidat a 4 heures pour rédiger son étude de cas, qui doit compter 4 à 5 pages. Savoir gérer son temps fait partie de l'épreuve. Il faut donc savoir prendre rapidement connaissance du dossier et en extraire l'essentiel en adéquation avec la ou les questions posées.

1. La gestion du temps de l'épreuve

La gestion du temps se répartit comme suit :

Phases	Durée
Lecture et compréhension du sujet et des questions	15 minutes
Lecture de survol du dossier	10 minutes
Recherche des idées dans les documents	30 minutes
Mobilisation de ses connaissances	50 minutes
Élaboration et validation du plan	10 minutes
Travail des titres et sous-titres	5 minutes
Rédaction de l'introduction au brouillon	5 minutes
Rédaction de la conclusion au brouillon	5 minutes
Rédaction au propre du devoir	1 heure et 40 minutes
Relecture finale	10 minutes
Total	**4 heures**

Le découpage proposé peut bien sûr être adapté en fonction de la complexité du dossier ou de la capacité du candidat à lire et surtout à écrire rapidement (difficultés ou facilités de lecture pour le dossier et d'écriture). Ce temps est aussi à gérer en fonction du nombre de questions, de la quantité d'informations dont il faut prendre connaissance. Cependant, pour un devoir réussi, il ne faut pas beaucoup s'écarter du minutage proposé au risque d'obtenir un devoir inachevé, qui sera alors fortement pénalisé au niveau de la note.

2. S'entraîner pour augmenter ses performances

Comme pour les propositions, l'entraînement à la réalisation de devoirs complets en 4 heures se révèle incontournable pour apprendre à maîtriser la gestion du temps et connaître le temps nécessaire à la lecture d'un certain nombre de documents, à la mobilisation des connaissances et à la rédaction, à partir d'un plan détaillé, d'une copie de 4 à 5 pages (en fonction de la taille de l'écriture).

De plus, la réponse à chacune des questions doit être abordée en fonction du nombre de points attribués. Ainsi, le degré de précision et le temps consacré à chaque question sont plus importants pour une question notée sur un grand nombre de points.

48 COMPRENDRE LE SUJET

La première étape de l'étude de cas est de trouver une problématique adaptée au sujet posé et de la mettre en évidence par rapport à un contexte territorial. Une problématique est une construction conceptuelle thématique mettant en relation un certain nombre de problèmes et de questions qui dépendent les uns des autres.

1. Analyser le sujet et les questions

Le candidat doit en premier lieu comprendre les termes du sujet pour éviter une réponse partielle ou du hors-sujet. L'énoncé doit être analysé et non simplement parcouru. Il faut être vigilant à éviter les contresens d'un terme à l'autre.

Les sujets restent très proches du domaine et des compétences d'un technicien territorial travaillant à la direction technique d'une collectivité territoriale.

Il existe plusieurs types de questions : celles qui demandent d'extraire des informations du dossier joint et de les proposer de façon ordonnées et structurées ; celles qui demandent de proposer des solutions techniques à un problème posé, dans un contexte donné, mais aussi à l'aide des documents joints.

2. Analyser les documents joints

L'étude de cas est élaborée à partir d'un grand nombre d'idées personnelles, mais aussi à l'aide des informations intégrées dans les documents joints.

Les documents doivent être lus rapidement afin d'extraire les informations nécessaires à la réponse aux questions posées. L'épreuve d'étude de cas permet aussi de tester les connaissances techniques du candidat.

Il faut apporter des éléments extérieurs en plus de ceux contenus dans les documents. Néanmoins, des éléments techniques peuvent être repris dans le dossier, ou encore les textes de loi, les normes, les décrets et autres dispositions réglementaires.

C'est pourquoi il est recommandé de prendre connaissance de l'ensemble du sujet et des questions avant de lire les documents joints, afin de travailler parallèlement les différentes questions, en annotant au brouillon les éléments importants à reprendre ou encore les idées surgissant à la lecture du dossier.

Exemple **Sujet 2007, spécialité « Aménagement urbain », option « Environnement architectural »**

Il est demandé de réaliser une étude de cas concernant la revalorisation d'un centre-ville, au regard des contraintes dues au tissu urbain, à la circulation, à l'accessibilité, au stationnement. Les documents joints donnent des informations sur la typologie de la ville, sa fréquentation, et sur la volonté communale en matière d'aménagement urbain.

Dans un premier temps, pour ce sujet, il est donc nécessaire de bien comprendre le contexte et les questions, puis danalyser l'objectif et les enjeux que représente un tel sujet pour un technicien territorial.

3. Mobiliser ses connaissances

Il est difficile de maîtriser tous les domaines, mais le technicien doit être capable d'avoir une compétence pointue dans sa spécialité tout en ayant quelques connaissances, même générales, dans les autres spécialités.

L'intitulé du sujet débute souvent par : « Vous êtes technicien principal dans la collectivité de X ; à partir des éléments joints et de vos connaissances personnelles, il vous est demandé de... », et signifie que le candidat doit se positionner en tant que professionnel du niveau de technicien, jugé par d'autres professionnels de son option.

Il est donc primordial de faire appel à ses expériences et connaissances professionnelles et ne pas se contenter des éléments techniques contenus dans le dossier.

Les questions seront aussi lues et analysées avant de passer à la phase de lecture du dossier, afin de savoir ce que l'on cherche dans les documents. Le barème est aussi important. En effet, en toute logique, plus le barème est élevé, plus le contenu de la réponse doit être précis et bien argumenté.

Exemple **Sujet 2007, spécialité « Aménagement urbain », option « Environnement architectural »**

Ce sujet aborde la thématique de l'accessibilité, des déplacements, de l'urbanisme, de l'aménagement urbain, du tourisme, du commerce, de l'habitat, des espaces publics, des espaces verts, des marchés publics. Il est donc indispensable d'avoir des connaissances dans ces divers domaines.

4. Élaborer une problématique

Traiter un sujet, c'est avant tout expliciter une problématique avec des propos argumentés et structurés. La notion de problématique est le fait de se poser des questions sur le sujet. C'est avoir une construction conceptuelle thématique mettant en relation un certain nombre de problèmes et de questions qui dépendent les uns des autres.

Le jury sait qu'il est impossible d'être compétent dans tous les domaines, mais le technicien doit être capable d'avoir une vision élargie et savoir prendre un minimum de hauteur sur une problématique technique.

Exemple **Sujet 2007, spécialité « Prévention, gestion des risques, hygiène », option « Sécurité du travail »**

La problématique est de savoir comment assurer la sécurité des agents. L'outil est la mise en place d'un document unique d'évaluation des risques du service voirie, puis de l'ensemble des services de la commune.

49 LIRE LES ÉLÉMENTS DU DOSSIER

Il existe différents types de dossier. Le nombre de pages en est très variable d'année en année et d'une option à l'autre. Les documents peuvent être essentiellement théoriques ou associés à des documents pratiques. De toute façon, ils relèvent toujours d'un contexte territorial. De ce fait, plus les lectures du candidat ont été denses et variées, plus il a de chance d'avoir des connaissances larges (mais toujours liées à son option) et plus il gagnera de temps dans la lecture des documents.

1. La lecture de survol

La lecture de survol a pour objectif de trier l'ordre de lecture des documents et d'avoir une première idée de leur contenu et de leur importance. En effet, il est plus facile de lire les documents par thématique.

La lecture de survol consiste à lire les titres, sous-titres, les encarts et la conclusion de chaque document dans l'ordre du dossier.

Les documents sont lus en fonction des thématiques abordées. La prise de notes se fait aussi par thématique. Il est inutile de résumer chaque document, mais plutôt de lister les idées importantes à reprendre dans son étude, par thème et ce pour l'ensemble du dossier.

2. La lecture active

Les documents sont ensuite lus en fonction de leur pertinence apparente et en fonction des questions posées. Il s'agit de rechercher les informations, c'est donc une lecture active. Il ne faut surtout pas lire pour découvrir un texte mais pour trouver ce qui est attendu afin de répondre efficacement aux questions.

Lire des documents à la suite est moins efficace que de lire à la suite des documents abordant sensiblement la même thématique.

Exemple **Sujet 2007, spécialité « Aménagement urbain », option « Environnement architectural »**

Le dossier comprend 6 documents. Les documents 1 et 2 donnent des informations sur le contexte de la ville (morphologie urbaine, typologie architecturale, organisation du centre-ville, enjeux liés à la valorisation du centre-ville. Les documents 3, 4 et 5 sont des articles abordant les thématiques de la conception architecturale, du stationnement, et de l'accessibilité. Le document 6 est une carte à renseigner avec un programme d'aménagement.

Le surlignement des idées dans le dossier risque de faire perdre beaucoup de temps lorsqu'il faut reprendre les documents. Il est donc préférable de prendre des notes au fur et à mesure de sa lecture.

Le dossier pose quatre questions.

La première consiste en une analyse du contexte général du site, des contraintes et des problématiques. En toute logique, il faut analyser, pour répondre à cette question les documents 1 et 2.

La seconde question aborde les points forts à respecter pour obtenir un aménagement de qualité : éléments qui doivent figurer au cahier des charges pour le recrutement du programmiste. Cette fois, les documents 3, 4 et 5 sont utiles, en complément des connaissances propres et expériences professionnelles du candidat. Les documents 4 et 5 sont nécessaires pour rédiger le cahier des charges.

La troisième question évoque la description des opérations à mettre en œuvre : procédure de mise en concurrence pour le recrutement d'un bureau d'études, proposition de modes de concertation avec les habitants, calendrier prévisionnel. Ici aussi, le document 3 sera vraisemblablement utile.

Enfin, la question 4 qui évoque les bases d'un programme d'aménagement conforme à l'objectif fixé, nécessite la relecture du document 1.

50 RECHERCHER LES IDÉES

Lors de cette étape, il s'agit de définir les pistes de réflexion issues de la lecture des documents et de la compréhension des questions posées.

1. À partir des documents joints et de ses connaissances

La recherche des idées se fait sous forme de prise de notes rapide et non pas de rédaction, même succincte. On utilise des abréviations, des signes qui constituent progressivement une liste d'idées et de thématiques.

En fonction des questions posées, le candidat s'attarde plus ou moins sur un document en fonction de son importance et de sa pertinence.

Certains éléments prélevés de l'exploitation du dossier sont notés. Cette prise de notes ne doit toutefois pas représenter l'intégralité du devoir. En effet, le jury attend des candidats qu'ils fassent appel à leurs expériences professionnelles et à leurs connaissances liées à leur métier.

Il peut également sembler judicieux de répondre à une question par l'élaboration d'un tableau. Cependant, ce tableau doit s'accompagner d'explications *ad hoc*, et ne saurait suffire seul.

2. L'éventail d'idées

Ce que nous appelons « éventail d'idées » est une liste d'aspects à prendre en compte en fonction du sujet, qui permet d'avoir plusieurs pistes de réflexion pour répondre aux questions. Ainsi, plusieurs thématiques sont pratiquement toujours abordées, mais sont à adapter aux questions.

2.1. Les aspects opérationnels

Une opération est considérée comme un ensemble visant à mettre en œuvre un objectif ou une mission représentant un ensemble cohérent.

Exemple **Sujet 2007, spécialité « Aménagement urbain », option « Environnement architectural »**

Le sujet sur la revalorisation d'un centre-ville est une opération d'aménagement urbain, comprenant l'élaboration d'un programme, des études urbaines avec des scénarios d'aménagement, la mise en place d'une démarche de concertation, le suivi des procédures d'urbanisme et la phase de réalisation des aménagements validés.

Les enjeux et objectifs sont ceux du décideur de la collectivité (maire, président) ou de la collectivité elle-même : répondre à des besoins, anticiper de nouvelles demandes, améliorer une situation pas totalement satisfaisante ou encore développer un nouveau principe.

Trouver l'échelle pertinente de territoire est le fait de savoir sur quel territoire il est plus judicieux de développer une compétence ou un projet.

Exemple Le domaine de la gestion des espaces verts et du paysage nécessite de travailler au niveau d'une ou de plusieurs entités paysagères. Or, ces entités correspondent rarement aux limites administratives d'une commune. Ainsi, il semble pertinent d'élargir l'étude ou même la gestion d'un tel projet à une échelle plus large telle qu'un département ou une structure intercommunale.

Il en est de même pour le domaine de l'assainissement où l'échelle de travail se fait au niveau d'un bassin versant. Il peut donc être judicieux de proposer aux élus de collaborer avec une structure intercommunale.

Il est aussi envisageable de collecter ou de rechercher des exemples et expériences vécues dans d'autres collectivités.

2.2. Les aspects administratifs

Le contexte juridique et administratif recouvre ce qu'il est possible de faire ou les interdits imposés par les lois, décrets, codes et autres dispositifs réglementaires et l'évolution réglementaire qui a conduit à mettre en place de nouvelles procédures.

Exemple **Sujet 2007 option « Environnement architectural »**

Le code des marchés publics doit être maîtrisé, de même que les procédures et documents d'urbanisme (PLU, PADD).

Connaître ce contexte permet de faire l'analyse des responsabilités, telles que les responsabilités pénales, juridiques encourues par le maire ou par le contrôleur de travaux au regard de ses missions et de ses domaines de compétences.

2.3. Les aspects techniques

Les aspects techniques, ce sont les normes applicables, les nouvelles techniques et leurs évolutions ; les avantages et inconvénients du recours à telle ou telle solution technique ; la pertinence de recours à ces solutions, en fonction de la typologie de la collectivité.

Ce sont aussi l'estimation et l'anticipation des risques liés à l'opération. Les risques peuvent être d'ordre réglementaire ou juridique, liés à la sécurité des biens et des personnes, ou encore d'ordre technique ou liés à des aléas.

Les assurances peuvent être nécessaires, afin de protéger les agents, les riverains, la construction, l'ouvrage, le bien matériel ou encore la maîtrise d'ouvrage par rapport aux risques estimés.

L'organisation des différentes phases met en évidence la notion de délais (des études, des travaux, de la mise en place des procédures, des formations...). Il est en effet important pour un élu de bien comprendre à quelle échéance l'opération ou les travaux doivent être réalisés et quelles sont les raisons des éventuels retards.

Des outils peuvent être utilisés pour organiser la gestion des délais tels que des plannings. Planifier est le fait de prendre du temps pour établir un planning, fixer des priorités et organiser les éléments incontournables et ceux qui sont récurrents. Bien s'organiser permet d'anticiper, d'organiser le travail des équipes, de savoir quoi faire au bon moment et auprès de qui.

Exemple **Sujet 2007 option « Environnement architectural »**

La question n° 3 demande d'établir un calendrier prévisionnel.

2.4. Les aspects matériels et humains

Il faut pouvoir procéder à l'évaluation des besoins matériels, humains, mais aussi de protection vis-à-vis de la population, des usagers.

L'évaluation des compétences en interne permet de définir s'il est nécessaire de recourir à un bureau d'études extérieur ou de garder la maîtrise d'œuvre en régie. De même, il s'agit de préconiser l'intervention d'entreprises privées, en externalisant la compétence, ou de choisir de travailler en régie avec du personnel territorial.

Exemple **Sujet 2007 option « Construction et bâtiment »**

Il est demandé d'aménager des locaux d'une école élémentaire. Pour traiter ce sujet, il va donc falloir évaluer les besoins (nombre de salles de classe, nombre de m^2, analyser la fréquentation) et déterminer quels seront les agents qui devront intervenir.

2.5. Les aspects financiers

Le coût de réalisation ou de mise en œuvre ne doit jamais être oublié. Les aspects financiers et économiques sont souvent les plus importants pour les décideurs territoriaux.

Le coût global est une notion de plus en plus répandue. Il prend en compte à la fois le coût d'investissement et le coût de fonctionnement induit. L'estimation des futurs frais d'entretien et de maintenance découle des choix d'investissement de départ.

Exemple Le choix d'un système énergétique tel que le gaz ou des panneaux solaires a une incidence très différente en terme de fonctionnement et de coût énergétique. Le coût sera sans doute important en investissement pour les panneaux solaires, mais probablement moindre en fonctionnement. Il en est de même lorsque l'on a recours à un bâtiment HQE.

Le coût d'investissement et de fonctionnement doit être prévu et inscrit au budget de la collectivité. Rappelons que le budget est préparé par les services avant d'être présenté en débat d'orientation budgétaire (DOB) et voté par le conseil de la collectivité. Il est voté pour une année budgétaire ou exercice, dans une limite fixée par la loi qui ne doit pas dépasser le 31 mars de l'année suivante.

Afin de réaliser plus facilement une opération ou un projet, des financements peuvent être recherchés : subventions d'organismes publics (État, région, département, fonds européens, syndicats spécifiques : agence de l'eau, syndicat d'assainissement, ADEME...), dotations. Les partenaires financiers sont associés dès les phases en amont du projet ou de l'opération.

Il faut aussi maîtriser l'application des procédures telles que le code des marchés publics.

Exemple **Sujet 2007, spécialité « Aménagement urbain », option « Environnement architectural »**

Les questions n° 2 et 3 nécessitent d'avoir recours aux connaissances des procédures de passation des marchés publics et de la loi MOP (maîtrise d'ouvrage public) pour trouver un programmiste.

51 CONNAÎTRE LES PHASES DE CONDUITE D'UN PROJET

Plusieurs phases sont nécessaires pour organiser la conduite d'une opération. Ces phases constituent ce qui est couramment appelé « conduite de projet » ou « démarche projet ».

1. État des lieux et diagnostic

La première phase nécessaire est de réaliser un état des lieux. La seconde étape est le diagnostic, soit une analyse de l'état des lieux permettant de mettre en évidence les points forts et les points faibles du projet.

Exemple **Sujet 2007, option « Systèmes d'information et de communication »**

La question n° 2 est la suivante : présenter une démarche projet en indiquant et motivant le choix des acteurs que vous proposerez d'associer.

Pour traiter ce sujet, il semble pertinent de mettre en place une démarche projet, avec un état des lieux et un diagnostic.

2. Les phases techniques

Le technicien est chargé de réaliser chaque phase technique telle que la phase de faisabilité, l'esquisse, l'APS (avant-projet sommaire), l'APD (avant-projet détaillé), le montage du DCE (dossier de consultation des entreprises), la réception de la mise en place du projet ou du chantier. Cependant, s'il apparaît que les compétences ne sont pas présentes en interne, il est utile de missionner un bureau d'études, par voie de mise en concurrence, conformément au code des marchés publics. Au préalable, il s'agit donc de définir quelles sont les personnes ressources en adéquation avec l'opération.

L'élu est chargé de la validation de chaque phase et des prises de décisions quant aux orientations à prendre au fur et à mesure de l'évolution du projet.

Exemple **Sujet 2007, option « Environnement architectural »**

Il est demandé de missionner après procédure de mise en concurrence, un bureau d'études. Il faudra donc monter un DCE.

3. La communication et la concertation

Lors de ces différentes étapes, il ne faut pas omettre la concertation avec les habitants, l'information des services et des agents autres que ceux associés au départ, la communication auprès des services et des riverains ou usagers, la formation des agents si elle s'avère nécessaire dans certains domaines (tels que l'utilisation d'un nouveau matériel informatique).

Exemple **Sujet 2007, option « Environnement architectural »**

La question n° 3 porte entre autres sur les modes de concertation avec les habitants.

52 ORGANISER SES IDÉES PAR RAPPORT AUX QUESTIONS

À partir des idées trouvées, il s'agit de les organiser, c'est-à-dire de les structurer dans un plan. Quel que soit le sujet, la réponse doit être cohérente et structurée. L'épreuve a pour but de vérifier la capacité du candidat à savoir structurer ses propos et à organiser une logique de démonstration, dans le suivi d'un projet.

1. Élaborer un plan

Il est intéressant de proposer une articulation logique entre le traitement des différentes questions et les divers éléments de réponse.

Le devoir doit pouvoir se lire en continu, avec une logique de démonstration du début à la fin.

1.1. Ordonner ses idées

L'effort de structuration consiste à organiser ses idées de façon pertinente, avec un découpage permettant de tendre vers une ébauche de plan avec ses parties, sous-parties et leurs contenus.

Il convient de commencer par ordonner ses idées : regrouper des idées assez proches entre elles pour pouvoir être abordées dans une même sous-partie.

Le candidat regroupe ses idées par thèmes qui créent des sous-parties, puis des parties. Le développement et le plan s'adaptent en fonction du nombre de questions à traiter et dans l'ordre des questions. Il est ainsi éventuellement possible de regrouper certains thèmes proches entre eux, afin d'aboutir à des sous-parties.

Progressivement, le devoir se construit, s'organise, se structure en une progression logique et judicieuse, à la fois à l'aide des idées trouvées dans le dossier, à partir de ses propres connaissances et en fonction des questions posées.

1.2. Structurer le plan

Le plan constitue une obligation. Un devoir non structuré en plan est fortement pénalisé par le correcteur. Le plan traduit un esprit d'organisation et de synthèse. Il manifeste une rigueur logique et facilite la compréhension par le correcteur. Sa logique, sa pertinence et son efficacité forment le squelette du devoir.

Le plan représente un travail de regroupement des idées par grande thématique, en respectant une logique de continuité dans l'ordre des questions du sujet. Cette logique doit permettre au correcteur de suivre un raisonnement, lui prouvant que le candidat a bien compris le sujet. Son analyse de professionnel doit se concrétiser dans le devoir.

Un plan s'organise autour d'une introduction, d'un développement par parties et sous-parties (correspondant aussi à l'ordre des questions) et d'une conclusion. Il doit être apparent, en coordonnant les parties et en assurant des transitions entre l'introduction, le développement et la conclusion.

1.3. Suivre l'ordre des questions

Le développement s'organise en un plan clair et cohérent en 2 ou 3 grandes parties (en fonction du nombre de questions et de l'importance de chaque question), et 2 ou 3 sous-parties par partie.

Le candidat doit s'appuyer sur la logique de l'ordre des questions. L'analyse préalable du territoire ou du contexte réglementaire, la réalisation d'un diagnostic ou des enjeux semblent être souvent la première étape avant de proposer des solutions techniques.

Le plan binaire (2 parties de 2 sous-parties chacune) est sans doute plus facile à maîtriser et est donc recommandé. Le plan tertiaire (3 parties et 2 ou 3 sous-parties chacune) doit être évité. Il a pour inconvénient de morceler le développement (avec des sous-parties de 10 à 15 lignes), prend beaucoup plus de temps à être rédigé et l'équilibre est bien plus difficile à trouver. Ceci dit, le plan doit être réalisé en fonction de l'organisation du sujet de l'étude de cas.

2. Vérifier que le plan est équilibré

Dans tous les cas, le plan doit être équilibré, c'est-à-dire que l'ébauche de plan se traduit par un découpage en parties et sous-parties avec une quantité d'informations identique. Il ne s'agit pas de « remplir » les sous-parties pour qu'elles semblent de même importance, avec un même nombre de lignes, mais de s'assurer que le nombre et la pertinence des informations sont identiques. Il est possible de regrouper 2 questions dans une même partie. Chaque question correspond alors à une sous-partie.

Le candidat confronte le sujet aux informations essentielles à développer aux outils à évoquer. Puis, il ordonne ses idées en un plan de 2 parties et 2 sous-parties équilibrées.

Il n'existe cependant aucun plan type. Pour l'étude de cas, le plus simple est de réaliser son plan dans l'ordre des questions posées.

Exemple **Sujet 2007, option « Environnement architectural »**

La logique est de partir d'un diagnostic (analyse du contexte général du site, des contraintes et des problématiques) c'est-à-dire d'analyser la morphologie urbaine, la typologie architecturale, l'organisation des déplacements, du stationnement, de la fréquentation, des activités commerciales, la politique de développement économique, de l'habitat, pour ensuite proposer des solutions d'aménagement de qualité et enfin proposer l'organisation des opérations (coût, phasage, délais...), puis la démarche de concertation.

53 TRAVAILLER LES TITRES ET SOUS-TITRES

Dans la copie définitive, le plan doit être explicitement apparent, c'est-à-dire matérialisant les parties et sous-parties par des titres et sous-titres numérotés.

1. Passer des idées du plan à leur titre

1.1. Sur le fond

Le titre doit être efficace. Il n'est ni trop long, ni trop complexe. L'objectif est qu'il résume bien ce qui va être développé dans la sous-partie ou partie.

En étant informatif, le titre permet de dévoiler le contenu du développement. En effet, la seule lecture du titre doit indiquer au correcteur que le sujet est bien compris.

Il doit donc être le plus percutant et précis possible. Le style directif représente un atout dans le sens où il semble plus professionnel pour un technicien. Commencer par un verbe permet de rendre plus percutant un titre, à condition qu'il reste bien précis et réponde à une logique de démonstration globale.

Le plus facile et logique est de commencer par la rédaction des titres de chacune des sous-parties, en résumant les idées développées, puis de rédiger les titres des deux grandes parties, en résumant les deux sous-parties qui suivent.

Pour plus de facilité et de compréhension pour le correcteur, le titre de chaque partie doit fortement s'inspirer de l'intitulé de chaque question.

Plus le plan est détaillé et explicite, plus il est facile par la suite de rédiger rapidement le devoir. Ainsi, le plan se doit de préciser le contenu des parties et des sous-parties.

1.2. Sur la forme

D'un point de vue formel, les titres, pour être mis en évidence sont bien séparés de leur développement, par des espaces et/ou des soulignements.

La numérotation peut se faire de plusieurs manières :

A, a, b, B, a, b ou I, a, b, II, a, b ou encore I, 1, 2, II, 1, 2.

2. Les titres à éviter

Les titres ne doivent donc pas être trop généraux ou imprécis, tels que :

- Le diagnostic.
- La mise en œuvre.

Les titres exclamatifs, sous forme de jeux de mots, ou interrogatifs sont prohibés :

- Comment réaliser la gestion de la voirie ?
- Ne pas intégrer le développement durable : quelle négligence !

Exemple **Plan du sujet 2007, option « Environnement architectural »**

I – Analyser le contexte urbain de la commune

1) Réaliser un diagnostic du site (question n° 1 – 6 points)
2) Proposer des solutions d'aménagement de qualité (question n° 2 – 6 points)

II – Organiser la phase opérationnelle

1) Préparer les différentes étapes de l'opération (question n° 3 – 5 points)
2) Mettre en place une démarche de concertation avec les habitants

54 INTRODUIRE ET CONCLURE

L'introduction reformule le sujet et annonce le plan. En 10 lignes maximum, elle doit être rédigée au brouillon. Les premières impressions du correcteur découlent de la lecture de l'introduction.
La conclusion reprend de façon synthétique l'essentiel des réflexions menées dans le développement et retrace la logique de démonstration du devoir. En 5 à 10 lignes maximum, la conclusion se rédige au brouillon.

1. L'introduction

1.1. Reformuler le sujet

Reformuler le sujet, c'est reprendre l'énoncé en expliquant l'implication des acteurs et le contexte. Il faut déterminer les objectifs et les enjeux du sujet et annoncer sa problématique. Il faut expliquer pourquoi le sujet s'adresse à un technicien territorial. Le sujet correspond-il à ses compétences ? Le sujet relève-t-il de ses responsabilités ?

1.2. Annoncer le plan

L'annonce du plan doit montrer qu'il existe une progression et une logique de démonstration de l'argumentaire. Elle doit être succincte et n'annoncer que les grandes parties (et non les sous-parties). Il est possible de formuler directement l'intitulé de la première partie et de la seconde partie, en le précisant entre parenthèses. Il est inutile de modifier les titres, ou de les reformuler, entre l'annonce du plan et le plan lui-même.

Exemple **Sujet 2007, option « Environnement architectural »**

« La Ville souhaite revaloriser son centre-ville. Les enjeux sont d'ordre économique et urbain. L'espace public est devenu une ressource rare dont il faut repenser la gestion.
En tant que technicien supérieur territorial en charge de l'environnement architectural, il est essentiel d'avoir une vision d'ensemble des problématiques liées aux centres-villes. Ainsi, la redéfinition du centre-ville nécessite, dans une première partie, d'analyser le contexte urbain, pour dans une seconde partie organiser la phase opérationnelle. »

2. La conclusion

2.1. Le fond

La conclusion est un point d'aboutissement, un bilan des différentes propositions du devoir. Elle est d'autant plus importante que ce sont les dernières lignes lues par le correcteur et donc sa toute dernière impression. Il faut la rédiger au brouillon : un devoir sans conclusion est pénalisé, car inachevé et la vue d'ensemble est plus pertinente après avoir rédigé le plan et l'introduction qu'à la fin de la rédaction.

2.2. La forme

La conclusion commence par une expression telle que « Pour conclure », « Finalement », exprimant la volonté d'achever le développement. Les formules de politesses en fin de devoir sont inutiles.

Exemple **Sujet 2007, option « Environnement architectural »**

« Pour conclure, redynamiser un centre-ville nécessite de prendre en compte l'ensemble de la ville. Le nouvel espace doit concilier les différents usagers tels que les piétons, les véhicules, les cyclistes, et les différentes fonctions urbaines telles que l'habitation, le commerce, le tourisme, les services. Le rôle du technicien est de bien définir l'ensemble des phases de mise en œuvre et de faire adhérer la population au projet. »

55 RÉDIGER L'ÉTUDE DE CAS

La rédaction se fait à partir du plan détaillé et des titres travaillés. Il n'est pas question de rédiger le devoir au brouillon (les feuilles de brouillon, même si elles sont remises avec la copie, ne seront pas corrigées). Attention donc à la gestion du temps.

1. Rédiger le développement

1.1. Le fond

La rédaction se fait à partir du plan détaillé et validé, en développant progressivement les idées en paragraphes qui constituent chaque partie et sous-partie. Cette rigueur méthodologique attirera l'attention du lecteur.

Cette méthode permet de préparer la rédaction du devoir et de la rendre plus facile. Elle peut être comparée à la préparation d'un patron de couturier avant de commencer son ouvrage. Le plan sert de véritable menu à dérouler au fur et à mesure de la rédaction, permettant au candidat de savoir où il va et comment il organise sa logique de démonstration. Le devoir fait ainsi preuve de clarté, d'assurance et de structure hiérarchisée. Cela prouve que le candidat a su aussi travailler dans le temps imparti de l'épreuve sans stress supplémentaire.

Si l'énoncé ne précise pas de nom de ville ou d'éléments d'identification, le candidat ne doit pas faire preuve d'imagination pour ramener le sujet à ce qu'il connaît dans sa collectivité par exemple ou à imaginer un cas d'école. Avoir recours à un nom de ville même fictif ou *a fortiori* réel, peut conduire le correcteur à conclure à une rupture d'anonymat et faire éliminer la copie.

Le correcteur est attentif au choix d'exemples concrets pertinents qui viennent illustrer les propositions, tirés notamment de la pratique professionnelle, des documents du dossier, de l'actualité.

Le candidat s'exprime à la troisième personne le plus souvent possible mais peut aussi s'impliquer personnellement, ce qui permet d'avoir une approche professionnelle de terrain. Le candidat peut ainsi utiliser des débuts de phrases tels que « il semble », « il apparaît », « il s'agit de ».

Attention : le candidat a un rôle de technicien ; il ne décide pas à la place du supérieur hiérarchique ou de l'élu, mais l'aide dans ses choix et l'informe au mieux.

Le style doit être clair, sobre et précis. Le langage parlé, le ton familier ou encore les prises de positions trop polémiques ou les avis politiques sont à bannir. Le présent de l'indicatif est plus facilement utilisé. Les phrases sont relativement courtes.

1.2. La forme

D'un point de vue formel, l'ensemble du devoir (introduction et conclusion comprises) comprend environ 4 à 5 pages rédigées. La première page est réservée en grande partie à l'administration (nom du candidat, nature de l'épreuve, encart pour les correcteurs), il n'est donc pas tenu compte de cette page dans le quantitatif indiqué. Un devoir trop court risque de ne pas aborder complètement un sujet, de paraître superficiel, alors qu'un devoir trop long au contraire indique le manque d'esprit de synthèse et de rigueur du candidat.

Il n'est pas utile de recopier l'énoncé du sujet, ni la liste des documents ou des pièces jointes. Le candidat peut remplir un timbre, indiquant la ville (ville de… avec le nom fictif de la collectivité cité dans le sujet), la date du jour du concours, puis étude de cas à l'attention de… (nom des destinataires du rapport cités dans le sujet), et objet (en fonction de l'énoncé du sujet).

Il n'est pas question de rédiger le devoir au brouillon. Les feuilles de brouillon ne pourront pas être remises avec la copie et donc ne seront pas notées. Surtout, les quatre heures ne suffisent pas pour recopier une copie double au brouillon.

Les développements des sous-parties sont structurés en paragraphes relativement courts et espacés, en allant à la ligne à chaque changement d'idée. Cependant, il ne faut pas « hacher » son discours et aller à la ligne à chaque phrase. Un paragraphe fait environ 10 à 15 lignes.

Les paragraphes sont enchaînés par des expressions de liaison, telles que « d'une part, d'autre part, ainsi, donc, or, aussi, de même, en effet, enfin… ». Les liaisons ne doivent par être artificielles. L'emploi de « donc » suit nécessairement une affirmation vérifiée.

La copie doit être aérée afin de renforcer la rigueur générale du devoir et la mise en valeur du plan. Le saut de ligne se fait après l'introduction, avant la conclusion, entre chaque partie et sous-partie.

L'ensemble de la copie doit être rédigé, ce qui exclut le style télégraphique ou encore une liste de tirets évoquant des idées non développées ou des prises de notes.

Il est possible d'utiliser des sigles, à condition qu'ils soient développés la première fois qu'ils sont cités dans la copie. (Ex. : Plan de renouvellement urbain (PRU), puis PRU par la suite).

On utilise de préférence des encres foncées (bleue ou noire) et peu liquides (les papiers de copies d'examen font souvent effet buvard). Les couleurs rouge, violette, verte et autres sont à écarter. Leur emploi peut être interprété comme un signe distinctif et une rupture d'anonymat, provoquant l'annulation de la copie. Il faut préférer les pointes fines aux traits épais.

On évite également des « blancs de correction » vite repérables sur des copies en couleurs (ce qui est souvent le cas). Il est préférable de rayer proprement et de réécrire à la suite. Éviter aussi les astérisques ou les reports de paragraphes.

2. La relecture finale

Il est essentiel de consacrer quelques minutes à la fin de l'épreuve à la relecture finale de l'ensemble de la copie.

Il s'agit de relire complètement son devoir et de corriger les fautes d'orthographe, les oublis de ponctuation, et éventuellement de souligner les titres si ce n'est pas déjà fait. Deux points peuvent être retirés de la note sur 20 si la copie contient plus de 15 fautes d'orthographe, de syntaxe ou une présentation jugée négligée.

D'une manière générale, une copie avec de nombreuses ratures, des renvois par des astérisques, pas de paragraphes et d'aération du devoir, une introduction non structurée, un plan peu clair ou pas de conclusion, indispose le correcteur et implique une note non satisfaisante.

L'écriture se doit d'être facilement lisible. Les correcteurs prendront la peine de déchiffrer les premières lignes mais ne perdront pas de temps à lire complètement une écriture très difficile à comprendre. Plusieurs éléments illisibles peuvent donc être ignorés.

Les titres sont soulignés à la règle et non à main levée, ce qui est encore trop souvent le cas et est considéré comme un manque de respect pour le lecteur, pénalisé en conséquence. Là encore, le jury peut annuler des copies dans lesquelles seraient soulignés les titres ou sous-titres en rouge, vert ou violet. Il est par contre interdit de souligner des idées, des propositions, ou expressions importantes dans le devoir.

SUJET 3

ÉTUDE DE CAS

Spécialité Aménagement urbain et développement durable, concours interne, 3e concours TP2

SESSION 2007 - Durée : 4 h - Coefficient : 1

Ce sujet a été donné en 2007 aux concours interne et 3e voie de technicien supérieur territorial. Il est tout à fait adapté à l'épreuve d'étude de cas des concours interne et 3e voie de TP2.

Une ville de 10 000 habitants (« La Ville »), compétente en matière d'aménagement, souhaite revaloriser son centre-ville. Ce projet devra prendre en compte les éléments suivants :

– Le centre-ville se structure en deux places, reliées par une rue piétonne, il est longé par un axe très passant (route nationale).

– L'une des places est bordée d'un château (monument historique) dans lequel a été aménagé le musée, d'un équipement culturel constitué d'une médiathèque, d'une salle d'exposition et d'une salle de spectacle. Le tissu commercial y est essentiellement constitué de bars, brasseries, restaurants et de l'office de tourisme.

– L'autre place est plus institutionnelle avec l'hôtel de ville, de nombreuses banques et quelques commerces.

– Ces deux places ont essentiellement une fonction de parc de stationnement, les espaces sont mal différenciés, la place des piétons est réduite à sa plus simple expression.

La ville envisage de redynamiser ce centre en perte de vitesse par la reconversion d'une friche urbaine toute proche en un pôle urbain disposant de fonctions de services (bureaux, commerces) et de logements, essentiellement collectifs (accession et locatif – social ou non).

L'objectif est triple :

– relier de manière cohérente, pour les habitants, ces 2 pôles d'attraction, notamment par la création de liaisons piétonnes et cyclables et l'implantation de mobilier urbain ;

– valoriser les espaces centraux et les équipements publics qui les bordent (aménagement, accessibilité...) ;

– rationaliser le stationnement des véhicules et la circulation en centre-ville.

En qualité de technicien principal territorial en charge de l'environnement architectural, au sein du service aménagement de La Ville, à partir de l'ensemble des éléments joints et de vos connaissances personnelles, il vous est demandé de présenter :

1 Une analyse du contexte général du site, des contraintes et des problématiques. (6 points/20)

2 Les points forts à respecter pour obtenir un aménagement de qualité : éléments qui devront figurer au cahier des charges pour le recrutement du programmiste. (6 points/20)

3 La description des opérations à mettre en œuvre : procédure de mise en concurrence pour le recrutement d'un bureau d'études, proposition de modes de concertation avec les habitants, calendrier prévisionnel. (5 points/20)

4 Les bases d'un programme d'aménagement conforme à l'objectif fixé qui seront reportées sur le plan joint (document 6). Celui-ci sera à joindre à votre copie. (3 points/20)

Documents joints

Document 1 :
Informations générales, présentation de La Ville.

Document 2 :
Cartographie de l'état actuel du centre-ville étudié.

Document 3 :
« Une même équipe d'architectes pour les espaces publics et les équipements », *Le Moniteur*, 9 juin 2006.

Document 4 :
« Le stationnement cherche sa place », *Le Moniteur*, 2 juin 2006.

Document 5 :
« Les villes comblent leur retard », *La Gazette*, 22 mai 2006.

Document 6 :
Document à constituer par vos soins et à rendre avec votre copie : plan présentant les bases d'un programme d'aménagement (remis en double exemplaire).

Certains documents peuvent comporter des renvois à des notes ou à des documents volontairement non fournis car non indispensables à la compréhension du sujet.

Document 1

Présentation de « La Ville »

La Ville compte près de 10 000 habitants, elle constitue un pôle urbain structurant regroupant un ensemble d'activités et de services important pour la campagne environnante.

La morphologie urbaine

La Ville bénéficie d'une histoire riche qui marque fortement son patrimoine paysager, architectural et urbain.

La vieille ville forme un ensemble compact à l'intérieur des anciennes fortifications.

La ville de l'époque classique s'organise à l'intérieur de fortifications de type Vauban. De ce système de fortification, il demeure aujourd'hui le château, une partie de la porte de Paris au sud et de la porte de Bretagne au nord.

Les faubourgs des XIXe et XXe siècles sont constitués par deux axes transversaux nord-ouest et sud-est. Les faubourgs se développent donc le long des axes existants. De cette même période datent des cités ouvrières, faites de petites maisons en bande de type R+1.

La reconstruction des années 20 modifiera peu cette organisation urbaine.

Les années 1950-1960 sont marquées par la construction d'un habitat de type pavillonnaire, de maisons en bande et d'immeubles d'habitat collectif.

Dans les années 1970, la ville connaît une forte expansion, de nombreux logements, d'importants équipements comme le lycée, les gymnases, la piscine sont construits.

Cette urbanisation va se poursuivre par des lotissements plus classiques, maisons isolées sur des parcelles plus ou moins carrées, organisés autour d'impasses.

L'urbanisation récente des années 1980-1990 voit surtout le développement d'une zone commerciale sur le plateau au nord, tandis qu'une ZAC d'habitat pavillonnaire se construit dans le même secteur.

Typologie architecturale et caractéristique du bâti du centre-ville

Le centre ancien présente une certaine homogénéité de bâtiments à R+1 ou R+2, mitoyens. Cette homogénéité est principalement la résultante de l'unité de la trame parcellaire, qui admet la diversité des expressions architecturales.

L'hôtel de ville présente sur la place une façade Renaissance en pierre de taille blanche flanquée de tourelles, et sur la rue principale un corps de bâtiments Louis XVI.

Le château a fait l'objet d'une extension par un bâtiment contemporain remarquable, lors de la création du musée.

Les monuments classés :
- le château ;
- la porte de Bretagne ;
- l'église Saint-Jean.

Présentation du centre-ville

Le centre-ville est composé de deux pôles d'attractivité :

– La place du Château, avec le château, le musée et le pôle culturel.

Elle connaît un afflux de touristes assez important, particulièrement grâce à la notoriété du musée : environ 40 000 visiteurs par an, dont 2/3 sont des groupes.

Actuellement, les autocars déposent et reprennent les visiteurs qui ne circulent donc pas dans La Ville.

Les bars, les brasseries et restaurants bénéficient donc d'une affluence touristique limitée, du fait que les touristes passent rarement plus d'une demi-journée dans La Ville.

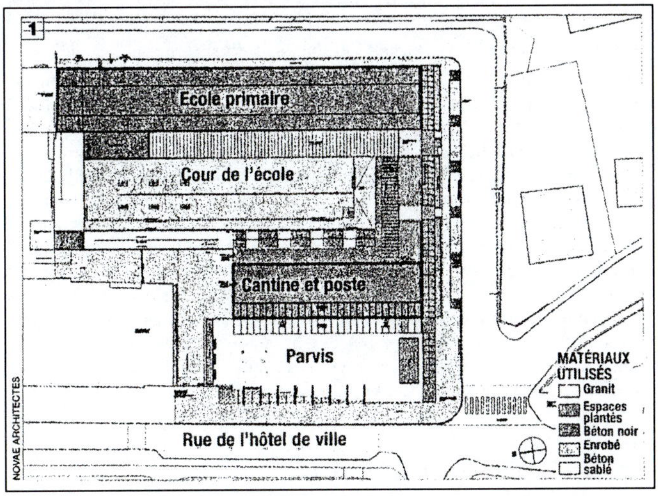

Les espaces publics (voirie, parvis, mail) autour des bâtiments déclinent une même gamme de matériaux.

succession de filets d'eau, qui rythme la pente des marches.

Création d'un mail devant l'école

Les concepteurs ont également élargi le trottoir dans la rue perpendiculaire, donnant naissance à un véritable mail qui permet de desservir l'entrée de l'école.

Les places de stationnement disposées entre les arbres d'alignement permettent aux enfants de descendre des voitures en toute sécurité, sur une première bande piétonne qui suit le dénivelé de la rue par une pente continue. Une seconde bande piétonne, en « pas d'âne », fait suite pour introduire à la cour de l'école. Les livraisons s'effectuent par la façade opposée, sans croiser d'enfants.

Continuité des matériaux

L'unité des espaces extérieurs avec les édifices a été obtenue par l'usage de matériaux communs, par la récurrence de l'élément végétal, et par l'harmonie entre les lignes bâties et celles des espaces publics. L'esplanade de la poste se conjugue avec l'auvent sommital du bâtiment pour donner au site la stabilité horizontale qui lui manquait.

Côté rue latérale, les deux pans de toiture imposés par le plan d'occupation des sols (POS) se font asymétriques pour épouser la pente : une même netteté et simplicité de lignes marque l'architecture et les espaces extérieurs. La continuité des matériaux saute aux yeux devant la poste : les brise-soleil tapissant intégralement son ample façade reprennent le même granit doré que le revêtement de sol du parvis et ses bancs. Sur le mail latéral, c'est l'acier galvanisé qui tient ce rôle fédérateur : utilisé pour l'entourage des arbres, il est employé aussi pour l'ensemble des clôtures de l'école, avec leurs portes. Ces portes laissant passer le regard, on voit l'acier galvanisé régner aussi dans la cour de l'école (escaliers, garde-corps...).

Enfin, les mêmes clôtures et portes adoptent le dessin d'une haie végétale. Voici qui leur fait faire le lien entre la végétation du mail - arbres et tapis de bambous nains - et les épais massifs de bambous qui glissent un filtre devant la cour de l'école, et ponctuent également l'esplanade de la poste.

Gabriel Ehret, *Le Moniteur*, 9 juin 2006.

Document 4

AMÉNAGEMENT ET URBANISME VOIRIES

Le stationnement cherche sa place

Le stockage des véhicules sur les bas-côtés de la chaussée constitue un usage peu valorisant de l'espace public, notamment dans les centres-ville. À défaut de pouvoir l'éliminer totalement, certaines villes tentent de mieux le gérer, voire d'en faire un outil de réaménagement de la voirie.

Consommateur d'espace, inesthétique, anarchique parfois, le stationnement « de surface » est perçu aujourd'hui comme une nuisance dans les centres-ville. Raison pour laquelle les réaménagements d'avenues ou de boulevards - élargissement de trottoir, plantations d'arbres, bandes cyclables, couloirs de bus, plate-formes de tramways - sacrifient de plus en plus souvent les places de stationnement automobile. « Il y a conflits d'intérêt entre les différents usages de la voirie et le stationnement est aujourd'hui devenu le maillon faible », observe Ronan Golias, chargé de mission à la direction de la voirie et des déplacements à la Ville de Paris.

D'autres facteurs font que l'offre diminue constamment : le plan Vigipirate, une meilleure prise en compte du stationnement réservé (places GIG-GIC, livraison, deux roues, taxis, convoyeurs de fonds), ou la mise aux normes des chaussées pour le passage des véhicules de secours. À Paris, le nombre de places de stationnement sur voirie est ainsi passé de 225 000 en 1994, à 165 000 en 2003. Une diminution de plus de 25 % en 10 ans.

S'il n'a pas bonne presse, le stationnement constitue pourtant un outil important des politiques de déplacements des grandes villes. Paris, Nantes, Lyon ou Bordeaux visent le même objectif : dissuader le stationnement des voyageurs pendulaires (trajet domicile-travail en voiture) en centre-ville, maintenir celui des résidents, permettre enfin le stationnement de courte durée pour les visiteurs. Avec un moyen privilégié : l'appli-

Bordeaux, quais de la Garonne

Le stationnement latéral pour ralentir la vitesse des voitures

Le stationnement a été pensé comme un élément important du nouvel aménagement de la voirie, sur les quais de la Garonne à Bordeaux. Sa présence, en files latérales, a pour effet de ralentir la vitesse des voitures et d'améliorer la sécurité des piétons ; il confère également une image plus urbaine à des quais qui, jusqu'à dans les années 90 et l'achèvement d'une rocade de contournement, assuraient le transit nord-sud de l'agglomération. « Dans les standards d'aménagement, une rue s'accompagne normalement d'un stationnement latéral », observe Thierry Guichard, directeur général des services de la communauté urbaine de Bordeaux. La transformation de la voie rapide - de deux fois cinq voies en un boulevard urbain à deux fois deux voies - s'est donc accompagnée de la création de 1 500 places de stationnement supplémentaires sur les côtés de la voirie. Une option qui ne correspondait pas, au départ, à la volonté de la Ville qui avait envisagé uniquement des parkings souterrains. Mais l'équipe de maîtrise d'œuvre a su convaincre du caractère urbain que pouvait revêtir un stationnement de surface. Une troisième file a également été aménagée le long de la nouvelle contre-allée. Elle longe la plate-forme du tramway de manière à dégager le pied des façades et à associer plus nettement la contre-allée au trottoir. D'une largeur de 2 mètres, cette file accueille aussi le stationnement réservé (places GIG-GIC...). Elle est traitée en « Lincoln » (2 cm de ressaut), revêtue de pavés de récupération et plantée d'arbres d'alignement.

Fiche Technique
- Maîtrise d'ouvrage : Communauté urbaine de Bordeaux.
- Maîtrise d'œuvre : Michel Corajoud, paysagiste et Pierre Gangnet, architecte.

cation d'une tarification spécifique pour ces différents « clients ».

Le stationnement gratuit connaît ainsi ses dernières heures. Fin 2006, plus aucun quartier de Paris n'en bénéficiera. Cette mesure – peu populaire – s'avère cependant peu efficace pour augmenter l'offre. « Dans le quartier central de la Croix Rousse, à Lyon, cette décision – très contestée au départ – a finalement permis d'éliminer les pendulaires », confie Christine Giraudon, responsable études et prospectives chez Lyon Parc Auto. Si les résidents bénéficient de tarifs préférentiels de manière à maintenir l'habitat dans les centres-ville, les voitures « ventouses » sont impitoyablement chassées par des prix élevés. « En augmentant le tarif horaire, on agit sur le volume de stationnement, c'est-à-dire sur le nombre de voitures qui peuvent se garer sur une même place », explique Luc Dupont, chef des services stationnement à Nantes Métropole. Mieux utiliser l'offre existante est devenu une priorité : l'espace public y gagne en fluidité.

L'agencement spatial des places de stationnement connaît également des évolutions. Le stationnement en épi disparaît peu à peu. « Les manœuvres qu'il engendre sont dangereuses car les voitures encombrent la chaussée, et cette disposition ne valorise pas la perspective de la rue », remarque Roman Golias.

Le stationnement en file reste, en revanche, une valeur sûre. Il s'intègre mieux dans l'espace public, en particulier lorsqu'il est traité en « Lincoln », c'est-à-dire sur un niveau intermédiaire entre la chaussée et le trottoir. « C'est une manière de resserrer l'espace de la chaussée et de rapprocher les trottoirs », explique l'architecte Pierre Gangnet. Le parking en file fait aussi office de barrière protectrice pour le piéton vis-à-vis de la chaussée. « À condition de faire en sorte qu'il n'entrave pas la visibilité des piétons et des automobilistes au carrefour », ajoute Catia Rennesson, chargée d'études au Certu (Centre d'étude et de recherche sur les transports urbains). La suppres-

« Seulement 30 % des automobilistes paient effectivement leur place en voirie »

- Quelles stratégies vous semblent efficaces pour le stationnement sur la voirie ?

Des villes, comme Nantes, ont choisi d'étendre le périmètre du stationnement payant aux quartiers périphériques. Ce qui a eu pour effet de chasser les voitures « ventouses » et de renforcer l'offre de stationnement pour les usagers horaires. La mesure est aussi dissuasive : elle a conduit nombre d'automobilistes à renoncer à la voiture et à utiliser les transports en communs. Nous avons aussi réalisé une étude sur une hypothèse de report, aux portes de Paris, du stationnement résidentiel intra-muros. Mais, pour que les gens acceptent de garer leur voiture loin de chez eux, il faudrait que le prix soit fortement attractif.

- Peut-on parler d'innovations pour le stationnement de surface ?

L'innovation porte moins sur l'organisation spatiale du stationnement que sur les solutions techniques, tels les modes de paiement par téléphone portable ou le porte-monnaie électronique. Mais ces nouveautés peinent à se développer en France. Il faut savoir que seulement 30 % des automobilistes paient effectivement leur place sur voirie, contre 80 % en Grande-Bretagne.

- Comment expliquer cette marque d'incivilité ?

Cela tient notamment au faible niveau de surveillance de la voirie par les agents de police. Par ailleurs, en France, le montant de l'amende pour un cas de non-paiement ne dépasse pas 11 euros, ce qui représente seulement 3 h 40 de stationnement à Paris ! En Grande-Bretagne, le montant est, par exemple, de 150 euros à Londres, un prix beaucoup plus dissuasif.

Éric Gantelet, ingénieur à la Sareco (bureau d'études d'ingénierie du stationnement).
Propos recueillis par Cyrille Le Véran.

Arcueil, place de la République

Le remodelage du sol minimise la présence des voitures

Le déclassement de la RD58 a permis à la ville d'Arcueil de maîtriser la circulation passante et le stationnement anarchique, entre l'aqueduc de la Vanne et l'église Saint-Denys.

Pour sécuriser les déplacements des piétons, une zone 30 a été créée et les trottoirs ont été élargis.

Le stationnement n'a pas été réduit, mais organisé en épi, du côté de la place de la République. Un nivellement fin de cette place, qui était en légère pente, minimise cependant la présence des voitures.

Le long de la rue, elle a été rechargée en terre pour constituer une terrasse plantée de Gleditschias. Celle-ci met à l'abri de la circulation et du stationnement un parvis, planté de magnolias, ainsi qu'un jardin aménagés sur cette place.

Les voitures se garent en épi, en contrebas de la terrasse, au pied d'un emmarchement serti de dalles de grès et protégé par des arceaux.

Fiche technique

- Maîtrise d'ouvrage : Commune d'Arcueil.
- Maîtrise d'œuvre : Charles Dard paysagiste, Marie-Sophie de Bernis, paysagiste assistante ; AEP Normand, BET.

sion d'une place en amont des carrefours et l'aménagement d'avancées de trottoirs sont donc vivement conseillés.

Sécurité des piétons. Le stationnement latéral peut, néanmoins, s'avérer dangereux pour les cyclistes en raison des ouvertures de portes. C'est pourquoi on veille à mettre en place des séparateurs physiques suffisamment larges (50 cm minimum) entre le stationnement et la piste cyclable.

Un mobilier urbain qui se décline aussi à l'usage des piétons en potelets sur les trottoirs, en bornes rétractables ou sécables, en galinettes (bornes surélevées pour l'écoulement de l'eau) qui sanctuarisent portes cochères et zones de livraison… « Faute d'un contrôle suffisant, ce mobilier spécifique est nécessaire pour éviter le stationnement illicite. Mais il est peu esthétique et d'un entretien coûteux », regrette Ronan Golias.

Certains concepteurs de voiries, architectes ou paysagistes, utilisent le stationnement comme un véritable outil d'aménagement. Ainsi à Bordeaux sur les quais de la Garonne, le paysagiste Michel Corajoud a choisi d'introduire des places de parking qui contribuent, avec le terre-plein central et les carrefours surélevés au niveau des trottoirs, à donner une image plus urbaine à cette ancienne voie rapide. « Les voies sur quais sont ainsi passées d'un statut de rocade à une configuration de rue », constate Thierry Guichard, directeur général des services de la communauté urbaine de Bordeaux. Ces aménagements ont eu pour effet de réduire la vitesse du trafic, donc d'améliorer la sécurité des piétons. Une façon d'amener plus d'urbanité dans une grande ville.

Cyrille Véran, *Le Moniteur*, 2 juin 2006.

Document 5

TECHNIQUE : AMÉNAGEMENT

Accessibilité : les villes comblent leur retard

Une démarche globale rigoureuse est indispensable.

Le schéma directeur aide à susciter une culture de l'accessibilité pour tous.

La France a pris du retard en matière d'accessibilité des bâtiments et de la ville par les personnes handicapées et celles à mobilité réduite. Souvent, l'ignorance ou l'indifférence vis-à-vis des difficultés de circulation des personnes âgées ou dont la mobilité est réduite n'a pas contribué à lever les obstacles qui parsèment leurs déplacements dans la cité. Mais la situation est en train d'évoluer. L'allongement de la durée de vie et l'augmentation du nombre de seniors, l'action plus pressante et plus efficace des associations, celle des pouvoirs publics qui ont pris conscience de l'ampleur du problème, devenu une grande cause nationale traduite par la loi n° 2005-102 du 11 février 2005 pour l'égalité des droits et des chances se traduisent par une sensibilisation réelle de la population sur la nécessité de rendre les communes accessibles à

Témoignage : Christine Rolland, chef de la cellule accessibilité à Meylan[1]

« Le personnel doit être convaincu du bien-fondé de la démarche »

« La mise en place d'une politique d'accessibilité nécessite la sensibilisation du personnel qui doit être convaincu du bien-fondé de la démarche. La formation doit être pratique et régulière, les « piqûres de rappel » sont nécessaires. La discussion avec les personnes concernées et leur information sont aussi capitales pour le succès des opérations. Le guide de la sensibilisation est un outil indispensable : il valorise la ville et ceux qui le reçoivent. Le schéma directeur est un autre atout. Document de référence, il permet de planifier le travail et préparer le budget. Il doit être vivant et facile d'accès. La rigueur dans la mise en place des dispositions arrêtées est aussi un élément à ne pas négliger. Les services communaux et les entreprises doivent respecter des fiches techniques précises. »

1. Au sein du service urbanisme, environnement et développement durable.

tous. La participation et la citoyenneté des personnes handicapées et l'attitude volontariste de certaines collectivités ont également contribué à amorcer le changement.

Une commune accessible est, ni plus ni moins, qu'une commune où toutes les personnes, y compris celles pénalisées par un handicap ou une réduction de mobilité, peuvent accéder à la mairie, au bureau de poste ou à la piscine, peuvent circuler en sécurité dans les rues, utiliser les transports en commun ou un distributeur de billets.

Impulsion. Certaines villes, sous l'impulsion d'élus ou d'acteurs particulièrement motivés, sont en train de créer les conditions d'une accessibilité pour tous de la voirie et des bâtiments publics. C'est le cas de Guillaumes, un village de 700 habitants dans les Alpes-Maritimes, qui a profité du réaménagement de sa place principale pour installer une main courante dans toutes les rues et les escaliers de la cité. Une démarche récompensée par un prix « Action innovation accessibilité des communes », décerné par les ministères délégués au Tourisme et aux Personnes handicapées, lors du dernier congrès de l'Association des maires de France, le 23 novembre 2005.

C'est également le cas de Meylan (19 000 hab, Isère), aux portes de Grenoble, qui a reçu le même prix (dans la catégorie 5 000 à 20 000 habitants) pour sa politique globale vis-à-vis du handicap. « L'implication de la ville débute réellement en 2002, sous l'impulsion de la maire, Marie-Christine Tardy, et de Sylvie Lefort, conseillère municipale déléguée à l'accessibilité, laquelle dirige un centre d'accueil de l'Association des paralysés de France (APF). Un diagnostic des bâtiments communaux et de la voirie, réalisé par un atelier de réflexion et de veille, auquel participent les représentants des handicapés, révèle qu'une grande partie du patrimoine de la ville n'est pas accessible », commente Christine Rolland, responsable de la cellule « accessibilité, qualité d'usage et HQE » au sein du service urbanisme, environnement et développement durable.

La démarche mise en place s'articule autour de cette cellule de pilotage, qui bénéficie de l'accompagnement de Régis Herbin, expert conseil en accessibilité au Centre de recherche pour l'intégration des différences dans l'espace de vie (Cridev), chargé également de la mobilisation et de la formation du personnel communal, dispensées lors de journées spécifiques « bâtiments », « voirie », « projets ponctuels ». La première tâche de l'expert consiste à aider à affiner le diagnostic, bâtiment par bâtiment, en décortiquant chaque maillon de la chaîne de déplacement : s'orienter, accéder, repérer, circuler..., selon le principe de la marche en avant. Un diagnostic enrichi par le vécu des membres de l'atelier (par exemple : un miroir dans l'ascenseur améliore la qualité d'usage) et par la visite de certains sites.

Qualité d'usage pour tous. La démarche de la ville en matière d'accessibilité pour tous s'appuie sur deux outils stratégiques : le guide de sensibilisation *De l'accessibilité à la qualité d'usage* et le schéma directeur d'accessibilité. Le premier, rédigé avec le concours de l'expert conseil, est destiné aux architectes afin qu'ils intègrent la qualité d'usage et d'accès dès la conception d'un ouvrage, afin que celui-ci soit adapté, confortable et sécurisé. Le guide s'adresse également aux particuliers qui souhaitent procéder à des aménagements dans un logement existant. Une série de fiches thématiques par type de bâtiment (ERP, logements collectifs, maisons individuelles, locaux de travail) et sur la voirie est renforcée par des fiches techniques d'aménagement et d'installation réalisées par le Cridev, la Ddass, la DDE ou l'Agence nationale pour l'amélioration de l'habitat (Anah) et complétée par des adresses et contacts utiles. « Il s'agit bien de conseiller et de sensibiliser les différents acteurs concernés, maîtres d'œuvre et maîtres d'ouvrage, puisque l'usage durable d'un bâtiment accessible nous concerne tous, quels que soient notre âge, notre état de santé et le local fréquenté », poursuit Christine Rolland, du service urbanisme à Meylan.

Un village primé pour son action innovante

Guillaumes, village de 700 habitants dans les Alpes-Maritimes, a profité du réaménagement de sa place principale pour installer une main courante dans les rues et les escaliers de la cité. Cette main courante permet aux personnes ayant des difficultés de déambulation d'avoir un appui à hauteur de main. La commune a été récompensée par un prix « Action innovation accessibilité des communes », décerné par les ministères délégués au Tourisme et aux Personnes handicapées, lors du dernier congrès de l'Association des maires de France, le 23 novembre 2005.

Schéma directeur. Parallèlement à cette action d'information importante, la ville de Meylan a substitué une politique volontariste de mise en accessibilité de ses bâtiments communaux à un fonctionnement à la demande, en établissant un schéma directeur d'accessibilité qui répertorie les locaux, organise les priorités par quartier et par type d'usage. 40 bâtiments, sur 109, ont été identifiés et 6 d'entre eux bénéficient d'un programme de rénovation et de mise aux normes cette année, pour un budget de 80 000 euros ». Premier bâtiment concerné : le club du troisième âge. Le palier sera réaménagé devant la porte d'entrée élargie, et équipé de sanitaires adaptés, de barres d'appui... Autres bâtiments rénovés : un local associatif recevant des personnes handicapées, dont la voirie d'accès est balisée et possède un guide de repérage pour les malvoyants ; une bibliothèque (aménagement des sanitaires, de places pour personnes à mobilité réduite, du cheminement d'accès), une salle audiovisuelle, une salle multiactivité ainsi qu'un local de réunion situé sur le stade de football.

Maquette tactile de repérage. « Les six opérations programmées sont situées dans cinq quartiers différents, les commandes de matériels et d'équipements sont groupées et planifiées, les travaux font l'objet d'un suivi régulier de la part de la cellule d'accessibilité,

Issy-Les-Moulineaux

Un centre administratif totalement accessible

« Dans le cadre du projet Iris (Information et réception des Isséens) dont le but est de faciliter les formalités administratives avec la mise en place d'un guichet unique, nous avons réaménagé l'accueil administratif en tenant compte de tous les handicaps », souligne Paul Subrini, premier adjoint au maire d'Issy-les-Moulineaux et conseiller général des Hauts-de-Seine. Avec l'aide de la commission handicap, à laquelle participent des associations, et du service architecture, les architectes du cabinet ODDB ont conçu un espace d'accueil accessible aux personnes en fauteuil roulant grâce à un cheminement continu sans marche, l'installation de portes d'entrée automatiques, d'ascenseurs à commandes adaptées, de toilettes normalisées, d'un comptoir d'accueil et d'une borne informatique surbaissés. Un système de boucles magnétiques permet aux sourds et malentendants appareillés d'entendre l'agent d'accueil, tandis que les personnes non appareillées disposent de combinés téléphoniques à amplificateur. Un système de traduction en langage des signes par visioconférence facilite la compréhension des informations. Des balises permettent aux aveugles et aux malvoyants de s'orienter. Les ascenseurs sont équipés de boutons en braille, d'un indicateur sonore d'étage et des bandes podotactiles sont installées au niveau des portes et de l'escalier.

Fiche technique

- Maître d'ouvrage : ville d'Issy-les-Moulineaux.
- Maître d'œuvre : service architecture et cabinet d'architectes ODDB.
- Systèmes sonores : Prodition (boucles magnétiques Otic, système Websourd).
- Systèmes de guidage : EO Guidage.
- Bandes podotactiles : Flipo.
- Bornes d'accès à internet : Rhapsodis.

La ville a été primée en 2005 pour l'aménagement de son centre administratif tenant compte de tous les handicaps.

qu'ils soient réalisés par les services techniques (petites interventions) ou par des entreprises (marchés à bon de commande), détaille Christine Rolland. Ces dernières sont sensibilisées afin qu'elles acquièrent aussi une culture de l'accessibilité, ce qui commence à être le cas », poursuit-elle. D'autres projets importants sont gérés de manière indépendante, compte tenu de leur spécificité. Ainsi, la piscine des Beuclos a été démolie et reconstruite en accessibilité totale, depuis les arrêts d'autobus situés devant l'équipement. Une maquette tactile de repérage permet aux personnes handicapées de suivre les cheminements podotactiles depuis l'entrée du bâtiment jusqu'aux bassins, équipés d'un dispositif de mise à l'eau avec fauteuil de transfert ou d'une rampe inclinée. Un système d'aspersion facilite le nettoyage des roues des fauteuils.

La loi du 11 février 2005 dispose qu'une commission pour l'accessibilité doit être installée dans chaque commune. « Ce qui était volontaire de la part de la ville de Meylan devient obligatoire, et cela conforte notre action », souligne Christine Rolland. Instance de validation, la commission va réaliser un état des lieux et un inventaire des logements accessibles et faire des propositions. « Notre cellule va devenir un outil encore plus pratique au service des différents intervenants. » Reste le problème de la maîtrise communale en ce qui concerne les bâtiments privés, en particulier la suppression des dénivelés et l'amélioration de leurs accès. « Nous commençons à travailler avec les syndics d'immeubles et entamons des négociations pour la réalisation de travaux, profitables à tous. »

Contacts

- Commune de Guillaumes, tél : 04.93.05.50.13
- Ville de Meylan, tél : 04.76.41.59.00, www.marie-meylan.fr
- Ville d'Issy-les-Moulineaux, tél : 01.41.23.80.00, www.issy.com

Jean-Louis Toumit, *La Gazette*, 22 mai 2006.

Document 6

À constituer

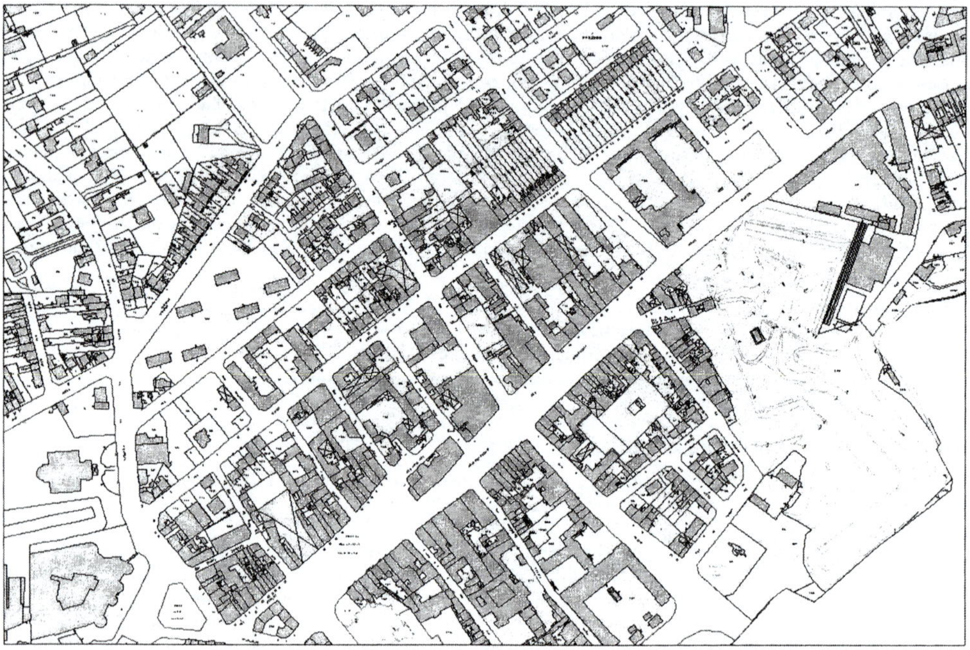

CORRIGÉS

Ville de La Ville

Le... (date du concours)

Étude de cas

Objet : Projet de revalorisation du centre-ville

La Ville souhaite revaloriser son centre-ville. Les enjeux sont d'ordre économique et urbain. L'espace public est devenu une ressource rare dont il faut repenser la gestion.

En tant que technicien supérieur territorial en charge de l'environnement architectural, il est essentiel d'avoir une vision d'ensemble de problématiques liées aux centres-ville. Ainsi, la redéfinition du centre-ville nécessite, dans une première partie d'analyser le contexte urbain, pour dans une seconde partie organiser la phase opérationnelle.

I. Analyser le contexte urbain de la commune

A. Réaliser un diagnostic du site

Le centre-ville de La Ville se compose de deux places aux atouts intéressants du fait de la présence d'un monument historique (château) entraînant un flux touristique. De plus, des équipements culturels et un tissu commercial dense mais peu diversifié, la présence de l'hôtel de ville, de style Renaissance en pierre de taille blanche flanquée de tourelles, lui confèrent une typologie urbaine de qualité. Un autre atout, non encore exploité, est la présence d'une friche urbaine proche des deux places.

La typologie architecturale couvre plusieurs périodes, du style Vauban à l'urbanisation des années 90. Le tissu urbain et dense, avec des espaces pavillonnaires et des immeubles d'habitat collectif. La rue principale se compose de bâtiments de style Louis XVI. La hauteur des bâtiments est de l'ordre de R+1 à R+2. D'un point de vue paysager, la ville bénéficie de deux beaux parcs (la zone du Glavion et l'étang du Cam).

L'état des lieux du centre-ville met en évidence plusieurs contraintes, telles que les nuisances sonores liées à l'axe routier très passant (route nationale), mais aussi l'absence de cheminement piéton continu. De plus, les deux places ne semblent pas être aménagées de façon conviviale. En effet, elles font essentiellement fonction de parcs de stationnement.

Du fait que la ville soit située à proximité de zones rurales, le flux de circulation doit être important. Le centre-ville est d'ailleurs rendu relativement attractif par la présence de services, d'activités et de commerces. De plus, la ville accueille un flux de touristes important (environ 40 000 visiteurs par an).

Paradoxalement, les commerces ne bénéficient pas de l'attrait touristique, puisque les cars stationnent mais ne circulent pas dans la ville. De toute façon ce sont des commerces assez peu attractifs pour les touristes (banques, coiffeurs, mutuelles).

Au regard de la typologie architecturale et de la présence de monuments classés, il est probable qu'il faille solliciter l'architecte des bâtiments de France pour toute rénovation ou requalification touchant aux espaces publics ou au patrimoine bâti.

B. Proposer des solutions d'aménagement de qualité

La problématique, au regard du diagnostic, est la valorisation du centre ancien par sa mise en valeur et la réappropriation de la friche urbaine. Une piste de réflexion est d'aménager un parking relais sur cette friche urbaine, de la restructurer avec des services (bureaux, commerces) et du logement afin de constituer un nouveau quartier intégré au centre-ville. Cet espace de stationnement permettrait de supprimer le stationnement existant sur les deux places et de les aménager en espace public de qualité. Il serait intéressant de donner à ces places un caractère paysager et un mobilier urbain en cohérence avec la typologie architecturale et de créer un lien historique avec le château et l'hôtel de ville. Il s'agit de rendre ces places aux piétons.

De plus, un nouveau plan de circulation tel qu'un plan de déplacement urbain pourrait être proposé afin d'étendre les cheminements piétons et cyclistes, c'est-à-dire favoriser les déplacements doux. Il sera également intéressant, en conformité avec la loi Accessibilité, de prévoir l'aménagement de places accessibles aux personnes à mobilité réduite, que ce soit pour les bâtiments, la voirie ou les transports publics.

Afin de valoriser les espaces publics et les équipements, il peut être proposé un plan lumière qui consiste en la mise en valeur des façades remarquables de nuit. On s'attachera à proposer des cheminements piétons paysagers afin d'avoir une continuité de lecture dans le centre-ville et entre les deux parcs.

Il s'agit d'organiser le partage de la voirie en fonction des différents usages. Les solutions proposées permettraient d'éviter de nombreux conflits entre usagers.

La problématique du développement commercial doit être abordée spécifiquement afin de favoriser l'installation de commerces notamment en lien avec le tourisme.

II. Organiser la phase opérationnelle

A. Préparer les différentes étapes de l'opération

Dans un premier temps, il s'agit de rédiger le cahier des charges de la réalisation d'une étude de programmation urbaine. La procédure adaptée pourrait être la procédure d'appel d'offres ou le marché de définition. Ce dernier présente l'avantage de faire concourir plusieurs équipes pluridisciplinaires et de récupérer les idées intéressantes dans chacune des équipes. Cependant, cette procédure à un coût, puisqu'il faut rémunérer les deux ou trois équipes sélectionnées.

Le cahier des charges se composera d'une première phase diagnostic, permettant de bien définir les contraintes, les points forts, la problématique du projet. Une seconde phase, appelée phase APS (avant-projet sommaire), envisage plusieurs scénarios d'aménagement. Puis, une phase APD (avant-projet détaillé) détaille le scénario d'aménagement retenu. Des phases conditionnelles peuvent être proposées, notamment l'organisation du bureau d'études dans la concertation et les réunions publiques, ou encore l'organisation de comités de pilotage ou d'instances de validation des différentes phases par les élus.

Il peut être proposé de solliciter une équipe pluridisciplinaire, composée d'urbanistes, d'architectes, de paysagistes, d'ingénieurs voirie.

Le cahier des charges devra préciser que les entreprises s'engagent sur un phasage. Les critères d'attribution du marché pourront d'ailleurs retenir le critère délais, prix et valeur technique au regard des références et de la constitution des équipes.

B. Mettre en place une démarche de concertation avec les habitants

La mise en œuvre de toute opération d'aménagement doit donner lieu à une concertation préalable. C'est une procédure qui tend à associer les habitants à la décision tout en laissant aux communes une grande liberté d'organisation.

La concertation est un enjeu majeur pour faire accepter le projet d'aménagement. Il peut être proposé d'organiser un dimanche sans voiture pour préfigurer le développement piéton et voir quelles peuvent être les difficultés de circulation. Une autre piste est de mettre en place un dispositif de démocratie participative, impliquant des réunions entre les usagers et les partenaires privés (commerçants) et publics (chambre de commerce, agents des services municipaux) et de lancer une campagne de communication constante sur le projet.

La concertation peut aussi se traduire par une enquête publique ayant pour objet d'informer le public et de recueillir ses appréciations, suggestions et autres propositions. D'autre part, le référendum local permet de solliciter les habitants sur un projet.

La concertation se doit d'être préalable lorsqu'elle est menée très en amont de la décision de réaliser, et opérationnelle lorsqu'elle associe l'utilisateur à la conception du projet ; enfin, il faut le tenir informé de l'avancement de l'opération.

Pour une plus grande efficacité, les réunions publiques pourront s'organiser de façon thématique, avec des sujets tels que « redynamiser le commerce », « repenser les déplacements », « valoriser les espaces publics ».

À l'issue de la concertation, le maire en présente le bilan devant son assemblée qui délibère. Cette délibération est une formalité obligatoire et son absence entraîne l'illégalité de l'opération d'aménagement. La concertation peut être associée à l'aide à la prise de décision, à une meilleure appropriation du projet et à la résolution de conflits.

Pour conclure, redynamiser un centre-ville nécessite de prendre en compte l'ensemble de la ville. Le nouvel espace devra concilier les différents usagers tels que les piétons, les véhicules, les cyclistes, et les différentes fonctions urbaines telles que l'habitation, le commerce, le tourisme, les services. En tant que technicien, il est nécessaire de bien définir l'ensemble des phases de mise en œuvre et de faire adhérer la population.

6

Les 9 épreuves orales possibles ont toutes une première partie fondée sur une présentation personnelle du candidat d'une durée de 5 minutes. Si les 15 minutes qui suivent ont un fil conducteur commun, des spécificités existent : il convient de s'y préparer.

L'ÉPREUVE ORALE D'ENTRETIEN

56

PRÉSENTATION DE L'ÉPREUVE PAR CONCOURS/EXAMEN

L'ÉPREUVE ORALE CONCOURS EXTERNES

Cette fiche vous présente de façon détaillée le déroulement ainsi que les attendus de l'épreuve d'entretien au concours externe. Elle doit vous permettre de construire votre plan de révision et d'être fin prêt pour le jour J. Le sujet 4 en fin de partie vous donne un exemple d'entretien et de questions auxquelles vous pourriez avoir à répondre.

1. La définition de l'épreuve pour les deux concours externes

La définition réglementaire de cette épreuve est la suivante :
– pour le **concours externe de technicien territorial** : « l'épreuve d'admission se compose d'un entretien ayant pour point de départ un exposé du candidat sur sa formation et son projet professionnel permettant au jury d'apprécier ses **motivations** et son **aptitude** à exercer les missions dévolues au cadre d'emplois, notamment dans la spécialité choisie par le candidat (durée totale de l'entretien : 20 minutes, dont 5 minutes au plus d'exposé ; coefficient 1) » ;
– pour le **concours externe de TP 2** : « l'épreuve d'admission consiste en un entretien ayant pour point de départ un exposé du candidat sur sa formation et son projet professionnel permettant au jury d'apprécier ses **connaissances** dans la spécialité choisie, ses **motivations** et son **aptitude** à exercer les missions dévolues au cadre d'emplois (durée totale de l'entretien : 20 minutes, dont 5 minutes au plus d'exposé ; coefficient 1) ».

À partir de cette définition, l'organisateur du concours peut préciser différents éléments concernant le déroulement ou les attendus de l'épreuve. Cette formalisation constitue une note de cadrage que vous pouvez éventuellement trouver sur le site internet du centre de gestion auprès duquel vous vous êtes inscrit.

Un déroulé commun aux deux épreuves orales pourrait être :
– présentation personnelle : 5 minutes ;
– questions sur la spécialité : 5 minutes ;
– questions sur la motivation, la conception de la fonction, la capacité d'encadrement, l'expérience : 5 minutes ;
– questions institutionnelles : 5 minutes

2. Le jury

Eu égard à la réglementation concernant l'organisation du concours, le jury est composé au minimum de trois personnes : un élu, un spécialiste (technicien ou ingénieur) dans votre spécialité et un cadre territorial. Ces profils différents mais complémentaires reflètent la réalité de votre futur poste au sein d'une collectivité. Ainsi, vous devez veiller, lors de vos réponses aux questions, à vous adresser à tous les membres du jury. C'est-à-dire que même pour des questions techniques, vos réponses doivent être compréhensibles par un non-technicien : vous devez faire preuve de pédagogie dans votre communication.

Un autre aspect important concerne votre attitude vis-à-vis du jury : certes, vous êtes candidat et vous passez un concours mais le jury attend des réponses d'un futur technicien et non d'un élève. Vous n'êtes pas à un oral scolaire ou universitaire durant lequel vous récitez un cours. Il faut que vous ayez la même attitude que pour un entretien d'embauche. Afin que vous soyez convaincu que vous passez un entretien de recrutement, sachez que le jury, à l'issue de l'épreuve, se pose souvent la question : est-ce que j'aimerais avoir cette personne dans mon équipe ? Aurais-je envie de travailler avec elle ?

Enfin, sachez que parmi les candidats, il y a un certain nombre de faux externes. Les faux externes sont des agents recrutés par des collectivités sous statut de contractuel. Ils sont en contrat à durée déterminée. Ils exercent depuis 6 mois ou un an et ont ainsi une certaine connaissance du fonctionnement territorial. Vous devez donc prévoir une vraie campagne de préparation pour être parmi les meilleurs et réussir votre concours.

Pour réussir votre préparation, il est fortement recommandé de commencer celle-ci entre 6 mois et un an avant le concours en vous construisant, à partir de vos lectures, des petites fiches sur l'ensemble des thèmes pouvant être abordés (*cf.* au paragraphe 8 un exemple de fiche).

3. Votre présentation

La réglementation de cette épreuve impose un temps de présentation. Ce temps vous appartient, c'est-à-dire que le jury ne vous interrompra pas ni ne vous posera de questions ; il est donc très important d'utiliser tout le temps qui vous est donné. En effet, si l'on vous demande de vous présenter en 5 minutes et que vous avez terminé au bout de 3 minutes, le jury reprendra la main et cela fera 2 minutes de questions en plus.

4. Les questions sur la spécialité

Lorsque le jury commence à vous poser des questions, elles portent sur la spécialité.

Vous devez organiser vos révisions à partir du programme réglementaire que vous pouvez trouver sur le site national des centres de gestion : www.uncdg.fr.

À la lecture de ce programme, vous constaterez qu'il est assez vaste et qu'il sort du champ purement technique avec des thématiques transversales : la gestion et l'encadrement d'un service, l'hygiène, la santé et la sécurité, etc.

Si vous estimez devoir renforcer vos connaissances, vous trouverez une bibliographie concernant les concours de technicien sur le site : www.grandecouronne.cnfpt.fr.

Une autre possibilité est d'utiliser une encyclopédie en ligne accessible gratuitement comme par exemple le site : http://fr.wikipedia.org/wiki/Accueil.

Toujours dans le domaine de la spécialité, il est également nécessaire de s'intéresser aux problématiques techniques au sein des collectivités. Pour cela, deux revues ne doivent plus vous quitter dans les 6 mois précédents le concours : une revue bimensuelle portant sur les aspects techniques, juridiques, réglementaires et statutaires, *Techni.Cités* (www.territorial.fr) et une revue hebdomadaire sur les travaux publics, *Le Moniteur des travaux publics et du bâtiment* (www.lemoniteur-expert.com).

Attention : le programme officiel du concours « découpe » chaque spécialité en plusieurs « sous-spécialités » numérotées 1.1, 1.2 etc. Mais il ne s'agit en aucun cas d'options. Vous devez donc connaître l'ensemble de votre spécialité, même si le jury pourra choisir d'orienter ses questions en fonction de votre présentation.

5. Les questions sur l'environnement professionnel

En ce qui concerne l'environnement professionnel, il n'existe pas de programme officiel. La notion d'environnement professionnel englobe alors des thématiques aussi diverses que : la culture territoriale, les finances publiques, le management, etc.

Vous vous étonnerez peut-être de trouver mention de ce type de questions dans cette méthode alors qu'elles ne sont pas indiquées dans le libellé officiel de l'épreuve. Mais n'oubliez pas que les jurys utiliseront ces questions pour mesurer votre motivation et vos capacités d'intégration.

5.1. La culture territoriale

Voilà un thème que les candidats travaillent rarement et pourtant !

Envisageriez-vous de postuler à un emploi dans la société X et de vous présenter à l'entretien d'embauche ne sachant rien sur l'entreprise, ses produits, ses effectifs et implantations, ses grands projets ?

Quand vous passez un concours pour intégrer la fonction publique territoriale, vous devez vous intéresser à son fonctionnement et à son actualité.

De plus, sachez que le jury comporte nécessairement un élu qui, en général, est particulièrement sensible aux connaissances du candidat dans ce domaine.

Pour acquérir la culture territoriale indispensable, plusieurs outils sont envisageables :

- www.vie-publique.fr pour tout savoir sur les dossiers d'actualité de la vie publique et pour tester sa culture territoriale ;
- www.amf.asso.fr pour avoir le regard des élus sur les problématiques des collectivités (l'association des Maires de France – abonnement gratuit à un mail quotidien ou hebdomadaire) ;
- un livre clair, complet et ludique de Marine Derkenne, *Découvrir la vie publique locale*, éditions du CNFPT, Paris, 2011 ;
- un livre de synthèses de cours suivies de questions pour se tester : *Fonction publique mode d'emploi*, collection Pass, éditions Foucher, réédition en 2011.

Sachez que la question de la culture territoriale est systématiquement abordée dans les rapports de jury. En effet, quel que soit le concours, les jurys déplorent l'inculture des candidats dans ce domaine. Ce manque de connaissance, et donc de préparation, fait perdre des points à de nombreux candidats. Sachant que la réussite à un concours peut se jouer à un dixième de points… Vous savez donc ce qui vous reste à faire pour faire la différence avec les autres candidats et réussir votre concours.

5.2. Les finances publiques

L'expression « finances publiques » recouvre les questions juridiques et financières des collectivités. Cela nécessite de s'intéresser au budget d'une collectivité : les différentes étapes budgétaires, les recettes, les dépenses, etc.

Il est également nécessaire d'acquérir les connaissances de base concernant l'acte d'achat dans une collectivité, à savoir les marchés publics.

Les ressources mentionnées plus haut au 5.1 sont également intéressantes pour ces questions.

Pour tout ce qui concerne l'environnement territorial des collectivités, la revue hebdomadaire *La Gazette des communes* (www.lagazettedescommunes.com) ne doit pas vous quitter durant toute la durée de votre préparation.

6. Les motivations

La question des motivations est formulée dans la définition réglementaire de l'épreuve.

C'est un point important que vous devez également préparer. Il est indispensable que vous vous posiez les questions suivantes et que vous en prépariez les réponses : pourquoi je passe ce concours ? Pourquoi je souhaite intégrer la fonction publique territoriale ? Quel est mon projet professionnel ? etc.

7. La fin de l'entretien

Afin d'assurer l'égalité de traitement des candidats, la durée de l'épreuve doit être la même pour tous. Ainsi, ne soyez pas étonné que le jury vous coupe la parole au bout de 20 minutes exactement (un minuteur sonore assurant le timing) sans vous laisser le temps de terminer votre phrase.

Bien que la durée de l'entretien puisse vous paraître longue avant l'épreuve elle-même, la majorité des candidats, et notamment ceux qui se sont bien préparés, dit que le temps est passé très vite et que cela leur a semblé très court.

Attention : votre sentiment à l'issue de cette épreuve peut ne pas refléter la réalité.

En effet, certains candidats ont trouvé les questions faciles, ont toujours su répondre et n'ont jamais été mis en difficulté. Cela peut être dû au fait que le jury, en raison de la faiblesse du candidat, n'a pas pu approfondir tel ou tel domaine. Et la note risque de ne pas être en phase avec le ressenti du candidat.

Inversement, si vous vous êtes bien préparé, et que vous avez le sentiment d'avoir eu des questions variées et de plus en plus pointues sans pouvoir y répondre parfois, cela peut vouloir dire que le jury a cherché à vous pousser dans vos retranchements dans le but de faire monter votre note. Et plutôt que d'avoir 15 sur 20, vous aurez 17 ou 18 sur 20.

8. Un exemple de fiche de révision

Exemple **Fiche de révision concernant la délégation de service public (DSP)**

Définition

Une DSP est un contrat par lequel la collectivité territoriale (CT) confie la gestion d'un service public dont elle a la responsabilité à un délégataire public ou privé.

La rémunération est pour partie liée aux résultats d'exploitation du service.

Elle est assurée pour tout ou partie par l'usager.

Le délégataire peut être chargé de construire des ouvrages ou d'acquérir des biens nécessaires au service.

Généralités

La DSP échappe au code des marchés publics (MP), car dans le cadre des MP, la rémunération du prestataire est assurée par un prix versé par la CT qui en supporte donc le risque.

Cette différence face aux risques encourus explique que la DSP ne soit pas soumise aux MP.

Régie par la loi Sapin de 1993, la DSP se fait *via* une discussion entre le délégataire et le délégant de la CT (maire ou président). Celui-ci choisit le délégataire.

L'assemblée délibérante doit approuver le choix du délégant.

Les 4 formes de DSP

La concession

La CT charge le concessionnaire de réaliser un ouvrage public (frais d'investissement) et de gérer un service à ses frais (frais d'exploitation). En contrepartie, il exploite le service et perçoit des redevances des usagers.

La CT étant dégagée de toute charge financière d'investissement, le concessionnaire assume les risques d'exploitation à ses risques et périls et les biens acquis par le concessionnaire reviennent au concédant à l'expiration de la concession.

En contrepartie, la durée de la concession est supérieure à celle de l'affermage, plus de 20 ans.

Parfois utilisée pour l'eau et l'assainissement, la concession intervient pour le transport, le stationnement.

L'affermage

À la différence de la concession, seule l'exploitation est confiée au concédant et pas la réalisation d'ouvrages.

S'il perçoit une redevance pour service rendu auprès des usagers, il doit reverser une partie de ses recettes à la CT ; cette somme est généralement appelée « surtaxe » (ou fermage ou loyer), car la CT doit assurer le renouvellement des équipements.

Le fermage est convenu à l'avance et il est indépendant des résultats d'exploitation.

Généralement utilisé pour l'eau potable et l'assainissement, on le retrouve parfois pour la gestion de certains aéroports.

La régie intéressée

La CT confie à une personne publique ou privée (le régisseur) la gestion d'un service public.
Le régisseur assure le contact avec l'usager et exécute les travaux courants, mais il agit pour le compte de la CT, moyennant une rémunération forfaitaire versée par celle-ci et liée à la qualité du service (résultats d'exploitation) ainsi qu'une partie fixe sous forme de redevance.
Cet « intéressement » limite les risques financiers que le régisseur doit supporter.
La CT conservant la responsabilité financière de l'exploitation, le risque pèse sur elle.
Les biens sont financés par la CT délégante et mis à la disposition du régisseur.
Cela concerne souvent des travaux d'entretien mais pas des travaux importants (comme dans une concession).
La gestion du service public de l'eau potable par le syndicat des eaux de l'Île-de-France est assurée par un contrat de régie intéressée.

La gérance

La CT confie au délégataire, le gérant, le soin de faire fonctionner un service public.
Le gérant perçoit directement les recettes d'exploitation auprès des usagers moyennant une rémunération forfaitaire versée par la CT.
Mais le gérant n'est pas intéressé aux résultats, les risques financiers sont donc très réduits pour lui et la CT empoche les résultats positifs.

Attention : le but de cet exemple est de vous montrer à quoi peut ressembler une fiche de révision sur une thématique liée à la culture territoriale, la délégation de service public. On y trouve les différents types de délégation en montrant les avantages et inconvénients pour la collectivité. Mais les connaissances s'acquièrent, non pas en récupérant de-ci de-là des exemples de fiches, mais en faisant vous-même ce travail de synthèse à partir des lectures et recherches. Et cela demande du temps.

57

PRÉSENTATION DE L'ÉPREUVE PAR CONCOURS/EXAMEN

L'ÉPREUVE ORALE CONCOURS INTERNES ET 3e VOIE

Cette fiche vous présente de façon détaillée le déroulement ainsi que les attendus de l'épreuve d'entretien aux concours internes et de 3e voie. Elle doit vous permettre de construire votre plan de révision et d'être fin prêt pour le jour J. Le sujet 5 en fin de partie vous donne un exemple d'entretien et de questions auxquelles vous pourriez avoir à répondre.

1. La définition de l'épreuve

– La définition réglementaire de cette épreuve est la suivante :
- pour le **concours interne de technicien** : « l'épreuve d'admission se compose d'un entretien ayant pour point de départ un exposé du candidat sur les **acquis de son expérience** permettant au jury d'apprécier ses **motivations** et son **aptitude à exercer les missions** dévolues au cadre d'emplois, notamment dans la spécialité choisie par le candidat (durée totale de l'entretien : 20 minutes, dont 5 minutes au plus d'exposé ; coefficient 1) » ;
- pour le **concours de 3e voie de technicien** : « l'épreuve d'admission consiste en un entretien ayant pour point de départ un exposé du candidat sur les **acquis de son expérience** permettant au jury d'apprécier ses **connaissances**, son **aptitude à exercer les missions** dévolues au cadre d'emplois ainsi que sa **capacité à s'intégrer dans l'environnement professionnel** (durée totale de l'entretien : 20 minutes, dont 5 minutes au plus d'exposé ; coefficient 1) » ;
- pour le **concours interne de TP2** : « l'épreuve d'admission consiste en un entretien ayant pour point de départ un exposé du candidat sur les **acquis de son expérience** et des **questions sur la spécialité** au titre de laquelle le candidat concourt (durée totale de l'entretien : 20 minutes, coefficient 1) » ;
- pour le **concours de 3e voie de TP2** : « l'épreuve d'admission consiste en un entretien ayant pour point de départ un exposé du candidat sur les **acquis de son expérience** permettant au jury d'apprécier ses **connaissances**, son **aptitude à exercer les missions** dévolues au cadre d'emplois ainsi que sa **capacité à s'intégrer dans l'environnement professionnel** (durée totale de l'entretien : 20 minutes, dont 5 minutes au plus exposé ; coefficient 1) ».

– À partir de cette définition, l'organisateur du concours peut préciser différents éléments concernant le déroulement ou les attendus de l'épreuve. Cette formalisation constitue une note de cadrage que vous pouvez éventuellement trouver sur le site internet du centre de gestion auprès duquel vous vous êtes inscrit.

– Un déroulé commun aux quatre épreuves orales pourrait être :
- présentation personnelle : 5 minutes ;
- questions sur la spécialité (pour les internes) ou questions techniques générales (pour les 3e voie) : 5 minutes ;
- questions sur la motivation, la conception de la fonction, la capacité d'encadrement, l'expérience : 5 minutes ;
- questions institutionnelles : 5 minutes.

2. Le jury

Voir Fiche 56. L'épreuve orale Concours externe, paragraphe 2. Le jury.
Voir l'exemple de fiche au paragraphe 8 pour un candidat inscrit dans la spécialité « Bâtiments, génie civil ».

3. Votre présentation

Voir Fiche 56. L'épreuve orale Concours externe, paragraphe 3. Votre présentation.

4. Les questions sur la spécialité

Une différence importante entre les 2 concours internes et les 2 concours de 3e voie : le libellé de l'épreuve pour les concours internes prévoit des questions sur la spécialité choisie par le candidat, mais pas pour les 3e concours.
Voir Fiche 56. L'épreuve orale Concours externe, paragraphe 4. Les questions sur la spécialité.

5. Les questions sur l'environnement professionnel

Voir Fiche 56. L'épreuve orale Concours externe, paragraphe 5. Les questions sur l'environnement professionnel.

6. Les motivations

Voir Fiche 56. L'épreuve orale Concours externe, paragraphe 6. Les motivations.

7. La fin de l'entretien

Voir Fiche 56. L'épreuve orale Concours externe, paragraphe 7. La fin de l'entretien.

8. Un exemple de fiche de révision

Exemple **Fiche de révision pour un candidat interne inscrit dans la spécialité « Bâtiments, génie civil », concernant les énergies renouvelables (ENR)**

Enjeux

Prendre en compte la hausse durable des énergies fossiles (pétrole, charbon, uranium) et lutter contre le changement climatique et les gaz à effet de serre.

Réglementation

Afin de prendre en compte cet enjeu, la réglementation est de plus en plus présente :
- RT 2005 ;
- loi-programme d'orientation de l'énergie (loi POPE) du 13 juillet 2005 ;
- plan soleil « Hélios 2006 ».

La loi POPE

Cette loi défini les grandes orientations de la politique énergétique de la France.
Elle complète la législation actuelle dans les domaines de : la maîtrise de l'énergie ; les ENR ; la qualité du réseau de transport ; la distribution d'électricité.
Elle fixe des objectifs en termes de progression d'utilisation pour les moyens de production électrique et les ENR (une augmentation de 50 % de la contribution des ENR).
Elle propose de nouveaux outils incitatifs : crédits d'impôts et certificat d'économie d'énergie.
Concernant l'utilisation des ENR, la France est en retard et se situe au 11e rang européen.

Le plan soleil

L'objectif de ce plan est l'augmentation des chauffe-eau solaires (CES) individuels et collectifs et le développement des planchers solaires directs (PSD).
Actuellement, 3 500 PSD sont installés, essentiellement en montagne. Le principe est de faire circuler directement le fluide chauffé par les panneaux solaires dans le plancher (dalle béton). Celui-ci joue le rôle de stockage de chaleur en restituant la nuit l'énergie captée la journée. Il est nécessairement associé à un chauffage d'appoint complémentaire.

La géothermie

La géothermie, c'est-à-dire l'exploitation de la chaleur du sous-sol, se caractérise par sa grande diversité : des ressources géothermales exploitables, des applications, des techniques utilisées, des tailles d'opérations.
Le BRGM distingue les filières suivantes :
- les moyennes et hautes énergies (de 100 à 180 °C et plus de 180 °C) permettent de produire de l'électricité ;

– la basse énergie (entre 30 et 100 °C) est la technique la plus courante, elle est appliquée dans le chauffage urbain et dans la production d'eau chaude pour piscine publique, serres agricoles, etc. Elle nécessite des forages entre 1 000 et 2 000 m. Utilisée par exemple en région parisienne et aquitaine, elle permet de chauffer de grands ensembles immobiliers, 160 000 actuellement ;
– la très basse énergie (moins de 30 °C) est utilisée pour le chauffage ou le rafraîchissement de bâtiments. La température étant trop basse, elle ne peut être exploitée directement et nécessite une pompe à chaleur (PAC).
Depuis 2003, à Besançon, 28 logements sociaux sont chauffés *via* des PAC.
On note également :
– les puits provençaux ou canadiens consistant à faire circuler de l'air à faible vitesse dans des canalisations destinées au renouvellement de l'ambiance intérieure des locaux ;
– la récupération de chaleur des mines et tunnels abandonnés (pas d'exemple en France) ;
– les fondations géothermiques ou pieux énergétiques consistant, *via* les fondations, à capter l'énergie et à l'exploiter *via* une PAC (cinéma à Montargis)
Les PAC
Les PAC ont un rendement excellent et permettent un retour sur investissement rapide.
Actuellement, en France, 8 % des maisons neuves sont équipées de PAC, on envisage 30 % en 2015. À comparer aux 40 % en Suisse et 90 % en Suède.
Il existe des aides techniques (ADEME, BRGM) et financières (ADEME et région).
La technique des PAC est peu connue des maîtres d'ouvrage en raison :
– des méconnaissances des potentialités qu'offre le sous-sol ;
– des difficultés d'associer pour le montage du projet, deux domaines différents, thermique du bâtiment et thermique du sous-sol ;
– du peu de professionnels compétents dans ce domaine ;
– de la réglementation du sous-sol mal connue et complexe ;
– des coûts d'investissement *a priori* élevés.

Les capteurs solaires thermiques

Bien que tout le territoire français reçoive un rayonnement solaire suffisant pour utiliser cette technique, les chantiers solaires sont peu nombreux.
La loi POPE prévoit 200 000 CES et 50 000 toits solaires par an en 2010.
Le potentiel est très important avec plus de 10 millions de logements en collectif.
L'énergie solaire ne couvrant que 40 à 60 % des besoins en eau chaude, l'installation doit obligatoirement être conçue avec une énergie d'appoint permettant d'assurer le débit et la température d'eau chaude nécessaire. Une installation bien conçue doit prendre en compte le potentiel local ainsi que les besoins tout au long de l'année. Le recours au solaire est plus judicieux pour des besoins constants (logements collectifs, établissements de santé, maisons de retraite, etc.) qu'irréguliers (lycées, piscines découvertes, etc.).
En cas de réhabilitation, le diagnostic du bâtiment doit être fait, car il ne sert à rien d'installer un système performant si l'isolation ou le chauffage d'appoint sont défaillants.

Le photovoltaïque

La pose de capteurs photovoltaïques permet de transformer la lumière du soleil en énergie électrique. L'inconvénient du coût est réduit par un large subventionnement, surtout en zone rurale. De plus, EDF a l'obligation de racheter l'excédent de l'énergie produite.
Le retour sur investissement est en moyenne de 11 ans.

Les éoliennes

L'utilisation en isolé est possible mais elle présente quelques difficultés d'ordre esthétique, de place ou de sécurité.
Dans le cas isolé, elle est associée à une PAC et des panneaux photovoltaïques.
En 2006, dans le Pas-de-Calais, une éolienne horizontale est installée sur le toit d'un immeuble HLM de 40 logements (5 m de long et 3 m de diamètre maxi). La consommation étant irrégulière et le stockage de l'électricité étant difficile, l'électricité produite est revendue à EDF. L'éolienne produit l'équivalent de la consommation annuelle nécessaire pour les parties communes. On note des recherches prometteuses du côté des éoliennes à axe vertical (compactes et silencieuses).

La microcentrale hydroélectrique

Certains bâtiments situés près d'une rivière peuvent en être équipés. Il en existe 1 700 en France. Millau teste cet équipement en exploitant une petite chute d'eau inférieure à 2 m. L'électricité produite est revendue à EDF et équivaut à la consommation annuelle de 200 familles. Le retour sur investissement est estimé à 5 ans.

La microcogénération

Cela consiste en une production combinée de chaleur et d'électricité. L'installation (turbine ou moteur) produit de l'électricité et la chaleur produite par le fonctionnement de l'installation est récupérée pour chauffer les bâtiments.

Cette technologie est adaptée pour les hôpitaux, les piscines, les grands équipements scolaires, etc. Il en existe 20 en France. Depuis 1980, Aulnay-sous-bois, *via* son unité de cogénération, alimente 4 300 logements HLM. Grâce à la revente à EDF, la facture d'électricité baisse de 20 %. Actuellement, la rentabilité est incertaine et afin d'y remédier, la France propose une fiscalité favorable et l'obligation pour EDF d'acheter l'électricité produite à un prix attractif (comme pour les autres ENR).

Les microturbines d'eau potable

Cela consiste à mettre à profit la gravité et le relief montagneux pour créer de l'énergie à partir du réseau d'eau potable. Une hauteur de chute suffisante et un débit significatif et constant sont les deux conditions indispensables. La communauté d'agglomération de Nice a placé (en 2006) 3 microturbines sur le réseau d'eau potable de la ville. L'électricité produite est revendue à EDF, cela équivaut à la consommation annuelle du tramway. Le retour sur investissement est évalué à 5 ans.

Le biogaz

Cela consiste à produire du biogaz à partir :

– de la fermentation des boues d'une station d'épuration, ex. : la communauté urbaine de Lille envisage en 2007 de faire rouler 100 de ses 150 bus grâce à cette énergie ;

– ou de déchets ménagers ou verts (méthanisation des déchets), ex. : un projet en cours à Montpellier.

La biomasse

C'est la production d'énergie à partir du bois et des produits agricoles (locaux).

En 2005, le bois a fourni à Jonzac (17) 85 % des besoins du réseau de chaleur communal.

Le plan local d'urbanisme en cours va s'organiser autour de ce réseau.

À terme, 95 % des besoins seront fournis *via* le bois.

Le retour sur investissement d'une chaufferie bois est en moyenne de 10 ans.

La conception bioclimatique

Contrairement aux idées reçues, la prise en compte des techniques bioclimatiques n'est ni contraignante ni onéreuse, il suffit d'adapter au projet un certain nombre de solutions techniques adaptées aux contraintes architecturales locales :

– orientation de la construction (éviter les surchauffes estivales) ;

– tenir compte des vents dominants (implanter en cuvette ou prévoir une butte) ;

– prévoir les pièces peu fréquentées au nord ;

– maîtriser l'ensoleillement *via* des écrans extérieurs (stores, débords de toiture, brise-soleil, etc.) ;

– favoriser l'inertie des bâtiments en prévoyant des murs et des sols épais et massiques ;

– éviter les confinements de la chaleur (prévoir une VMC) ;

– penser à l'effet rafraîchissant des plans d'eaux ;

– utiliser une végétation adaptée ;

– choisir de bons matériaux (bois, terre, etc.).

Attention : le but de cet exemple est de vous montrer à quoi peut ressembler une fiche de révision sur une thématique assez vaste, les énergies renouvelables. On y trouve les différentes technologies avec avantages, inconvénients et coûts. Ce qui est également important, c'est de pouvoir donner des exemples de réalisation. Mais les connaissances s'acquièrent, non pas en récupérant de-ci de-là des exemples de fiches, mais en faisant ce travail de synthèse à partir de lectures et recherches. Et cela demande du temps.

58

PRÉSENTATION DE L'ÉPREUVE PAR CONCOURS/EXAMEN

L'ÉPREUVE ORALE EXAMENS PROFESSIONNELS

Cette fiche vous présente de façon détaillée le déroulement ainsi que les attendus de l'épreuve d'entretien aux examens professionnels. Elle doit vous permettre de construire votre plan de révision et d'être fin prêt pour le jour J. Le sujet 6 en fin de partie vous donne un exemple d'entretien et de questions auxquelles vous pourriez avoir à répondre.

1. La définition de l'épreuve

– La définition réglementaire de cette épreuve pour les trois examens possibles (deux pour accéder au grade de TP 2 et un pour accéder au grade de technicien principal 1) est la suivante :

- pour **l'examen professionnel de technicien territorial** : « l'épreuve d'admission consiste en un entretien ayant pour point de départ un exposé du candidat portant sur son expérience professionnelle ; elle se poursuit par des questions visant à permettre d'apprécier les facultés d'analyse et de réflexion du candidat ainsi que son aptitude et sa motivation à exercer les missions incombant au cadre d'emplois (durée : 20 minutes, dont 5 minutes au plus d'exposé ; coefficient 2) » ;
- pour **l'examen professionnel de TP2** : « l'épreuve orale consiste en un entretien ayant pour point de départ un exposé du candidat portant sur son expérience professionnelle ; elle se poursuit par des questions techniques, notamment dans la spécialité au titre de laquelle le candidat concourt (durée : 20 minutes, dont 5 minutes au plus d'exposé ; coefficient 1) » ;
- pour **l'examen professionnel de TP1** : « l'épreuve orale consiste en un entretien ayant pour point de départ un exposé du candidat portant sur son expérience professionnelle ; elle se poursuit par des questions visant à permettre d'apprécier les facultés d'analyse et de réflexion du candidat, ses connaissances techniques ainsi que sa motivation et son aptitude à exercer les missions du cadre d'emplois et à encadrer une équipe (durée : 20 minutes, dont 5 minutes au plus exposé ; coefficient 2) ».

– À partir de cette définition, l'organisateur de l'examen professionnel peut préciser différents éléments concernant le déroulement ou les attendus de l'épreuve. Cette formalisation constitue une note de cadrage que vous pouvez éventuellement trouver sur le site internet du centre de gestion auprès duquel vous vous êtes inscrit.

2. Le jury

Voir Fiche 56. L'épreuve orale Concours externe, paragraphe 2. Le jury.

3. Votre présentation

La réglementation de cette épreuve parle d'un temps de présentation. Vous devez donc vous préparer minutieusement à vous présenter en 5 minutes, ni plus ni moins. Afin d'assurer l'égalité de traitement entre les candidats, le jury reprendra la parole au bout des 5 minutes même si vous n'avez pas terminé. Ce temps vous appartient, c'est-à-dire que le jury ne vous interrompra ni ne vous posera de questions ; il est donc très important d'utiliser tout le temps qui vous est donné. En effet, si votre présentation ne dure que 3 minutes, le jury reprendra la main et cela fera 2 minutes de questions en plus.

4. Les questions sur l'environnement professionnel

Voir Fiche 56. L'épreuve orale Concours externe, paragraphe 5. Les questions sur l'environnement professionnel.

5. La motivation

Voir Fiche 56. L'épreuve orale Concours externe, paragraphe 6. Les motivations.

6. Le management

L'aptitude au management est un élément important à préparer car c'est une des fonctions importantes d'un technicien principal. Même si vous n'avez pas été en situation de manager durant vos 4 ou 10 années au moins d'expérience professionnelle passée, vous avez été en situation de « managé ». Ainsi, vous avez été en position d'observateur de situations de management qui ont pu poser des problèmes. Analysez-les afin de mettre en avant les attitudes favorisant un bon encadrement et permettant à une équipe d'atteindre collectivement les objectifs fixés par le manager dans le respect du service public.

7. La fin de l'entretien

Voir Fiche 56. L'épreuve orale Concours externe, paragraphe 7. La fin de l'entretien.

8. Un exemple de fiche de révision

Exemple **Fiche de révision concernant la problématique des collectivités face au bruit**

Contexte

Selon une étude de l'INSEE de 2002, 54 % des habitants d'agglomérations de plus de 50 000 habitants se déclarent gênés par le bruit à leur domicile.

En tant que maître d'ouvrage, autorité compétente en matière d'urbanisme, officier de police judiciaire et garant de la tranquillité publique, le maire se doit de prendre les responsabilités qui lui incombent en la matière.

La réglementation

La directive européenne relative au bruit de 2002, transposée en droit français, imposera la mise en place de plans d'action à l'échelle locale sur la base de cadastre d'exposition au bruit.

Les échéances sont les suivantes :

- en 2008 pour les agglomérations de plus de 250 000 habitants ;
- en 2013 pour les agglomérations de plus de 100 000 habitants.

Dans le 1er cas, la cartographie devra être rendue accessible au public avant le 30 juin 2007.

Les cartes devront être mise à jour tous les cinq ans.

Les autorités compétentes pour établir ces cartes sont les établissements publics de coopération intercommunale (EPCI). En l'absence d'EPCI, la responsabilité incombe au maire.

Les trois outils d'action sont : la prévention, la protection et la répression.

L'outil

Pour lutter efficacement contre les nuisances sonores, l'outil idéal reste la cartographie, une technique qui permet de localiser en un clin d'œil les zones bruyantes et les populations exposées. Elle permet également de simuler différentes hypothèses d'aménagement et de choisir les plus efficaces.

Il existe une vingtaine de logiciels sur le marché dont deux français.

L'utilisation de logiciels n'empêche pas de valider les résultats sur le terrain à l'aide de sonomètre. Ces contre-mesures permettent d'affiner les résultats.

Les cartes réalisées serviront de base de discussion à la réalisation de plans d'action qui, comme les cartes, devront être accessibles au public.

Remarques

La plus grande difficulté concerne l'évaluation du trafic routier, car la directive européenne demande de calculer un niveau sonore moyen tenant compte du trafic jour, soir et nuit.

Pour cela, il n'est pas inutile de recueillir le comptage du trafic à l'heure et de réfléchir à l'échelle de l'agglomération, de la communauté voire du département.

Le coût

On estime que la cartographie des nuisances sonores coûte entre 100 000 et 300 000 euros pour une agglomération de plus de 250 000 habitants.

Le CRIF (conseil régional d'Île-de-France) est la seule région qui apporte un soutien financier aux plans de lutte contre le bruit (entre 30 et 50 % selon les actions).

Des exemples

Boulogne-Billancourt (92) boucle son 2e plan de lutte contre le bruit.

Les actions concernent notamment :

– la maîtrise du bruit des interventions et équipements municipaux ;

– l'amélioration du confort acoustique des bâtiments (faux plafonds acoustiques, moquette dans les cantines, etc.).

Le plan a en outre mis l'accent sur la sensibilisation du public et notamment les propriétaires des 2 roues.

Fontenay-aux-roses (92) s'attaque plus globalement aux bruits des transports *via* :

– la baisse de la vitesse de 50 à 30 km/h (– 2,5 dB) ;

– la pose de revêtements routiers antibruit (– 7 dB) ;

– l'installation de murs de protection (– 15 dB).

Rôle du PLU

Les plans locaux d'urbanisme (PLU) et les permis de construire (PC) sont censés être de véritables outils de prévention des nuisances sonores.

Le Code de l'urbanisme stipule que le PLU permet d'assurer :

– la réduction des nuisances sonores ;

– la prévention des pollutions et des nuisances de toutes natures.

Attention : le but de cet exemple est de vous montrer à quoi peut ressembler une fiche de révision sur une thématique liée à la problématique du bruit. On y trouve la législation en vigueur, le rôle des collectivités et la responsabilité de l'exécutif ainsi que des exemples. Mais les connaissances s'acquièrent, non pas en récupérant de-ci de-là des exemples de fiches, mais en faisant ce travail de synthèse à partir de lectures et recherches. Et cela demande du temps.

59 LA PRÉSENTATION PERSONNELLE
ATTEINDRE DES OBJECTIFS

La présentation personnelle est obligatoire pour tous les candidats qui sont déclarés admissibles. Sa durée, fixée réglementairement à 5 minutes, nécessite qu'elle soit préparée minutieusement.

1. Respecter l'organisation classique d'une présentation

Lors de votre présentation, vous devez toujours informer le jury sur :
- votre identité ;
- votre parcours scolaire et éventuellement universitaire ;
- votre déroulement de carrière ;
- vos ambitions professionnelles.

Attention, beaucoup de candidats oublient de respecter la durée fixée pour leur présentation. Certains développent trop leur expérience professionnelle passée et n'ont alors plus le temps d'exprimer leurs motivations par exemple. Or il faut savoir que le jury vous interrompra une fois le temps octroyé écoulé. Il ne faut pas compter sur sa clémence car laisser plus de temps à un candidat qu'à un autre constituerait une rupture de l'égalité de traitement.

Dès lors vous devez vous préparer à votre présentation en vous entraînant de nombreuses fois pour valider une durée précise : 5 minutes.

2. Intéresser le jury

Le but essentiel de la présentation personnelle est de montrer au jury que vous maîtrisez votre carrière professionnelle et donc que votre présence à l'oral du concours ou de l'examen professionnel de technicien territorial, de TP2 ou de TP1 n'est pas le fruit du hasard, ni de la chance.

Il doit donc y avoir une logique dans la présentation personnelle, logique qui convaincra le jury que vous êtes un technicien territorial (principal) en puissance.

Vous devez absolument intéresser le jury : celui-ci entend une vingtaine de candidats dans la même journée !

Pour y parvenir :
- montrez au jury que vous êtes intéressé par ce que vous faites ou voulez faire ;
- convainquez-le de votre potentiel ;
- démontrez-lui que vous savez exactement quelles sont les fonctions d'un technicien territorial ;
- affirmez-vous en tant que cadre B et plus seulement en tant qu'agent de catégorie C ;
- prouvez que les fonctions que vous remplissez sont bien celles d'un technicien territorial ou principal (pour ceux qui sont sur un poste de catégorie B) ;
- partagez avec le jury votre passion pour la dimension technique de votre métier.

3. Maîtriser la durée de la présentation

Pour une présentation de 5 minutes, basez-vous sur le découpage suivant :
- rappel de votre identité et de votre parcours scolaire : 30 secondes ;
- énoncé de votre expérience professionnelle passée : 2 minutes ;
- analyse de vos fonctions actuelles : 2 minutes ;
- explication de vos motivations : 30 secondes.

Pour atteindre cet objectif, respectez les différentes étapes des fiches suivantes.

60 LA PRÉSENTATION PERSONNELLE
RAPPELER SON CURSUS SCOLAIRE

Après avoir rappelé au jury son identité, tout candidat qui se présente commence par indiquer les études qu'il a suivies. Que celles-ci aient été longues ou courtes importe peu. Ces informations ont simplement pour objectif de permettre au jury de mieux comprendre votre parcours.

1. Votre identité

Rappeler son identité peut sembler anecdotique, d'autant plus que le jury vous a fait signer la feuille de présence et qu'il sait donc fort bien quels sont vos nom et son prénom. Mais ce qui compte, ce n'est pas le contenu de ce rappel mais la façon dont il est exprimé. Comparons les trois exemples suivants :

Exemple **1.** Durand Pierre, j'ai obtenu en 1980...

2. Je m'appelle Pierre Durand. J'ai un CAP...

3. Je suis Pierre Durand. Mon parcours scolaire s'est achevé...

Dans le premier exemple, le candidat se montre sec, trop direct. Il semble remplir un formulaire en commençant par son nom de famille puis son prénom.

Dans le deuxième exemple, le candidat est déjà plus ouvert. Il utilise un verbe et commence par son prénom puis son nom.

Dans le troisième exemple, le candidat, en utilisant le verbe être s'inscrit dans une relation de personne à personne avec le jury et plus seulement dans l'énoncé d'informations. Ainsi il montre qu'il a un savoir-être synonyme ici d'un faire-savoir qui instaure un climat de confiance avec le jury.

Précisons qu'il n'est pas nécessaire d'indiquer au jury votre âge ni votre situation familiale. En effet le fait d'être marié ou pas, d'avoir des enfants ou pas ne sont pas des éléments qui permettent au jury de tirer telle ou telle conclusion d'ordre professionnel.

2. Le parcours scolaire du candidat

Après avoir rappelé votre prénom et votre nom, vous informerez le jury du diplôme le plus élevé obtenu. L'important n'est pas de posséder un diplôme supérieur à celui des autres candidats, mais simplement de permettre au jury de bien percevoir votre parcours. Le jury souhaite simplement comprendre l'enchaînement qui vous a conduit de votre diplôme à vos fonctions passées ou présentes. Si vous avez quitté le système scolaire sans diplôme, indiquez simplement si vous avez un niveau de fin de cinquième ou de fin de troisième, par exemple.

En revanche, si dans le cadre de vos études, vous avez fait un ou plusieurs stages qui ont été à l'origine de choix professionnels, il est important que vous les mentionniez.

De même, si vous avez repris vos études en parallèle à votre vie professionnelle ou durant une période de recherche d'emploi, mentionnez-le.

Voici quelques exemples bien jugés par les jurys.

Exemple **1.** Je suis Estelle Mialhe et je suis titulaire d'un BTS horticole que j'ai obtenu en 2005. En fin de première année, j'ai fait un stage à la direction des espaces verts d'un conseil général, ce qui m'a permis de découvrir le monde des collectivités territoriales.

2. Je suis François Clerc. C'est en 1992 que j'ai obtenu un BEP en électricité, juste avant de partir accomplir mon service militaire.

61 LA PRÉSENTATION PERSONNELLE

VALORISER SES EXPÉRIENCES PASSÉES

Indiquer ses expériences dans le secteur privé ou dans le service public ne consiste pas à réciter un curriculum vitae. Il convient de se valoriser (tout en restant modeste) afin de démontrer ses compétences de technicien (principal).

1. La justesse et la précision des informations données au jury

Vous devez mettre en valeur les compétences que vous avez développées et qui sont nécessaires à l'exercice des fonctions de technicien supérieur. Ainsi seront appréciées par le jury des compétences en matière de management, de gestion de budget, de montage de projets, etc.

Vous devrez en outre fournir au jury des dates ou des durées correspondant à telle ou telle activité.

Si vous avez quitté le secteur privé pour entrer dans une collectivité, expliquez-vous sans détour ; ce peut être par le hasard d'une offre d'emploi, ou bien par un parent ou un ami qui vous aura fait découvrir le monde des collectivités. L'important n'est pas la façon dont vous êtes entré dans une collectivité mais les raisons pour lesquelles vous y êtes resté.

De même, il ne faudra pas occulter une période de recherche d'emploi, situation qui n'a rien de honteux et qui est souvent due à un licenciement économique.

L'important est de se montrer honnête, car si jamais vous cachez quelque chose et que le jury le découvre, il aura par la suite bien du mal à vous faire confiance.

2. Deux minutes pour une présentation chronologique

Pour réussir ce rappel de votre passé, nous vous conseillons la démarche suivante :
- décomposez-le en périodes d'activités différentes ;
- analysez chacune de vos activités pour souligner l'intérêt de ce que vous avez fait ;
- insistez sur les fonctions qui sont semblables à celles d'un technicien supérieur ;
- montrez la logique, si elle existe, du passage d'une activité à une autre ;
- mettez en lumière les expériences qui ont développé vos compétences.

L'expression chronologique de ces différentes périodes ne doit pas durer plus de deux minutes sur les cinq octroyées, car il faut également expliquer vos fonctions présentes.

Voici un exemple de ce qu'un candidat pourrait dire pour indiquer au jury son parcours jusqu'à son poste actuel. Cet exemple est reproduit comme s'il s'agissait d'un enregistrement pour montrer que, si le cadre doit être le même pour tous, la façon de s'exprimer, les choix de vocabulaire varient évidemment d'un candidat à l'autre.

Exemple Je suis Alain Leroux. J'ai intégré la fonction publique à la suite des conseils d'un membre de ma famille déjà en poste dans une collectivité de l'Est de la France dont je suis originaire.

Titulaire d'un BEPC en 1991, j'ai obtenu le niveau Bac Mécanique générale en 1994 et suis entré dans la fonction publique territoriale sur concours externe de contremaître le 1er décembre 1997 dans ma commune. J'avais alors 21 ans et je venais d'être libéré de mes obligations militaires sur un service de 16 mois au sein de la gendarmerie, au grade de brigadier.

À l'époque, j'ai donc été affecté à la régie bâtiment comprenant 10 agents, comme adjoint au service, mais dès 1998, j'ai demandé à mon DST d'intégrer le bureau d'études ou tout corps d'État avec une prédominance plutôt en voirie, réseaux divers où je me sentais plus à l'aise.

En 2001, je deviens agent de maîtrise qualifié par avancement.
De 2001 à 2005, le maire et le DST me demandent de gérer le service urbanisme durant le congé longue maladie d'une de mes collègues. J'accepte le défi en suivant une formation en urbanisme de 5 jours au CNFPT, le reste étant appris « sur le tas ».
Le 1er janvier 2005, je suis nommé agent de maîtrise principal toujours par avancement de grade mais pour une courte durée de 8 mois seulement car les nouveaux textes de lois intègrent tous les agents de maîtrise principaux avec une certaine ancienneté au grade de contrôleur territorial.
Durant ces années, j'ai suivi de nombreux stages et formations en voirie et en bâtiment avec un certificat de prévention Établissements recevant du public en juin 2000 et une formation de coordonnateur Sécurité et protection de la santé de niveau 3 en avril 2001. L'ensemble suivi avec le CNFPT.
C'est en août 2005 que j'ai l'opportunité d'obtenir une mutation sur le poste que j'occupe actuellement dont les fonctions sont les suivantes...

62 LA PRÉSENTATION PERSONNELLE
EXPLIQUER SES FONCTIONS

Beaucoup de candidats passent trop de temps à expliquer leur expérience passée. Même si celle-ci est très riche il faut l'exprimer de manière synthétique de façon à conserver une part importante des cinq minutes pour parler de vos missions actuelles.

1. S'interroger sur ses fonctions actuelles

En tant que candidat, vous devez analyser précisément vos fonctions actuelles afin d'éviter un catalogue et de le remplacer par une expression raisonnée.

Voici les quelques questions auxquelles il faut répondre pour exprimer ses fonctions présentes :
- quelles sont les missions que j'accomplis ?
- quelle est leur importance qualitative ?
- quelle est leur importance quantitative ?
- quelles sont celles que je préfère ?
- quelles sont celles que j'aime le moins ?
- quelles sont les personnes (collègues, fournisseurs...) avec qui je travaille ?
- quelles méthodes de travail ai-je développées ?
- comment est-ce que je communique ?
- quel est l'impact de ce que je fais sur la collectivité ?
- quelle veille culturelle ai-je mise en place ?
- quelles sont les compétences nécessaires à mes fonctions ?
- mes fonctions ont-elles évolué depuis que je suis à ce poste ?
- que puis-je tirer de ma fiche de poste ?
- si je n'ai pas de fiche de poste, comment en bâtir une ?

2. Organiser la présentation de ses fonctions actuelles

À partir des réponses aux questions précédentes, construisez un canevas basé sur :
- l'importance quantitative de vos fonctions ;
- leur intérêt pour vous ;
- leur valeur pour la collectivité.

L'important est d'avoir une organisation qui traduit le fait que vous êtes organisé.

En voici une illustration de nouveau sous la forme d'une restitution d'une présentation « enregistrée ». Cette illustration ne présente que les fonctions présentes du candidat.

Exemple ... Ainsi, les différentes missions qui me sont confiées se répartissent en quatre axes majeurs :

– accompagner les collectivités par rapport à la politique de l'eau du département, pour une bonne compréhension et pour optimiser leur action lors du financement de travaux liés à l'eau ;

– suivre les schémas directeurs d'assainissement, pour aboutir à une planification et hiérarchisation des actions à entreprendre, toujours en fonction de la politique en vigueur ;

– participer aux partenariats existants entre les différents financeurs que sont l'Agence de l'eau, la région et le conseil général, afin d'avoir une cohérence dans les programmes d'action en fonction des différentes politiques d'aide ;

– suivre le budget des autorisations des paiements, sous la responsabilité du chef de service dans le cadre des aides apportées et de l'appui technique lors des SDA et contrats quinquennaux.
Ce cadre professionnel, avec son organisation et sa méthode de travail, a été des plus formateur pendant les trois années passées en relation avec la hiérarchie départementale. Certainement aussi, cela a représenté une valeur ajoutée forte que j'ai appliquée dès mon arrivée en 2005 en tant que directeur technique dans un syndicat d'eau potable de la région Île-de-France, comme je vous l'ai expliqué.
À ce jour, je multiplie les réunions d'information auprès des élus sur le conseil et l'alerte des risques techniques, juridiques et économiques que peut comporter une DSP dans le cadre d'un produit alimentaire. Pour me permettre d'apporter les bonnes informations et dans une gestion d'anticipation, j'effectue des réunions mensuelles avec les services de la police de l'eau et de la DDASS, en présence du responsable qualité et hygiène de l'exploitant. Ces réunions nous servent à échanger sur les différentes attentes de la filière de production et de distribution du syndicat et sur les évolutions réglementaires en cours.
Aujourd'hui, cette mission de conseil, qui nécessite une cohésion importante entre l'exécutif et les services, me permet d'avoir une réactivité forte lors de la mise en application des décisions prises. C'est cette mission de conseil que je préfère parmi les fonctions qui sont les miennes.

63 LA PRÉSENTATION PERSONNELLE

EXPRIMER SA MOTIVATION

Dans cette dernière partie de la présentation, le candidat doit indiquer au jury les raisons pour lesquelles il souhaite devenir technicien territorial (principal).

1. Les arguments pour exprimer votre motivation

À travers ce que vous venez de dire, vous avez déjà exprimé vos motivations. En effet, si vous avez fait passer au jury le message suivant : « J'aime ce que je fais. », alors, il n'est quasiment pas nécessaire de le redire. Mais un candidat à l'examen professionnel, qui est sur un poste d'agent de maîtrise et qui souhaite devenir technicien territorial devra reprendre ou rappeler ses motivations.

Pour y parvenir, plusieurs arguments sont possibles :

– la volonté d'avoir plus de responsabilité ou des responsabilités précises ;
– l'envie de donner un nouveau départ à sa carrière ;
– l'opportunité d'un poste de technicien (principal) à pourvoir dans sa collectivité ;
– un besoin de légitimer ses fonctions (pour celui qui est sur un poste de TST ou de technicien principal mais qui n'en a pas le grade).

Exemple Si je passe le troisième concours de technicien territorial, c'est pour continuer à participer aux missions de service public des collectivités territoriales. Je souhaite poursuivre mon investissement pour que des spectacles de qualité soient montés et présentés aux spectateurs. En tant que titulaire, je pourrai avoir une action à long terme et voir réaliser les projets que m'auront confiés les élus.

2. Le découpage de la présentation

Cette motivation ne peut pas s'exprimer en plus de 30 secondes, ce qui donne pour une présentation de 5 minutes le découpage suivant :

– rappel de son identité et de son parcours scolaire : 30 secondes.
– énoncé de son expérience professionnelle passée : 2 minutes.
– analyse de ses fonctions actuelles : 2 minutes.
– explication de ses motivations : 30 secondes.

À chacun d'ajuster ce découpage en fonction de sa situation personnelle, de son vécu, de son parcours scolaire ; etc.

64 LA PRÉSENTATION PERSONNELLE

GARDER UN PROJET EN RÉSERVE

Terminons cette « présentation de la présentation » en proposant au candidat de réfléchir à un projet qu'il aurait à mener à bien dans sa collectivité ou qu'il aurait déjà réalisé. C'est en effet une question qui revient souvent : « Pourriez-vous nous parler d'un projet passé, présent ou futur ? » Vous devez donc y réfléchir car ce projet doit être exposé de manière structurée.

1. Plan type du projet

Un plan possible pourrait être :
- énoncé de ce projet ;
- réalisation depuis la conception jusqu'à la mise en service ;
- rôle du technicien, si le candidat est déjà sur un poste de technicien ;
- rôle de l'agent (en position par exemple d'agent de maîtrise) en comparant ce rôle avec celui qu'a eu ou qu'aurait eu à jouer un technicien ;
- intérêt des fonctions de technicien sur ce projet ;
- analyse/bilan du projet.

Un tel développement peut être intégré dans l'exposé des motivations si vous avez peur d'être un peu court. Si vous pensez que votre présentation est suffisamment nourrie, vous pouvez conserver ce projet en réserve pour une éventuelle question.

2. Développement du projet

Voici un exemple de projet qui ne pourrait pas être exprimé durant la présentation mais qui contient tous les paramètres énoncés ci-dessus. De nouveau il est rédigé sous la forme d'un « enregistrement ».

Exemple Le projet professionnel que je compte vous présenter est l'aménagement de l'ensemble du centre-ville en VRD, assainissement et espaces verts. Ces travaux ont été réalisés durant 9 mois de mars à novembre 2007. Ceux-ci ont été étudiés par mes soins 2 ans auparavant. Ils font l'objet de 2 contrats de subventions : un départemental à hauteur de 20 %, l'autre régional à hauteur de 30 %.

Après avoir réalisé les plans, l'étude de faisabilité et l'enveloppe financière qui s'élevait à 860 000 € TTC, les dossiers ont été envoyés pour validation auprès de nos partenaires. C'est seulement en 2007 que les travaux voient le jour après que le syndicat intercommunal d'assainissement a réalisé une chaussée réservoir d'une capacité de 800 m^3 sous l'artère principale. Travaux dont la maîtrise d'œuvre était confiée à la DDE.

Les travaux communaux ainsi engagés consistent à transformer un ancien carrefour de feux en plateau surélevé comprenant un giratoire avec priorité à gauche. Celui-ci rendait inutile la mise en conformité de la signalisation tricolore dont les travaux s'élevaient à 50 000 € TTC (travaux de mise aux normes rendus obligatoires par la CE avant la fin 2005).

Le projet demande d'apporter un doublement des places de parking à proximité des commerces et de donner une esthétique toute particulière en termes de revêtement et d'espaces verts. La modernisation d'un espace ludique pour enfant de 2 à 6 ans d'un montant de 60 000 € TTC fait partie du projet et le respect de normes aux PMR également. (C'est cet ensemble d'esthétisme et de mise aux normes des PMR qui nous valent ces 2 contrats de subventions)

La commune a d'ailleurs passé un contrat avec un bureau d'études spécialisé sur ce sujet pour prendre en compte le handicap dans et sur les lieux publics pour toute la ville.

L'ensemble de ces travaux a duré 5 mois pour la partie assainissement dont j'étais le représentant du maître d'ouvrage et 4 mois pour la partie VRD, espaces verts, jeux et éclairage public dont cette fois j'étais représentant du maître d'ouvrage et maître d'œuvre à la fois.
Avant d'entreprendre ces travaux, j'ai associé l'ensemble des concessionnaires pour le renouvellement de leur réseau et l'enfouissement de certaines portions du câblage EDF subventionné à hauteur de 40 %.
Une touche toute particulière a été apportée à l'éclairage par la pose de candélabres de style en fonte aluminium. Ces derniers sont une vitrine pour la société de fabrication dont l'usine est en Espagne et dont les premiers lampadaires en France ont été mis en place sur notre commune. Cela nous vaudra la parution de notre centre-ville en photo dans leur prochain catalogue européen.

65 RÉPONDRE AUX QUESTIONS DU JURY

STRUCTURER SA RÉPONSE

Les questions du jury, qu'elles portent sur la spécialité, la motivation ou l'environnement professionnel du candidat, ne sont précédées d'aucun temps de préparation pour le candidat. Celui-ci se doit néanmoins de proposer une ou des réponses structurées.

1. Répondre de façon logique et structurée

Lors de la réponse aux questions, il s'agit de parler à la première personne, soit « je ». Ceci indique sa prise de position et une affirmation de soi, de sa personnalité.

Exemple Une phrase introductive peut être : « Dans un premier temps, je vais vous présenter ma situation professionnelle, puis mes motivations pour acquérir ce grade de technicien territorial ».

La réponse est ensuite structurée en un plan composé d'une courte introduction, d'un développement et d'une conclusion.

L'introduction présente le sujet et son contexte, dévoile le champ de réponse que le candidat décide de traiter dans sa réponse et expose la problématique du sujet.

Le développement doit être clair, pertinent, riche de propos techniques (attendus par le spécialiste), de prise de hauteur et de vue d'ensemble dans un contexte territorial (apprécié par le généraliste) mais aussi accessible et cohérent pour le décideur (l'élu).

Enfin, la conclusion retrace les points forts de l'exposé et donne une ouverture, permettant de faire rebondir le jury.

À l'issue des questions d'ordre général ou portant sur la spécialité, suivent des questions du jury relatives à l'expérience professionnelle du candidat, à ses motivations, au management, et à l'environnement territorial.

Le jury peut aussi exposer à l'agent une mise en situation, apparentée à un cas pratique, à une situation de travail susceptible d'être rencontrée dans l'exercice de l'activité professionnelle.

Il n'y a pas de réponse type. L'essentiel est de bien argumenter, de ne pas être superficiel, d'avoir un discours professionnel, avec une vue d'ensemble de la problématique, et de citer des exemples pertinents.

2. Ne pas se déstabiliser au cours de l'entretien

Les réponses aux questions doivent être argumentées ; on ne se contente pas de répondre simplement par oui ou par non.

Au cours de cet exercice de communication, le candidat a le droit de ne pas être d'accord avec l'un des membres du jury, mais il convient de rester courtois, de maintenir sa position s'il la croit pertinente. Il doit montrer qu'il est capable de soutenir une discussion, de donner son avis, de s'engager. Un élu a besoin d'un technicien professionnel, capable d'exposer une situation et des pistes de réflexion, tout en sachant aussi se plier à une décision.

Toutes les réponses sont jugées en fonction du grade de technicien (principal). C'est-à-dire que le jury attend du candidat qu'il ait un niveau de réflexion et d'appréhension des questions correspondant à la fonction et aux missions confiées à un technicien (principal). Les connaissances doivent être actualisées et à jour des nouvelles normes, lois, et décrets d'application.

Attention aux sigles et au jargon propres à chaque métier. Le discours doit être soutenu techniquement mais aussi compréhensible pour le membre de jury professionnel généraliste et l'élu. Les sigles sont donc développés et les termes très spécifiques expliqués brièvement.

L'essentiel est de bien écouter la question, rester attentif et prendre un bref moment de réflexion pour structurer sa réponse et, surtout, pour ne pas proposer une réponse hors sujet.

Le candidat doit montrer qu'il ne se laisse pas impressionner, malgré son stress tout à fait normal et compréhensible au regard de l'enjeu que représente le concours.

Le temps doit être bien géré. Il ne s'agit pas de faire des réponses trop courtes, ni de trop développer au risque de frustrer le jury qui ne pourra pas poser suffisamment de questions ou qui devra interrompre systématiquement le candidat. Il faut savoir argumenter avec précision et clarté, de façon riche mais synthétique.

La note finale est une appréciation de l'ensemble de l'entretien. Cependant, une grille d'évaluation permet de juger les connaissances techniques, l'expérience professionnelle, la présentation du candidat, son comportement et ses compétences managériales. Il ne faut à aucun moment de l'entretien se décourager. Une question à laquelle on n'a pas su répondre ne signifie pas un échec à l'épreuve.

66

RÉPONDRE AUX QUESTIONS DU JURY

LES QUESTIONS LIÉES À LA SPÉCIALITÉ

Plusieurs types de questions relatives à la spécialité peuvent être posés. Il s'agit de bien comprendre le sujet, c'est-à-dire de bien définir le champ de réponse que l'on souhaite apporter et traiter. En effet, il y a différents types de sujets en fonction de la spécialité choisie.

1. Les questions de connaissances

Certains sujets sont ciblés et appellent une réponse de professionnel de la spécialité, tels que : « Parlez-nous de la démolition des logements sociaux » ou « Parlez-nous de la gestion des déchets ».

C'est à vous, en tant que candidat, d'acquérir ces connaissances. Plusieurs revues s'avèrent utiles à la préparation, telles que des revues spécialisées (*Diagonal*, *Paysage et aménagement*), techniques (*Techni.Cités*, *Le Moniteur*) ou plus générales (*La Gazette des communes*, *La Lettre du cadre territorial*).

Exemple **« Que pensez-vous de la technique de microtranchée ? »**

Les collectivités territoriales assurent le passage de plusieurs réseaux. Une collectivité peut même devenir opérateur sur un territoire. Son intervention permet de mobiliser des financements inaccessibles au secteur privé. Plusieurs réseaux sont concernés, tels que les réseaux de télécommunications, le câblage lié à la vidéosurveillance, la fibre optique pour la télégestion, par exemple.

La microtranchée présente plusieurs avantages :

- elle facilite l'acceptation des travaux par les élus, et les riverains ;
- elle coûte moins cher ;
- elle gêne moins, en termes de nuisances sonores et de circulation, que la tranchée traditionnelle ;
- les travaux sont aussi réalisés plus rapidement. On estime un avancement de 400 mètres par jour pour la microtranchée, contre 35 mètres en tranchées traditionnelles. La perturbation est ainsi réduite pour les riverains. Avec la microtranchée, les réseaux de télécommunications, comme le haut-débit, sont enterrés à 40 cm seulement sur 10 cm de large environ. Moins creuser, déblayer moins de terre, c'est gagner du temps ;
- de plus, elle ne dégrade pas la chaussée.

Cependant, elle ne s'adapte pas à tous les types de chantier. Ainsi, avant d'utiliser cette technique, il faut réaliser des sondages de sol, éventuellement des passages caméra dans les réseaux et s'assurer que la technique de microtranchée est bien adaptée.

Pour conclure, les riverains supportent de moins en moins les travaux d'aménagement urbain, en particulier dans les centres-villes. Les nuisances occasionnées, telles que le bruit, la poussière, les problèmes de sécurité, perturbent l'activité économique. Les techniques de microtranchée apportent une solution intéressante pour les collectivités locales, en limitant les perturbations.

2. Les questions de réflexion

Les questions de réflexion font appel à l'esprit d'analyse du candidat.

L'épreuve est un entretien de professionnel à professionnel. Vous devez débattre avec des professionnels (techniciens ou ingénieurs) et élus, de la même manière que vous vous comportez dans une réunion. Vous pouvez défendre vos idées, du moment qu'elles sont bien argumentées.

Par contre, il ne faudra pas avoir un discours trop partial. Là encore, il s'agit d'un entretien professionnel, qui ne doit pas dévoiler vos idées politiques ou de société. Un technicien (principal) doit être force de propositions techniques et se doit d'être sous l'exécution de son supérieur ou au service des élus quels que soient leurs arbitrages. Un technicien (principal) a aussi un rôle de conseil, il doit exposer les solutions techniques avec leurs avantages et leurs inconvénients et appliquer les décisions retenues par les élus, seuls décideurs.

Ainsi, les questions de réflexion nécessitent bien sûr des connaissances, mais permettent d'aller plus loin et d'avoir une réflexion de technicien territorial par rapport à un sujet donné. Il ne s'agit donc pas d'une question de cours, mais bien d'une question d'analyse critique.

Exemple **« Que pensez-vous de l'e-administration intercommunale ? »**

Il faut comprendre : « En tant que technicien principal, que pensez-vous de l'e-administration intercommunale ? ».

Dans ce domaine, l'intercommunalité peut jouer un rôle convaincant, en particulier auprès des plus petites communes. Elle peut en effet proposer de mutualiser les achats de matériels informatiques ou de logiciels. L'établissement public de coopération intercommunale (EPCI) a également la possibilité de fournir un service de maintenance ou encore de soutien technique.

Ceci représente une première étape vers un système d'information partagé. Élaborer un tel système d'information suppose de réfléchir aux procédures suivies par chaque commune et, souvent, de les modifier. Il faut alors s'assurer de l'accord préalable des élus concernés.

Il peut aussi être mis en place un SIG (système d'information géographique). Cet outil d'aide à la décision permet de satisfaire un besoin d'information mais ouvre aussi la possibilité d'interaction entre les communes membres. Au-delà du SIG, le système d'information intercommunal prend souvent la forme d'un extranet destiné aux collectivités membres. Celui de la communauté de communes Jura Sud propose ainsi des documents administratifs, des ressources internes, les agendas des élus, une messagerie et un forum.

D'autres collectivités mettent en place des échanges dématérialisés, simplifiant les procédures entre les communes membres et l'EPCI. C'est le cas à Lille métropole communauté urbaine, qui a choisi de dématérialiser la procédure du droit de préemption urbain.

Ainsi, l'intercommunalité semble être une échelle pertinente de territoire pour mettre en place l'e-administration.

67

RÉPONDRE AUX QUESTIONS DU JURY

LES QUESTIONS ORGANISATIONNELLES

Les questions organisationnelles font appel à la notion de gestion des équipes et à la mise en place d'une organisation pour suivre les opérations confiées au technicien. Conduire, planifier, organiser, communiquer, contrôler sont les maîtres mots pour un technicien qui gère une organisation.

Il s'agit pour le jury de déterminer la capacité du candidat à se projeter en tant que technicien territorial (principal) qui organise le travail de son équipe. En effet, le grade catégorie B de technicien correspond souvent à un rôle de chef d'équipe et donc d'encadrement de plusieurs agents. De plus, le technicien territorial est souvent amené à travailler avec d'autres services ou directions. Il doit donc travailler en transversalité. Il peut aussi être positionné, plus rarement, en tant que chef de projet.

Enfin, savoir déléguer fait partie des qualités et des missions d'un technicien territorial.

Exemple **« Comment feriez-vous pour organiser votre équipe ? »**

Dans un premier temps, je recenserai les compétences de chaque membre de mon équipe. Cela peut se traduire par l'élaboration de fiches de postes par agent. Il s'agit de bien savoir qui peut faire quoi.

Il faut aussi mettre en place une organisation efficace. Dans le cas d'opérations d'envergure nécessitant une certaine relation de partenariat et de transversalité, il peut être intéressant de travailler en mode projet. Le mode projet influe sur le fonctionnement du service ou de l'équipe. L'information des agents est primordiale dans ce domaine.

De même, il faut savoir passer d'un mode de communication orale à un minimum de communication écrite incluant des comptes rendus, le rôle et les fonctions de chaque membre de l'équipe. L'objectif visé est de renforcer l'implication des agents territoriaux et de garantir l'efficacité d'une organisation partagée.

Ensuite, je mettrai en œuvre des outils de gestion, de planification et d'analyse, tels que l'élaboration de tableaux de bord, de plannings et de réunions. Ces outils permettent d'avoir un regard sur l'ensemble des missions confiées au service, de pouvoir suivre leur évolution et éventuellement de pouvoir améliorer l'efficacité et la qualité du service. Tout ceci ne peut fonctionner qu'avec beaucoup de communication auprès des agents pour éviter qu'ils ne se sentent espionnés et pour leur faire comprendre qu'il s'agit de motiver l'ensemble de l'équipe.

Un élément essentiel dans l'organisation d'une équipe est de savoir déléguer. Ce n'est pas se débarrasser d'une activité, d'un dossier ou d'un problème mais construire une relation de confiance et de continuité avec un collaborateur. Je devrai donc organiser, faire des choix, motiver l'équipe et favoriser le développement personnel de chacun. En tant que responsable, je dois donc déléguer. Cela créera de la cohésion dans l'équipe et me libérera du temps pour me consacrer à mes missions. Je donnerai une date de début et de fin à chaque mission, je contrôlerai le résultat en laissant l'agent s'organiser, en lui donnant les moyens de réaliser ce qui lui est demandé, en choisissant la bonne personne pour la mission confiée. Déléguer est une marque de confiance mais n'exclut pas le contrôle.

Pour conclure, organiser une équipe est un acte de management essentiel.

68

RÉPONDRE AUX QUESTIONS DU JURY

LES QUESTIONS MANAGÉRIALES

Les questions de management font partie des missions confiées au technicien (principal).

1. Objectif des questions managériales

Les questions managériales permettent au jury de mesurer comment le technicien principal sera capable de diriger, motiver, responsabiliser une équipe ou un agent. On parle de management organisationnel ou encore de management stratégique. Le management demande d'avoir une certaine personnalité dans la prise des décisions et s'apprend.

2. Traitement d'un sujet

Exemple **« Pour vous, qu'est-ce qu'un bon manager ? »**

– Un bon manager doit tout d'abord être à l'écoute de ses collaborateurs. En effet, l'équipe produit des idées, émet des critiques, propose des solutions. Les équipes doivent travailler de manière transversale et ont l'habitude d'échanger des idées : ceci est propice à la créativité.

– Le rôle du manager est important dans ces moments collectifs mais aussi lors des rencontres individuelles, en tête-à-tête ou en petit comité, au cours desquelles il sera attentif aux idées émises. Il devra alors pousser son collaborateur à rendre son idée opérationnelle, c'est-à-dire à passer à sa mise en application. Le bon manager technicien doit aussi savoir refuser une idée saugrenue ou peu réaliste, ou encore trop coûteuse. Tout ceci doit absolument s'exprimer dans un climat de confiance. Le manager qui aura tendance à « tirer la couverture à lui » sera vite à court de participation !

– La reconnaissance est un des moteurs de la motivation. Un bon manager doit donc s'attacher à valoriser les idées de ses collaborateurs, les retombées seront favorables pour le manager comme pour l'agent.

– Un autre élément majeur est de savoir motiver son équipe. Le rôle du manager est de plus en plus celui d'un meneur d'hommes et de femmes : faire gagner, trouver les ressources, la motivation, accompagner le développement des compétences de chacun. Il ne suffit pas d'être un technicien reconnu pour être un bon responsable, il faut également agir sur des leviers pour que l'équipe suive. Ces leviers sont la communication, la confiance, la responsabilisation et l'animation. J'insiste sur la responsabilisation car en déléguant des tâches, au-delà de la confiance accordée, j'offre à mon collaborateur la possibilité d'agir directement et de faire preuve d'initiative.

– La prise de décision collective est un élément déterminant de la motivation de l'équipe. Elle permet de se retrouver autour d'un thème pour y réfléchir, envisager des solutions et faire appel à la créativité des membres de l'équipe. Chacun doit pouvoir s'exprimer, donner son avis et s'engager. Il est aussi possible de nommer dans l'équipe un collaborateur référent sur un sujet particulier.

– Un manager, le technicien, doit aussi savoir rendre compte à sa hiérarchie. Un bon manager fait le lien entre ses supérieurs et son équipe.

– Enfin, un bon manager est celui qui sait régler un conflit avant qu'il ne dégénère. Les conflits naissent souvent d'un défaut de communication ou d'une mauvaise communication. Afin de mettre fin à une telle situation, je rencontre la personne avec laquelle je suis en désaccord pour négocier avec elle, avant de m'adresser à un tiers, mon supérieur, si vraiment je n'arrive pas à trouver un accord. J'essaie le plus possible de m'en tenir aux faits et ne pas verser dans l'affectif. En ultime recours, le devoir d'un bon manager est de proposer une sanction. Cependant, dans un environnement de travail en équipe, les conflits sont inévitables et peuvent être preuve de dynamisme et de créativité. Il faut prendre en compte le plus tôt possible le conflit pour éviter qu'il ne prenne des proportions trop importantes.

69

RÉPONDRE AUX QUESTIONS DU JURY

LES QUESTIONS JURIDIQUES

Les questions juridiques regroupent divers domaines tels que la commande publique, l'organisation des décisions au sein des collectivités, le rôle de l'État, etc.

1. Objectif des questions juridiques

Un technicien (principal) doit maîtriser l'organisation des décisions, telle que la mise en œuvre des commissions thématiques, des bureaux municipaux ou communautaires, des conseils municipaux ou communautaires, les décisions ou délibérations, la notification des marchés publics.

De plus, pour un technicien territorial il est important de maîtriser l'ensemble des procédures liées à la commande publique, c'est-à-dire les seuils de procédure, les délais de publication, la constitution des dossiers de consultation des entreprises (DCE).

2. Connaissances utiles sur les règles de la commande publique

Le Code des marchés publics et son décret du 1er août 2006 s'imposent aux collectivités locales. Ils concernent les achats de fournitures, de travaux et de services.

2.1. Les pièces constitutives d'un marché public

L'acte d'engagement (AE) : précise le prix du marché, la durée d'exécution ou les dates prévisionnelles de début d'exécution et d'achèvement, les conditions de réception ou d'admission des prestations, les conditions de règlement et les délais de paiement.

Le règlement de consultation (RC) : indique l'objet de la consultation, la procédure de passation du marché, la date de remise des offres.

Le cahier des clauses techniques particulières (CCTP) : comporte des recommandations techniques spécifiques à l'opération et à l'objet du marché.

Le cahier des clauses administratives particulières (CCAP) : est un document contractuel qui prend en compte les spécifications administratives propres au marché.

Le bordereau des prix unitaires (BPU) ou le détail quantitatif estimatif (DQE) : précise l'objet des prix et les quantités.

2.2. Les seuils et l'application des procédures

Les seuils imposent le principal moyen de détermination de la procédure applicable. Ils représentent la valeur pécuniaire au-dessus de laquelle une procédure prévue s'applique obligatoirement, ou en dessous de laquelle cette procédure devient facultative. Pour les collectivités locales, un autre vecteur que les seuils doit être pris en compte, tel que la nature de l'achat (fournitures et services/travaux).

Pour les marchés de fournitures ou de services égaux ou supérieurs à 193 000 € HT, il y a obligation de recourir soit à l'appel d'offres, soit aux procédures spécifiques dans des cas limitatifs (procédure négociée, dialogue compétitif, concours). Lorsque l'achat de fournitures ou de services est d'un montant inférieur à 193 000 € hors taxes, le marché peut être passé selon une procédure adaptée (MAPA : marché à procédure adaptée).

Pour les travaux compris entre 193 000 € HT et 4 845 000 € HT, il est possible de recourir à n'importe quelle procédure, sauf la procédure adaptée. Par contre, pour les opérations de travaux supérieurs à 4 845 000 € HT, il faut recourir à l'appel d'offres.

Les marchés de travaux compris entre 90 000 € et 4 845 000 € doivent faire l'objet d'une publication dans le bulletin officiel des annonces des marchés publics (BOAMP) ou dans un journal d'annonces légales (JAL) et, si nécessaire, dans la presse spécialisée. Au-dessus de 4 845 000 €, la publication au BOAMP et au journal officiel de l'Union européenne (JOUE) est obligatoire.

Quelle que soit la nature de l'achat, il n'est pas nécessaire de faire de publicité ni de mettre en concurrence pour un montant inférieur à 4 000 € hors taxes.

Montant (en € HT)	Travaux	Fournitures ou services
< 4 000	Pas de publicité ni de mise en concurrence	
de 4 000 à 90 000	MAPA	MAPA
de 90 000 à 206 000	Procédures adaptées avec publication au BOAMP ou JAL et presse spécialisée	MAPA
≥ 206 000	Appel d'offres	Appel d'offres BOAMP et JOUE
de 206 000 à 5 150 000	Procédures formalisées : appel d'offres, procédure négociée…	Appel d'offres
> 5 150 000	Appel d'offres Publication au JOUE et BOAMP	Appel d'offres

3. Traitement d'un sujet

Exemple **« Que savez-vous du contrôle de légalité ? »**

Pour garantir aux citoyens un État de droit, la Constitution confie aux préfets le contrôle de légalité. Une circulaire de janvier 2006 recentre le contrôle de légalité sur trois priorités. Tout d'abord, l'intercommunalité est évoquée, notamment le contrôle sur l'exercice des compétences, en particulier par le biais de la définition de l'intérêt communautaire, du transfert effectif des moyens et des personnes affectés à la compétence transférée et par la mise en œuvre des dispositions des lois.

Ensuite, la commande publique est abordée, avec la non-obligation de transmission au contrôle de légalité des marchés conclus suivant la procédure adaptée, car inférieures à 193 000 € hors taxes. Le contrôle est recentré sur les dossiers comportant de forts enjeux afin d'éviter les procédures contentieuses.

Enfin, l'urbanisme et l'environnement sont évoqués : le contrôle est principalement axé sur le respect des règles régissant la protection des espaces sensibles, des paysages, et la prévention des risques. Il s'agit de s'attacher à la pertinence des périmètres de schéma de cohérence territoriale (SCOT) et d'associer tous les services déconcentrés de l'État à la révision des documents d'urbanisme.

Pour conclure, la décentralisation, c'est-à-dire le transfert de compétences de l'État vers les collectivités, n'empêche pas un rôle de contrôle *a posteriori* de l'État.

RÉPONDRE AUX QUESTIONS DU JURY

LES QUESTIONS FINANCIÈRES

Les questions financières regroupent des connaissances liées au budget d'une collectivité territoriale, c'est-à-dire les grands principes budgétaires, les recettes et les dépenses affectées à un budget.

1. Objectif des questions financières

Les questions financières sont souvent posées car il est impératif quelle que soit l'opération ou le projet à mettre en œuvre de disposer d'une enveloppe financière en adéquation.

Lorsque l'on évoque les finances des collectivités territoriales, il ne faut pas omettre le financement des opérations, comportant la recherche de partenaires financiers et de subventions. Plusieurs connaissances doivent être maîtrisées, telles que les principes budgétaires, ou les recettes et les dépenses d'une collectivité locale.

2. Connaissances utiles sur le budget

2.1. Le budget d'une collectivité locale

Le budget est l'acte par lequel sont prévues et autorisées les recettes et les dépenses annuelles. Le budget de la commune est proposé par le maire, voté par le conseil municipal. L'exécution annuelle du budget donne lieu à la confection de deux documents qui doivent être parfaitement concordants :
– le compte administratif : élaboré par l'ordonnateur ;
– le compte de gestion : établi par le trésorier.

2.1.1. Les grands principes budgétaires

– Unité : il ne doit y avoir qu'un seul document qui retrace la totalité des dépenses et recettes.
– Universalité : non seulement les dépenses et recettes doivent figurer dans un seul document, mais ce document doit retracer toutes les dépenses et les recettes de façon séparée, chacune d'entre elles y figurant pour son montant intégral.
– Annualité : le budget est voté chaque année pour une durée d'un an.
– Antériorité : le budget est un acte de prévision et d'autorisation établi avant le 31 décembre. (Exception : possibilité de vote jusqu'au 31 mars.)
– Équilibre : les dépenses et les recettes de chaque section sont égales (équilibre strict). Cela suppose que les dépenses et les recettes ont été évaluées de façon sincère et exhaustive.
– Sincérité : des dépenses sous-estimées ou des recettes surestimées, comme une subvention non encore définitivement attribuée, sont interdites.

Le budget des communes est divisé en deux sections : section de fonctionnement et section d'investissement, tant en recettes qu'en dépenses.

Le budget est un acte d'autorisation dans le sens où il permet au comptable public de payer les dépenses. Le comptable public (fonctionnaire d'État) encadre strictement l'action de la collectivité dans la limite et pour la nature des crédits votés.

Le budget est aussi un acte de communication : l'ensemble des documents budgétaires doivent être mis à disposition du public. De plus, le débat d'orientations budgétaire (DOB) doit être tenu dans un délai de deux mois précédant le vote du budget. Il met en débat les grandes options du budget indépendamment de la connaissance des bases d'imposition. Les documents budgétaires sont tous communicables, sauf : les documents émanant d'un organisme privé non chargé d'une mission de service public, les documents de nature fiscale et dans le cadre des marchés.

2.1.2. Les nomenclatures comptables. Une nomenclature comptable est la liste des comptes qui doivent être utilisés pour un budget ou en comptabilité. La lettre « M » indique que l'instruction concerne les collectivités locales :
- M49 : eau, assainissement ;
- M52 : budget du département ;
- M71 : budget des régions ;
- M31 : budget des offices HLM ;
- M14 : budget des communes.

2.1.3. L'analyse financière des comptes

– Le bilan : il donne une photographie au 31 décembre de l'année, des biens réels et monétaires dont la collectivité dispose. C'est la vision des stocks.
– Le compte de résultat : il permet de reproduire l'activité (le fonctionnement) sur l'année écoulée en termes de charges et produits. C'est la vision des flux financiers.

2.1.4. Les autorisations de programme. Dans les grandes collectivités, il est possible de mettre en place un PPI (plan pluriannuel d'investissement) qui a pour objectif de mettre en place des autorisations de programme financé sur plusieurs années. L'objectif est de permettre aux élus d'avoir un budget primitif plus clair, puisqu'il ressemble davantage à un compte administratif prévisionnel. De plus, le compte administratif n'est plus pollué par d'importants reports d'emprunts. Enfin, les services techniques apprécient de pouvoir instruire plus rapidement les dossiers et lancer des appels d'offres. Il y a continuité dans le déroulement des projets puisqu'on n'est pas obligé chaque année d'attendre le vote du budget pour démarrer les opérations.

2.2. Les dépenses et recettes d'une collectivité

2.2.1. Les dépenses. Les dépenses obligatoires sont :
- les dépenses relatives à l'exercice des missions de service public obligatoires (enlèvement des ordures ménagères, service d'aide sociale, de santé publique...) ;
- les contributions : adhésion à une structure de coopération intercommunale ;
- les remboursements des emprunts ;
- les dettes résultant d'engagement contractuel (marchés publics, délégation de service public...) ;
- les dépenses résultant d'une décision juridictionnelle (condamnations...).

Les dépenses interdites sont :
- les dépenses non relatives à des compétences qui relèvent de la collectivité ;
- les dépenses en contradiction avec des dispositions légales (subventions à des groupements religieux...).

2.2.2. Les recettes. Les recettes proviennent essentiellement des ressources fiscales : les impôts directs (80 %) et les impôts indirects.

– Les impôts directs : quatre grandes taxes constituent l'essentiel de la fiscalité directe locale :
  - taxe d'habitation ;
  - taxe foncière sur les propriétés bâties ;
  - taxe foncière sur les propriétés non bâties ;
  - taxe professionnelle.

Ce sont des taxes obligatoires recouvrées par les services de l'État, puis reversées par douzièmes aux collectivités locales. Les communes, groupements intercommunaux à fiscalité propre, les départements, les régions fixent directement leur taux d'imposition sous réserve de règles.

– Les impôts indirects :
  - régions : taxe sur les permis de conduire, publicité foncière... ;
  - départements : taxe départementale de publicité... ;
  - communes : taxe sur les permis de chasse, taxe locale d'équipement, impôt sur les spectacles, droits de licence sur les débits de boissons, taxe de séjour...
– Les produits d'exploitation :
  - vente de l'eau ;
  - redevance d'assainissement, d'enlèvement des ordures ménagères ;
  - cantines scolaires, crèches, garderies ;
  - droit d'entrée (piscine, musée, théâtre...) ;
  - transports publics, parkings, stationnement...
– Des produits domaniaux :
  - redevance d'occupation, location (terrasses de café...) ;
  - loyers...
– Des dotations, concours de l'État liés à la répartition des compétences :
  - DGF (dotation globale de fonctionnement). Elle bénéficie aux communes, groupements, départements, régions ;
  - DGE : (dotation globale d'équipement) pour l'investissement ;
  - FCTVA : fonds de compensation de la TVA pour l'investissement.
– Des emprunts.
– Des subventions.

2.3. Les étapes de la chaîne des dépenses

2.3.1. Les étapes de la chaîne d'engagement

Engagement →	Liquidation →	Mandatement →	Paiement
↓	↓	↓	↓
Comptable et juridique	Certification et ordonnancement	Prémandat et mandat	Paiement
↓	↓	↓	↓
Fonctionnaire et élu	Fonctionnaire et élu	Fonctionnaire	Trésorier-payeur

Liquidation : opération ayant pour objet de vérifier la qualité de la créance et d'arrêter le montant de la recette.

Mandatement : acte administratif de l'ordonnateur donnant, conformément aux résultats de la liquidation, l'ordre au comptable (ou trésorier-payeur) de payer une dépense de la collectivité (appelé aussi ordonnancement).

2.3.2. Le contrôle des actes des collectivités

– Le principe de séparation des ordonnateurs et des comptables :
  - le comptable public a une responsabilité personnelle et pécuniaire. Il contrôle et exécute les opérations de décaissement et d'encaissement. Agent de l'État, il est le seul autorisé à manier et détenir les fonds publics, sauf en ce qui concerne les régies ;
  - l'ordonnateur est l'autorité à qui est confiée l'exécution du budget (exemple : le maire). Il décide des opérations budgétaires, juge de l'opportunité des dépenses et des recettes. Il ne peut pas procéder aux opérations matérielles de paiement et d'encaissement, il n'est pas autorisé à manier les fonds publics.
– Les régies d'avance de recettes : elles permettent de résoudre le problème des paiements comptants et des encaissements de sommes de faibles montants, nécessitant le paiement ou l'encaissement sur place. C'est l'exception au principe de séparation de l'ordonnateur et du comptable. Il s'agit d'une caisse qui permet à un agent de percevoir ou de délivrer des fonds publics, sous le contrôle du comptable public. La régie est créée par décision de l'organe délibérant de la collectivité ou par décision du maire lorsque le conseil municipal lui a donné délégation pour le

faire. Son fonctionnement nécessite que l'autorité territoriale nomme des régisseurs d'avance et de recettes.

3. Traitement d'un sujet

Exemple **« Que pensez-vous de la notion de coût global affecté à une opération de construction ? »**

Il est possible de résumer la notion de coût global par une addition des dépenses d'investissement et des dépenses d'exploitation et de maintenance. Si je veux être plus précis, d'autres facteurs peuvent être pris en compte, tels que les biens et les personnes qui seront abritées par la construction. Il s'agit du coût global élargi, c'est-à-dire qu'on évalue les conditions d'accueil, et le bien-être pour que l'environnement intérieur ne soit pas générateur d'absentéisme. On peut espérer qu'il y ait un retour économique.

1. L'intérêt de prendre en compte la notion de coût global

Le coût global prend en compte les dépenses initiales et les dépenses futures d'un bâtiment.

Connaître ce que coûtera réellement le fonctionnement d'un bâtiment avant qu'il ne soit construit fait preuve d'une bonne gestion prévisionnelle. C'est aussi une aide à la décision lorsqu'il est possible de comparer le coût global et les différentes solutions proposées par l'architecte. Cette analyse peut permettre de mieux évaluer le choix entre la réhabilitation d'un bâtiment et sa démolition.

Le coût d'investissement devra comprendre à la fois le coût de la construction du projet, le prix du terrain, la maîtrise d'œuvre, tous les raccordements. Le coût de fonctionnement sera analysé par rapport au choix du type de chauffage (gaz, électrique, solaire...). Par exemple, le chauffage solaire est un choix de développement durable, plus coûteux en investissement mais qui peut s'avérer économique en termes de fonctionnement.

2. Les limites de la notion de coût global

On peut évaluer les coûts différés selon deux catégories : les dépenses énergétiques destinées au chauffage, à l'éclairage et les dépenses d'entretien comprenant les frais de réparation ou de remplacement des éléments de la construction. Par exemple, si l'on choisit un bâtiment avec de nombreuses surfaces vitrées, il faudra estimer le coût de nettoyage des façades et des éventuels échafaudages nécessaires.

Cependant, il est difficile d'estimer le coût global sur du long terme. L'entretien quotidien du bâtiment se détermine sans trop de difficultés. La hausse du prix du combustible ne peut pas être évaluée à long terme. De même, les dépenses de réparation sont difficilement prévisibles. Autre exemple, les normes (isolation phonique, thermique, accessibilités) évoluent régulièrement. Nul ne peut prévoir l'évolution des prix et surtout des technologies. On s'aperçoit donc des limites de la notion de coût global.

Pour conclure, la notion de coût global permet de préciser les choix qui ont un impact sur la construction. Elle est un outil d'aide à la décision, pour identifier et évaluer les dépenses pertinentes. Cependant, il faudra énoncer des hypothèses sur les actualisations, sur d'éventuelles inflations et sur la durée de vie des éléments de construction.

RÉPONDRE AUX QUESTIONS DU JURY

LES QUESTIONS LIÉES AU MONDE DES COLLECTIVITÉS TERRITORIALES

Les questions regroupent toutes les connaissances liées à la fonction publique territoriale, c'est-à-dire relatives aux différents mandats d'élus, au statut de fonctionnaire et aux différents types de collectivités locales.

1. Connaître les principales questions posées

Dans le domaine de l'environnement territorial, plusieurs connaissances doivent être acquises : ce qui touche au rôle des élus, du préfet, des différentes collectivités (région, département, intercommunalité, commune). Il faut donc maîtriser les compétences des différentes collectivités, l'organisation des élections (cantonales, législatives, municipales, présidentielle, sénatoriales) et des différents élus (conseillers régionaux, présidents de région, conseillers généraux, députés, sénateurs, maires, président d'un EPCI...). Ce domaine concerne également le statut du fonctionnaire, et notamment les droits et devoirs des fonctionnaires.

2. Élargir ses connaissances

Les questions posées, relatives à l'environnement territorial, permettent de vérifier les connaissances du « monde territorial » du candidat. En effet, lorsque l'on se présente à un entretien de recrutement dans une entreprise privée, il va de soi de se renseigner sur l'activité de l'entreprise, sur son organisation, les partenariats qu'elle met en place... Lorsqu'un technicien territorial postule dans une collectivité territoriale, la logique est la même. Un élu sera d'autant plus sensible à ses connaissances et attend, en tant que membre du jury, décideur et employeur, que le technicien territorial comprenne les enjeux de ses missions, connaisse les différents acteurs et l'organisation dans laquelle il se positionnera.

Ces connaissances sont faciles à acquérir et sont les mêmes quel que soit le concours préparé.

Exemple **Connaissances sur l'environnement territorial à maîtriser**

- Les compétences d'une commune, d'un département, d'une région.
- La décentralisation, la déconcentration.
- Le rôle du préfet, le contrôle des actes administratifs.
- Le déroulement des élections municipales, cantonales, régionales.
- La relation élu-fonctionnaire.
- Le parcours des décisions (bureaux, conseils, arrêtés...).
- La commande publique.
- L'organisation d'une collectivité.
- Les droits et devoirs d'un fonctionnaire territorial.

De plus, certains sujets peuvent être très transversaux et applicables quelle que soit la spécialité dans laquelle on se présente, tels que : « intégrer le coût global à une opération » ou « éclairer la ville » ou « mettre en place une gestion durable ». Il est donc nécessaire pour ce type de questions de maîtriser une certaine culture territoriale.

Exemple **Connaissances à maîtriser communes à toutes les options**

- Les outils de planification urbaine (PLU, SCOT, PLD, PLH).
- Les EPCI (établissement public de coopération intercommunale) et leurs missions.
- Le déroulement d'un projet ou d'une opération.
- Les principales actions liées à la notion de développement durable.

– La notion de coût global.
– Les systèmes d'information géographique (SIG).
– Les outils de communication et d'information.
– Les principaux services techniques (assainissement, voirie, déplacements, espaces verts, bâtiments).

3. Traitement d'un sujet

Exemple **Sujet 1 : « Citez un devoir important pour un technicien (principal) »**
Je vais citer le devoir de probité et de vigilance. Si le technicien territorial fonctionnaire doit respecter le principe hiérarchique, il est des circonstances dans lesquelles il ne doit pas obéir à un ordre lorsque celui-ci est manifestement illégal et compromet gravement un intérêt public. Il en est ainsi en matière de marchés publics. Le non-respect des règles de la commande publique peut avoir des conséquences pénales graves pour le technicien territorial qui doit donc faire preuve d'une grande vigilance, même si l'ordre émane d'un élu. Plus la collectivité territoriale est grande, plus les enjeux financiers sont tels pour les entreprises qu'il peut être tentant de corrompre les élus et fonctionnaires qui occupent des postes stratégiques. En l'occurrence, un technicien territorial est souvent amené à réaliser une analyse des offres dans le cadre de marchés publics.
Or, le fonctionnaire territorial doit être d'une honnêteté sans faille dans la gestion des deniers publics, c'est-à-dire l'argent collecté par l'impôt et destiné à payer les dépenses des collectivités publiques.

Sujet 2 : « Citez un droit relatif à la sécurité. »
Le droit de retrait me semble être le droit le plus fondamental pour le technicien territorial. Le fonctionnaire ne peut exercer son droit de retrait qu'en cas de danger grave et imminent pour sa santé ou sa vie. Il faut que le fonctionnaire ait un motif raisonnable de penser qu'il se trouve en situation de danger grave et imminent pour sa santé ou sa vie pour arrêter son travail et quitter les lieux pour se mettre en sécurité. Si le droit de retrait est légitimement exercé, aucune sanction ne peut être prise à l'encontre de l'agent. Le supérieur hiérarchique doit immédiatement en être informé. Une enquête est alors engagée à l'initiative de la collectivité et des mesures sont prises pour faire face au danger.

SUJET 4 ENTRETIEN CONCOURS EXTERNE TECHNICIEN TERRITORIAL

Spécialité « Bâtiments, génie civil »

Une personne de l'organisation du concours vous invite à la suivre afin de rejoindre votre jury.

Le président du jury prend la parole : Bonjour, asseyez-vous.

Le candidat : Bonjour.

Vous êtes ici pour passer l'épreuve d'entretien du concours externe de technicien dans la spécialité « Bâtiments, génie civil ».
L'entretien dure 20 minutes et vous avez devant vous un minuteur pour suivre le temps. Il « bipera » à la fin du temps réglementaire.
Dans un premier temps, nous vous demanderons de vous présenter en 5 minutes.
Puis, nous reprendrons la parole pour vous poser des questions sur la spécialité.
Enfin, nous vous poserons différents types de question afin d'évaluer votre motivation et votre capacité à vous intégrer dans votre cadre d'emplois au sein de la fonction publique territoriale. Avez-vous des questions ?
Non.

Donc si vous êtes prêt, on peut commencer. Vous avez 5 minutes pour vous présenter. (Le minuteur est mis en route).
Bonjour, je m'appelle Émile Genevois, j'ai 20 ans et je suis à la recherche de mon premier emploi.
J'ai obtenu un CAP peinture puis j'ai poursuivi mes études en passant un bac pro en aménagement et finition du bâtiment à Poitiers.
J'ai eu mon diplôme en 2009.
J'ai commencé ma recherche d'emploi en juillet 2009 en cherchant un poste dans la gestion et le suivi des chantiers d'aménagement et finitions.
Je me suis vite rendu compte qu'il n'était pas facile de trouver du travail surtout pour un premier poste.
Afin de gagner ma vie tout en cherchant du travail, j'ai travaillé pendant 6 mois chez Décathlon avec un CDD de 10 heures par semaine. Je travaillais dans le rayon running course à pied.
En parallèle, je continuais à chercher du travail en répondant à des annonces et en faisant des candidatures spontanées. Je suis également allé au Salon de l'étudiant et au Salon de l'emploi public.
J'avoue qu'il n'y a pas de fonctionnaire dans ma famille et que je ne connaissais absolument pas la fonction publique territoriale.
Au cours de mes 2 journées sur ce salon, j'ai pris des prospectus et j'ai discuté avec des DRH des collectivités. J'ai ainsi découvert qu'il y avait une grande diversité des métiers et qu'un technicien pouvait avoir des missions très variées. De plus, il y a partout des collectivités et le fait d'être mobile et de pouvoir changer d'employeur me plaît. Je trouve cela intéressant.
J'ai appris que le mode classique de recrutement était le concours, j'ai donc été voir les stands du CNFPT et des centres de gestion.
De retour chez moi, je suis allé sur internet et j'ai décidé de m'inscrire au concours.
À partir de là, j'ai un peu continué ma recherche d'emploi au cas où... mais je me suis surtout intéressé au concours, aux épreuves et au travail que je devais faire pour me préparer. J'ai acheté des livres et je me suis préparé tout seul mais aussi en posant des questions sur des forums internet.
Je passe ce concours car comme je vous l'ai dit, je pense que dans la fonction publique territoriale il y a une grande diversité des métiers et des missions.
De plus, ce qui est important pour moi c'est d'être dans une mission de service public. Alors que l'objectif d'une entreprise privée est de faire des profits, même si une collectivité se doit de bien gérer les deniers publics,

c'est-à-dire nos impôts, elle a surtout un rôle de service public local pour les habitants et les usagers. Et ça, c'est important pour moi. De plus, j'ai appris que l'on pouvait passer des examens et des concours dans sa carrière. C'est important de savoir que l'on peut évoluer.
Voilà, j'ai terminé.

Merci. Donc nous allons vous poser des questions sur la spécialité.
Qu'est-ce que le béton ?
Le béton, cela désigne un matériau de construction composite, fabriqué à partir de granulats agglomérés par un liant.

Si je baisse la température d'un degré dans un bâtiment public, quel est le pourcentage d'économie d'énergie ?
On estime, en moyenne, qu'une baisse d'un degré de la température d'un bâtiment permet d'économiser 5 % d'énergie.

Que pensez-vous de la climatisation ?
On trouve de plus en plus de bâtiments climatisés. Cela correspond à une exigence de confort des usagers. Le problème est que cela augmente la consommation d'énergie. Certes, dans certains cas, c'est nécessaire, au moins dans certaines pièces, comme dans les hôpitaux ou les maisons de retraite.
Mais souvent, si le bâtiment était conçu différemment, on pourrait se passer de la climatisation.

Vous pouvez nous donner un exemple ?
La commune d'Échirolles près de Grenoble a refait sa mairie sans climatisation.
Pour ne pas souffrir de la chaleur, outre la conception du bâtiment en lui-même, il y a des puits canadiens ou puits provençaux.

Ça marche comment un puits canadien ?
Le principe est de capter à l'extérieur du bâtiment de l'air que l'on fait circuler lentement sous terre. Cet air rafraîchi arrive dans le bâtiment par le sol et une VMC active la circulation d'air dans le bâtiment.

Pouvez-vous nous donner deux types de VMC ?
Il y a la VMC simple flux et la VMC double flux.

Qu'est-ce que la loi MOP ?
La loi MOP est une loi de 1985 qui formalise les enjeux et les relations entre maître d'ouvrage et maître d'œuvre.

Quelle est la différence entre maître d'ouvrage et maître d'œuvre ?
Le maître d'ouvrage, c'est celui pour qui le bien est construit.
Le maître d'œuvre, bien que la loi MOP n'en donne pas une définition directe, c'est celui qui est responsable de la conception, du contrôle de la réalisation des ouvrages. Il est donc le concepteur.

Dans la loi MOP, quel est l'élément fondamental ?
Je pense que le point important de la loi MOP, c'est le programme.
Dans de très nombreux cas, l'échec d'un projet de construction en BTP est lié au programme.

Pouvez-vous préciser ce que l'on entend par programme ?
Le programme, c'est un document écrit dans lequel le maître d'ouvrage formalise ses objectifs, ses besoins et ses exigences.

Qu'est-ce que la garantie dommage ouvrage ?
C'est une assurance obligatoire, à prendre avant l'ouverture du chantier, par le maître d'ouvrage.

Qu'est-ce que le code des marchés publics ?
C'est un ensemble de textes qui décrit chronologiquement les dispositions applicables aux marchés passés au nom des collectivités et de leurs établissements publics.

De quand date la dernière modification ?
Euh !! Modification de quoi ?

Du code des marchés publics ?
Du 25 août 2011 avec l'introduction des contrats de performance énergétique.

Vous en êtes sûr ?
Je ne suis pas spécialiste des marchés publics mais je pense que oui.

Qu'est-ce que un ERP ?
Un ERP, c'est un établissement recevant du public.

Quelles sont les différentes catégories ?
Il existe 5 catégories d'ERP qui dépendent du nombre de personnes dans le bâtiment :
– 1re catégorie : au-dessus de 1 500 ;
– 2e catégorie : de 701 à 1 500 ;
– 3e catégorie : de 301 à 700 ;
– 4e catégorie : 300 et au-dessous à l'exception des établissements de la 5e catégorie ;
– 5e catégorie : cas des petits établissements, le nombre maximum de personnes admises dépend du type d'établissement.

Merci. On a terminé les questions portant sur la spécialité. Nous allons maintenant vous poser des questions dans différents domaines. Dans votre présentation, vous avez dit que vous étiez mobile. Donc ce qui vous intéresse, c'est de changer régulièrement d'employeur, pourquoi ?
Je ne suis pas un papillon, je n'ai pas envie de changer tout le temps de collectivité.
Mais le fait de mener des missions différentes dans des situations différentes permet de s'enrichir.
Et si l'on s'enrichit, on enrichit son travail et on garde sa motivation.

Qui est-ce qui élit le maire ?
Le maire est élu par les conseillers municipaux.

Et les préfets, ils sont élus par qui ?
Les préfets ne sont pas élus, ils sont nommés en Conseil des ministres.

Qu'est-ce que le coût global ?
Le coût global est un procédé d'évaluation, un outil d'aide à la décision.
Il permet de prendre en considération tous les coûts attribuables à toutes les phases de la vie d'un ouvrage, des études préalables à sa fin de vie.
C'est un principe peu usité car le retour sur investissement est généralement calculé à 15 ans.

Pouvez-vous nous donner une définition du développement durable ?
Le développement durable, c'est permettre le développement des générations actuelles sans compromettre celui des générations futures en prenant en compte les dimensions sociales, économiques et environnementales.

Qu'est-ce qu'un bon manager ?
Comme je vous l'ai dit dans ma présentation, je suis à la recherche de mon premier poste, je n'ai donc pas d'expérience directe d'encadrement.
Par contre, à partir de mon travail chez Décathlon et des stages que j'ai faits l'été, j'ai pu remarquer certaines choses qui me semblent importantes en termes de management.
Je dirais en premier l'écoute, car je crois que de nombreux problèmes s'enveniment quand chacun campe sur ses positions. Je crois également que très souvent il y a un problème de communication et notamment d'information. C'est important qu'un chef diffuse toute l'information possible. Cela montre qu'il considère les membres de son équipe comme dignes de recevoir l'information. Ils se sentent alors reconnus et considérés. Pour finir, je crois qu'il ne faut pas attendre lorsqu'il y a un problème. Il est important de le résoudre le plus tôt possible avant qu'il ne fasse tache d'huile. Mais ce n'est pas facile, cela demande du courage.
Voilà ce que je peux dire sur le management eu égard à mon vécu de « managé » et non de manager.

Pouvez-vous nous citer les trois types de collectivités territoriales ?
Il y a la commune, le département et la région.

Combien y a-t-il de communes en France ?
Il y a en France à peu près 36 700 communes.

Est-ce que vous avez entendu parler de votre formation initiale ?
Oui, c'est la formation obligatoire que suit un lauréat de concours après sa nomination.
Mais... depuis la loi du 19 février 2007, on ne parle plus de formation initiale mais de formation d'intégration... enfin il me semble. Je crois qu'elle est de 5 jours au maximum.

Les droits et devoirs des fonctionnaires, cela vous dit quelque chose ?
Oui.

Pouvez-vous nous citer un devoir et un droit des fonctionnaires ?
Il y a le devoir d'obéissance. Un fonctionnaire doit suivre les instructions de son supérieur

sauf si l'ordre est manifestement illégal et de nature à compromettre gravement un intérêt public.
Il y a le droit de grève sauf pour la police, les militaires et l'administration pénitentiaire.

Est-ce qu'un ressortissant de l'Union européenne peut être élu maire ?
Un ressortissant européen peut être élu conseiller municipal, mais il ne peut pas être maire ou adjoint.

Quelle est la durée du mandat d'un président de conseil général ?
Les conseillers généraux sont élus pour 6 ans et la moitié est renouvelable tous les 3 ans.
Ils élisent le président du conseil général. Donc son mandat est de 3 ans.

Quel est l'impact de la loi de février 2005 sur le handicap pour les bâtiments des collectivités ?
La loi du 11 février 2005 prévoit le principe d'accessibilité généralisée (bâtiments et transports), quel que soit le handicap.
Un diagnostic d'accessibilité des bâtiments devait être effectué avant le 1er janvier 2011 et leur accessibilité devra être totale avant 2015.

Qu'en pensez-vous ?
Sur le principe, on ne peut qu'être d'accord en termes d'égalité des citoyens.
Dans les faits, le délai est assez court et cela peut représenter des sommes très importantes pour certaines collectivités. De plus, pour les établissements relevant des bâtiments historiques, cela pose des problèmes techniques d'aménagement.

Imaginons que vous soyez technicien dans une collectivité avec une équipe de 15 agents.
C'est bientôt Noël et les 15 personnes veulent prendre la même semaine de vacances.
Dans le cadre de la continuité du service public, la moitié des effectifs doit être présente.
Que faites-vous ?
J'organise une réunion avec l'ensemble des personnes en essayant de trouver un compromis.

Supposons qu'il n'y ait pas d'accord possible et que tout le monde reste sur ses positions.
À ce moment-là, je mets en place des critères.

Quels critères par exemple ?
L'ancienneté dans le service, le fait d'avoir ou pas des jeunes enfants.

Donc moi qui suis nouveau et qui n'ai pas d'enfant, je ne pourrai jamais prendre la semaine voulue !
Non, non. Après les critères pour cette année, il y aura un roulement les autres années.
C'est-à-dire que ceux qui n'ont pu choisir la semaine cette année pourront la choisir l'année prochaine et inversement.

Quelle est la différence entre maintenance préventive et maintenance curative ?
La maintenance curative consiste à intervenir lorsque la panne survient.
Le problème est qu'elle génère des coûts importants liés à de nombreux déplacements mais aussi une baisse de qualité du service public car durant la panne, le bâtiment ou une partie de celui-ci n'est pas utilisable par les usagers.
La maintenance préventive, basée sur un échéancier, permet d'anticiper le renouvellement des équipements ou matériaux avant la panne. Elle nécessite une connaissance du patrimoine, une planification rigoureuse et la mise en place de tableaux de bord précis.
(Le minuteur sonne.)

Le temps imparti est terminé.
Au revoir et bon retour.
Au revoir.

Analyse : À la lecture de cet entretien, il ressort que même un vrai externe qui n'a aucune expérience professionnelle dans le champ technique et *a fortiori* dans la fonction publique territoriale, peut réussir brillamment cette épreuve à condition de se préparer et de travailler. Cet exemple d'entretien vous montre que les questions portent : sur la spécialité, sur des thématiques liées à la spécialité, sur la culture territoriale, sur le management et sur votre motivation. Vous constaterez également que les questions peuvent être fermées et appeler une réponse courte, mais aussi que vous pouvez avoir des questions ouvertes nécessitant un avis ou une réflexion de votre part.

SUJET 5 ENTRETIEN CONCOURS INTERNE TECHNICIEN PRINCIPAL 2

Spécialité « Espaces verts et naturels »

Une personne de l'organisation du concours vous invite à la suivre et vous présente votre jury.

Le président du jury prend la parole : Bonjour, je vous en prie asseyez-vous.
La candidate : Bonjour.

Vous êtes ici pour passer l'épreuve d'entretien du concours interne de technicien dans la spécialité « Espaces verts et naturels » et dans l'option « Paysages, espaces verts et naturels ».
Nous sommes ensemble pour 20 minutes. Le minuteur qui se trouve devant nous bipera au bout de 20 minutes.
L'entretien va se dérouler en trois parties. Dans un premier temps, nous allons vous demander de vous présenter très brièvement, en 5 minutes. Puis, nous vous poserons des questions liées à votre spécialité. Dans un second temps, nous allons évaluer votre motivation pour accéder à ce grade de technicien et votre capacité à encadrer du personnel. Enfin, nous testerons vos connaissances dans le domaine de l'environnement territorial.
Vous êtes prête ? Nous démarrons l'entretien. Tout d'abord, vous avez 5 minutes pour vous présenter.
Je m'appelle Anna M., j'ai 28 ans et je suis actuellement en poste, en tant que responsable d'un service espaces verts, dans une commune de 25 000 habitants.
Je vais commencer par vous présenter brièvement mon parcours scolaire, puis mon parcours professionnel et mes principales motivations.
J'ai obtenu un bac scientifique en 1998. Puis, j'ai poursuivi mes études par un BTS Espaces verts, horticulture, obtenu en 2001. J'ai alors intégré un bureau d'études de paysagistes comme concepteur et conducteur de travaux. J'ai suivi de grands chantiers espaces verts. J'encadrais une équipe de 15 personnes. J'y suis restée un peu plus de 2 ans. Il m'a semblé que le développement de carrière était certes intéressant, mais ne correspondait pas à mes attentes dans la mesure où il n'y a pas de suivi dans le temps des opérations. Étant donné qu'au cours de mes études, j'ai effectué des stages dans des collectivités locales, j'ai pu découvrir les carrières de la fonction publique territoriale et surtout voir qu'il est possible d'exercer mon métier de technicien, de la phase projet jusqu'à la réalisation et participer à l'entretien du patrimoine paysagé et arboré.
Un autre paramètre m'a sensibilisée, c'est celui de l'intérêt général et du service à la population locale. Il est donc possible de concilier un suivi de terrain, qui demande des qualités à la fois techniques et managériales et une fonction de communication et de partenariat avec plusieurs acteurs, tels que des agents territoriaux, des entreprises, des riverains.
En 2003, j'ai intégré ma collectivité, en tant que responsable adjoint du service espaces verts, puis au bout d'un an, suite au départ du responsable, au poste de responsable du service espaces verts.
J'ai passé le concours d'agent de maîtrise, que j'ai obtenu en 2004, j'ai maintenant accès au concours de technicien. Je souhaite obtenir ce grade pour poursuivre ma carrière durablement dans la fonction publique territoriale et pourquoi pas évoluer vers un poste d'ingénieur.
C'est pourquoi je me présente face à vous pour m'assurer des bases solides en tant que technicien dans ma collectivité et me permettre d'obtenir davantage de responsabilités, tant en encadrement que dans des domaines de compétence technique.

Merci. Qu'est-ce qu'une plante halophile ?
Une plante halophile est une plante vivant dans des sols salés ou préférant les embruns

marins. Ces plantes sont caractérisées par une morphologie et une structure particulières : elles sont généralement charnues, leurs stomates sont peu nombreux et leur cuticule est épaisse. Leurs tissus leur permettent de diluer le sel dans leur milieu intérieur. Pour exemple, le tamaris excrète le sel activement grâce à des glandes spéciales situées dans ses feuilles. D'autres plantes stockent le sel dans leurs feuilles et leurs tiges qui tombent à la fin de la saison végétative. D'autres encore empêchent le sel de pénétrer dans les cellules de leurs racines grâce à des membranes semi-perméables. On peut citer aussi le riz et le coton qui supportent assez bien le sel.

Qu'est-ce que la phytopathologie ?

La phytopathologie est la science qui traite des maladies des végétaux, des perturbations de leur croissance et de leur développement, induites par des virus, des micro-organismes, ou un environnement défavorable.

Parmi les végétaux, il existe quelques vrais parasites capables d'endommager gravement leur hôte, voire de causer sa mort. Par exemple, le gui est assez courant. Classiquement, la phytopathologie étudie la transmission des agents pathogènes (virus, bactéries, champignons). Il existe plus de 25 000 phytopathologies.

Il existe plusieurs types de pathologies.

Les phytopathologies virales sont principalement transmises par les insectes, c'est pourquoi, pour réduire leur incidence sur les cultures, il est nécessaire de contrôler la prolifération de ces insectes. Les phytopathologies virales peuvent aussi être transmises par bouturage ou greffe ou par contamination du sol.

Les pathologies d'origine bactérienne sont caractérisées par divers symptômes, comme la pourriture molle, les taches sur les feuilles, le dessèchement des feuilles et des tiges, les chancres. Par exemple, le feu bactérien est une pathologie frappant les pommiers et les poiriers. Sur les arbres qui en sont atteints, les fleurs, les feuilles ainsi que les brindilles noircissent ; à terme, l'arbre entier peut être touché, et les dommages causés sont considérables, voire mortels.

Il y a des pathologies dues aux champignons. Ceux-ci peuvent provoquer une rouille ou le charbon. Les champignons sont à l'origine de phytopathologies très diverses, caractérisées par des taches sur les feuilles, des lésions, des chancres, un pourrissement du bois ou des taches sur l'écorce, un pourrissement de la racine, un dessèchement ou une atrophie de la racine.

Enfin, les facteurs environnementaux néfastes peuvent être la cause de phytopathologies. Les excès de température, trop basse ou trop élevée, les perturbations du degré d'hygrométrie du sol, les impuretés atmosphériques, les perturbations nutritionnelles.

Les températures élevées causent des perturbations telles que le dépérissement que subit le hêtre. Une irrigation excessive ou irrégulière peut déclencher toute une série de perturbations telles que le pourrissement des bourgeons. Parmi les impuretés atmosphériques, on trouve celles provenant des gaz d'échappement et des émanations d'usines tels le dioxyde de soufre et les oxydes d'azote.

Justement, que conseilleriez-vous en termes d'irrigation des espaces verts ?

L'irrigation fait appel à la problématique des économies d'eau et renvoie à la notion de développement durable.

Gérer les consommations d'eau nécessite une action globale qui prend en compte le problème dès la conception des espaces verts. Je pense qu'il est important de se préoccuper, au moment de la conception, de la détermination des techniques à mettre en œuvre pour aboutir à limiter durablement les arrosages. Il faut jouer à la fois sur la capacité des végétaux à supporter des arrosages réduits et d'autre part sur des principes agronomiques qui permettent au sol d'accroître les volumes d'eau stockée.

Pour la réalisation des espaces verts, il faut s'orienter vers l'utilisation de végétaux indigènes. Tout d'abord, ces végétaux sont les mieux adaptés au climat local, tant du point de vue de la température que de la résistance au stress hydrique.

L'utilisation de conception plus paysagère dans les centres-villes peut s'accompagner de parties plus naturelles dans leur périphérie. Ce principe est à peu près admis dans de nombreuses collectivités, il se traduit par une gestion différenciée des espaces verts.

De plus, le sol est un réservoir d'eau. Il faut donc utiliser des techniques qui augmentent la capacité de ce réservoir et qui empêchent l'eau du sol de s'évaporer. Des analyses de sol sont donc indispensables avant toute plantation pour apporter des substrats ou des matières organiques qui amélioreront la rétention d'eau.

Dans un souci de développement durable, on peut par exemple utiliser des composts des déchets municipaux. Il existe aussi le mulch et le paillage pour limiter l'évaporation d'eau.

Vous pourriez nous préciser ce qu'est le développement durable ?

Le concept de développement durable se fonde sur la mise en œuvre d'une utilisation et d'une gestion rationnelles des ressources naturelles, humaines et économiques. La notion de développement durable regroupe donc un volet environnemental, un volet économique et un volet social. Le développement durable touche à de nombreux domaines tels que la diminution de la production de déchets, qui inclut la réutilisation et le recyclage des déchets, ou encore la rationalisation de la consommation d'énergie.

Dans mon domaine, ce peut être l'utilisation de compost issu des déchets verts, la maîtrise de l'énergie dans les parcs et jardins, la rationalisation des irrigations, la gestion différenciée, la biodiversité et l'utilisation de techniques alternatives aux produits phytosanitaires.

Quelles sont ces techniques alternatives ?

Tout d'abord débroussailler à la main plutôt que d'utiliser des produits chimiques.

Une autre technique alternative est d'utiliser le thermique, c'est-à-dire des machines à gaz ou à vapeur pour désherber.

De plus en plus de collectivités s'intéressent également à la protection biologique intégrée, c'est-à-dire un élevage d'insectes insectivores non nuisibles, tels que des coccinelles ou des chrysopes. Cependant, à court terme, l'arme biologique est 30 % plus chère que l'arme chimique, il faut donc raisonner sur le moyen et long terme. Plusieurs villes ont recours à cette méthode, comme par exemple Orléans et Nice.

En ce qui concerne la réalisation de massifs, il est possible de prévoir des plantations sur toiles ou bâches biodégradables. Elles empêchent la pousse des mauvaises herbes et laissent passer l'eau et l'air. Pour les massifs existants, on peut mettre des copeaux de bois.

Et puis, il ne faut pas oublier les actions à destination du public. Il s'agit d'informer et d'éduquer les habitants aux nouvelles pratiques.

Quelle démarche pourriez-vous mettre en place pour rationaliser l'eau ?

Il y a plusieurs possibilités. La démarche qualité permet de réduire la consommation d'eau. Il s'agit de sélectionner des zones où il y aura restriction d'arrosage. Il existe aussi des mesures pédagogiques avec un affichage clair à destination de la population.

Par ailleurs, la gestion différenciée des espaces conduit à des économies d'eau. Par exemple avec la diminution de l'arrosage des terrains de sport. On peut aussi créer une gestion centralisée d'arrosage avec, par exemple, des capteurs hygrométriques.

Et certaines plantations peuvent être remplacées par des essences locales, moins exigeantes en eau. On peut aussi envisager un système de récupération de l'eau de pluie.

Par rapport à votre équipe, comment procéderiez-vous si vous aviez à améliorer la performance de votre service ?

Dans un premier temps, je ferais une analyse des moyens techniques et humains de mon service.

Je demanderais également à mes élus les objectifs politiques pour le service espaces verts. Je pense qu'il faut répondre aussi aux nouvelles attentes des citoyens, protéger et améliorer le patrimoine paysager, le cadre de vie.

Puis, je rencontrerais chaque agent en redéfinissant avec eux leurs profils de poste, et en m'assurant que leur mission leur convient.

Je réaliserais également des plannings concernant chaque aspect environnemental et organisationnel, tel que la propreté des lieux, la création de nouveaux massifs, l'organisation des équipes, des horaires.

Je responsabiliserais l'ensemble de mes agents en leur confiant des consignes claires et précises, avec des délais à respecter et je contrôlerais *a posteriori* les tâches confiées.

Je mettrais aussi en place, comme je le fais actuellement dans ma collectivité, des tableaux de bord, avec des indicateurs pertinents, tels que les surfaces de tontes à réaliser par an, le temps passé par équipe ; mais un des indicateurs les plus significatifs, c'est l'embellissement. C'est-à-dire l'évolution du patrimoine, des naissances d'arbres et d'arbustes, la diversité florale, l'évolution de l'état phytosanitaire des végétaux.

Je mesurerais également la réduction des déchets verts, avec le changement des techniques du matériel de tonte. Je mesurerais également la satisfaction des riverains et la sécurité des aires de jeux.

Pour conclure, pour améliorer ou maintenir un certain niveau de performance de la gestion des espaces verts, il ne faut pas nécessairement un accroissement des moyens, mais surtout une responsabilisation, de la volonté et être à l'affût des nouvelles techniques.

Quelles sont vos principales responsabilités ?

J'ai tout d'abord la responsabilité de mes agents et surtout leur sécurité. Cela fait partie du risque pénal d'un technicien territorial. Il m'appartient de veiller aux règles d'hygiène et de sécurité. Les équipements de protection individuelle sont obligatoires. Je m'assure que chaque agent dispose de sa tenue complète et en bon état.

De plus, lorsque je donne une mission, je m'assure que l'agent a bien compris et qu'il est formé pour réaliser ce que je lui demande.

Et si un de vos agents refuse de mettre sa tenue de sécurité ?

Eh bien ! je le retire de son poste de travail. Je le convoque pour connaître les raisons de ce refus. S'il refuse pour des raisons non justifiées, je l'informe que je suis dans l'obligation de faire un courrier à la hiérarchie, qui prendra les mesures qu'elle juge utiles, comme par exemple une sanction.

Cependant, bien souvent, je ne suis pas obligée d'en arriver là, il suffit d'être suffisamment ferme et de faire comprendre à l'agent qu'il en va de sa sécurité, et de ma responsabilité.

Comment s'organise la sécurité dans une collectivité ?

Un ACMO doit être présent.

Qu'est-ce qu'un ACMO ?

Un agent chargé de la mise en œuvre des mesures d'hygiène et de sécurité. Il a un rôle de conseil et de veille en nature de sécurité.

Il y a également l'existence d'un CHS – comité d'hygiène et de sécurité – qui rassemble le médecin du travail, des élus, des agents. Il est convoqué, notamment lorsqu'il y a un accident ou un risque avéré. Par exemple, lorsqu'un agent exerce son droit de retrait.

Et puis, il y a le document unique qui est un document obligatoire, regroupant les différentes fiches de postes et les risques liés à ces postes.

Vous pouvez nous en dire plus sur ce document unique ?

Oui, en fait chaque risque est identifié, évalué, hiérarchisé. Puis, un programme d'actions de prévention est rédigé. Il s'agit d'un document fait en partenariat avec l'ensemble des acteurs concernés par la sécurité.

Supposons maintenant que vous avez un agent qui sente l'alcool, et qui n'ait pas l'air très bien, que faites-vous ?

Tout d'abord, il n'ira pas sur son lieu de travail. Je lui demanderai de rester dans un bureau et je contacterai un proche de sa famille pour venir le chercher, ou un agent de la police municipale.

Le lendemain, je le verrai pour m'assurer que son état ne se reproduira pas.

Par contre, si je sais que cet agent est un collaborateur dépendant à l'alcool, mon rôle sera d'organiser un entretien individuel. Je lui ferai part de mes observations. Mais je ne suis pas assistante sociale, ni médecin. Donc, je contacterai la médecine du travail qui pourra orienter la personne vers une structure adaptée.

J'éviterai bien sûr de lui confier un véhicule, du matériel dangereux, voire de le faire travailler sur la voie publique.

Mon rôle est aussi d'informer sur les dangers de l'alcool au travail. Je mettrai en place une communication interne sur les risques professionnels et les coordonnées du médecin du travail et de structures adaptées.

Comment est élu un préfet ?

Un préfet n'est pas élu, c'est un fonctionnaire d'État. Il est nommé par le gouvernement.

Quel est son rôle ?

Il exerce un contrôle administratif *a posteriori*.

Qu'est-ce qu'un EPCI ?

C'est un établissement public de coopération intercommunale. Il existe trois types d'EPCI, depuis la loi Chevènement de 1999 : les communautés de communes, les communautés d'agglomération, les communautés urbaines.

Qu'est-ce qui les différencie ?
Les compétences ne sont pas les mêmes. Il y a plus de compétences transférées des communes vers la communauté pour les communautés d'agglomération, et encore plus pour les communautés urbaines.
Et puis, il y a une différence en termes de taille. La communauté de communes n'excède pas 50 000 habitants, la communauté d'agglomération n'excède pas 500 000 habitants, et la communauté urbaine regroupe au moins 500 000 habitants.

Vous pourriez nous citer les compétences obligatoires d'une communauté d'agglomération ?
Oui. Les compétences obligatoires sont :
– l'aménagement de l'espace communautaire, des transports urbains et du stationnement ;
– le développement économique d'intérêt communautaire, la formation et l'insertion ;
– la politique du logement et du cadre de vie ;
– et enfin, la politique de la ville, la sécurité et la prévention.

Comment sont élus les sénateurs ?
Les sénateurs sont élus au suffrage universel indirect.
Dans chaque département, les sénateurs sont élus par un collège électoral, lui-même formé d'élus de cette circonscription. Il s'agit des députés, conseillers régionaux, conseillers généraux, conseillers municipaux, élus au suffrage universel.

Combien y a-t-il de sénateurs au Sénat ?
À peu près 300.

Oui, plus exactement 331. Quelle est la durée du mandat de sénateur ?
6 ans.

Et comment sont élus les députés ?
Les députés sont élus au suffrage universel direct, au scrutin majoritaire à deux tours dans le cadre des circonscriptions. Sont électeurs les Français âgés de dix-huit ans, jouissant de leurs droits civils et politiques.

Il nous reste 30 secondes, quel est l'événement qui vous a marquée ces derniers jours ?
Eh bien ! je pense au Grenelle de l'environnement, qui va dans le sens du développement durable. En tant que technicien territorial, j'espère que des mesures concrètes vont sortir rapidement des débats.
Je sais qu'il y a déjà des pistes de réflexion pour favoriser l'utilisation d'énergies renouvelables, et l'obligation pour les bâtiments publics d'avoir un bilan énergétique acceptable, avec notamment des normes plus drastiques d'isolation thermique.
Cela pose bien sûr un problème de coût à supporter par les collectivités locales, mais cela va dans le bon sens pour rationaliser le coût énergétique dans le long terme.
(Le minuteur sonne.)

Merci. Notre entretien s'achève là.
Merci.

Analyse : De cet entretien, il ressort qu'un agent qui s'est bien préparé peu brillamment réussir cette épreuve. Nous l'avons vu, les questions portent sur l'option, sur des thématiques liées à la spécialité, sur l'environnement territorial, sur les capacités d'encadrement, sur la motivation du candidat. Les questions peuvent être ouvertes, appelant une réponse construite, ou fermées, faisant appel à des connaissances, ou encore nécessitant une réflexion de la part du candidat.

SUJET 6 ENTRETIEN EXAMEN PROFESSIONNEL TECHNICIEN PRINCIPAL 1

Après avoir été appelée par le secrétariat qui a vérifié son identité et sa convocation, la candidate entre dans la pièce où se trouvent les trois membres du jury.

La candidate : Bonjour messieurs.

Un membre du jury : Bonjour madame. Vous êtes donc madame Langlois. Merci d'émarger sur cette feuille. Parfait. Je vous rappelle que nous sommes ensemble pour 20 minutes. Vous allez vous présenter à nous pendant cinq minutes, puis nous échangerons sur différents thèmes. Je vais déclencher ce minuteur qui sonnera dans 20 minutes. Vous êtes prête ? Oui. Très bien. Alors vous avez la parole.

Merci. Rebonjour. Je suis Monique Langlois. J'ai 31 ans, je suis mariée et j'ai deux enfants. J'occupe actuellement les fonctions d'adjoint au responsable d'un SATESE dans un département du Nord de la France.

Je vais vous présenter ma formation et mon parcours professionnel avant de vous expliquer mes fonctions actuelles et les raisons pour lesquelles je souhaite devenir technicien principal de 1re classe.

Après un bac E que j'ai obtenu en 1995, j'ai passé un DUT de chimie à Lille que j'ai obtenu en 1997. Pendant mes études, j'ai effectué un stage à la Lyonnaise des eaux à Lens et ce stage m'a fait découvrir plus précisément ce que j'appellerai le cycle de l'eau, avec notamment la complexité d'une station d'épuration et plus largement les paramètres d'un bon assainissement dans le cadre d'une recherche qualitative fixée par les directives européennes et les deux lois sur l'eau.

Après six mois de recherche d'emploi, j'ai répondu à une annonce d'un département qui recherchait un technicien pour son SATESE, c'est-à-dire son service d'assistance technique aux exploitants de stations d'épuration. Comme mes trois autres collègues, j'ai pendant quatre ans effectué des visites d'assistance et rédigé des rapports de visite. J'ai également participé aux études de planification, à l'élaboration des DCE, aux appels d'offres, au suivi des travaux, etc.

En 1998, j'ai obtenu le concours de contrôleur de travaux et j'ai été nommée sur mon poste.

En 2002, l'adjoint au responsable du SATESE a été muté et j'ai postulé sur son poste que j'ai obtenu suite à une décision de l'autorité territoriale sur proposition du directeur de l'eau et de l'assainissement du département ainsi que du chef du SATESE, bien sûr.

Depuis six ans donc, j'assiste ce responsable dans l'appui et le conseil technique auprès de tous les acteurs privés ou publics qui ont une compétence en matière d'assainissement.

Mes missions sont les suivantes :

- je remplace mon responsable quand il est en réunion, en déplacement, en congés ;
- j'assure l'interface entre lui et mes quatre collègues. Je dois préciser qu'un nouveau collègue avait été recruté pour me remplacer en 2002 ;
- je suis directement deux de mes collègues, mon chef suivant les deux autres ;
- je participe aux quatre entretiens annuels de notation ;
- je gère le budget correspondant aux deux secteurs de mes deux collègues, soit un budget de 5 000 € en investissement direct et de 50 000 € en investissement indirect ;
- je valide les rapports de mes collègues ;
- je prépare les rapports pour la commission permanente d'attribution d'aide pour les travaux et les études d'assainissement.

Mon chef de service, quant à lui, encadre en direct nos deux autres collègues. Il a également en charge la préparation du budget, la veille technologique et juridique à laquelle il m'associe le plus souvent possible, les relations avec les élus.

Pour mieux vous permettre d'évaluer mes fonctions, je souhaite préciser que notre territoire comprend 145 communes pour une

population de 450 000 personnes dont la moitié dispose d'un assainissement collectif et l'autre moitié d'un assainissement non collectif. Cela donne 112 stations d'épuration dont 60 % sont gérées par une société privée en affermage et 40 % en régie.
J'aime beaucoup mon travail, car il est à la fois technique, managérial et relationnel. J'ai de nombreux interlocuteurs, aussi bien au sein du conseil général qu'à l'extérieur comme l'ADEME ou l'Agence de l'eau.
C'est en partie les raisons pour lesquelles je passe cet examen professionnel. Mais c'est aussi parce que le collègue que j'ai remplacé sur ce poste était technicien supérieur chef. J'ai d'ailleurs été nommée contrôleur de travaux chef en 2008. Mes fonctions sont effectivement davantage celles d'un technicien principal de 1re classe que d'un contrôleur de travaux. La réussite à cet examen me permettrait donc à la fois de légitimer mes fonctions et donc mes compétences, mais aussi de me positionner plus clairement vis-à-vis des interlocuteurs qui sont les nôtres. Enfin, mon chef de service, qui est technicien supérieur territorial chef, devant partir en retraite d'ici cinq ans, j'aimerais me positionner également pour lui succéder, si j'ai la confiance de mes supérieurs pour assumer ces nouvelles fonctions.
Je vous remercie de m'avoir écoutée.

Bien. Passons à quelques questions maintenant. Quel est l'âge moyen de vos 112 stations d'épuration ?
Il est de 14 ans. Dès lors, cela permet à la commission permanente d'attribution d'aide pour les travaux et études d'assainissement de hiérarchiser les stations à aider sans avoir réellement d'urgences à traiter.

Mais comment faites-vous pour répondre négativement à des demandes d'élus qui doivent par définition les considérer toujours comme prioritaires ?
Face à ce risque d'une gestion difficile et donc de mauvais rapports avec nos interlocuteurs, mon chef de service a proposé, il y a maintenant 4 ans, la mise en place d'un outil de planification. J'ai été associée par lui à l'élaboration de ce plan de programmation pluriannuel prévisionnel d'investissement. Ce plan a été adopté par les conseillers généraux et ainsi sa mise en œuvre se fait dans la transparence. Dès lors, les demandes des élus sont anticipées et nous évaluons bien sûr le respect de la programmation afin de ne pas prendre de retard.

Comment réagiriez-vous si un élu se montrait, comment dire, « pressant » pour voir ses travaux réalisés en urgence ?
Ce cas de figure n'arrive que très rarement du fait du plan mis en place. Mais dans un tel contexte, je pense qu'il conviendrait d'abord de rappeler les règles mises en place à cet élu. Dans un second temps, un dialogue devrait s'instaurer pour lui faire comprendre notre position. Je tiens à dire que je préviendrais mon chef de service de cette difficulté afin qu'il soit informé d'une part, mais surtout qu'il pilote les réponses à donner d'autre part. Enfin, les élus de notre comité de gestion seraient également informés de la situation.

Quels rapports entretenez-vous avec vos collaborateurs ?
Je pense que nos rapports sont bons, car ils se fondent sur la confiance, ce qui n'empêche pas le contrôle.

Vous pouvez développer un peu ?
Oui, je veux dire par là que la confiance se traduit par l'autonomie que mon chef de service et moi-même laissons à nos collègues. Ils gèrent leur secteur, programment leurs visites, rédigent leurs comptes rendus, etc. sans que nous soyons sans cesse sur leur dos. Cela dit, nous faisons deux fois par mois une réunion de service où nous abordons tous les problèmes rencontrés. Nous validons ensemble également les priorités, faisons un retour sur les actions passées. Enfin, si nécessaire, nous conseillons nos collègues, les motivons, ne serait-ce qu'en leur montrant que nous sommes à leur écoute.

Comment sont organisés les entretiens annuels d'évaluation ?
Comme je vous le disais tout à l'heure, ils sont menés par mon chef de service et moi-même, mais c'est bien sûr mon chef qui note le collègue, tout comme il me note moi-même. Le collègue est prévenu deux mois à l'avance de cette réunion. Durant celle-ci, nous faisons le point sur les objectifs fixés l'année précédente, à savoir s'ils ont été atteints ou pas. Nous évaluons aussi d'autres critères classiques comme la ponctualité, le

sens de l'initiative, des rapports humains, etc. Enfin, nous fixons les objectifs de l'année à venir. En moyenne, chaque entretien dure une bonne heure.

Comment feriez-vous pour motiver un agent, puisque vous avez employé ce verbe tout à l'heure ?
Il y a différents moyens possibles. Tout d'abord, il faut être à l'écoute de l'agent qui peut avoir des difficultés passagères, professionnelles ou personnelles, d'où l'importance de nos réunions bimensuelles, mais aussi des contacts fréquents informels dans le cadre du suivi des dossiers de chacun. Il est donc difficile de vous dire ce que je ferais puisque je ne connais pas le contexte. Mais parmi les moyens à utiliser, je pense que le premier consiste à prendre en compte la difficulté de l'agent. Ensuite, il est possible de l'aider à travers les rapports humains, mais aussi de manière plus institutionnelle en lui donnant d'autres missions, en lui proposant une formation adaptée, en reconnaissant son travail par le biais de la grille indiciaire. Enfin, si son manque de motivation met en péril l'efficacité du service, il faudrait alors aller plus loin et envisager un changement de poste, voire une sanction. Mais avant d'en arriver là, il existe de nombreux outils comme j'ai essayé de vous le montrer.

Vous avez semblé dire que vous étiez pour l'instauration de primes au mérite afin de motiver les agents ?
Ce n'est pas tout à fait ce que j'ai dit, puisque j'ai parlé de la grille indiciaire. Cela dit, votre question relève davantage de choix politiques que de décisions d'encadrants.

Certes, mais vous avez bien un avis ?
Oui, dans la mesure où une prime au mérite serait instaurée en toute transparence, acceptée par une majorité d'agents et ne donnerait pas lieu à des traitements de faveur injustes, je pense qu'elle peut être un bon moyen de récompenser un agent. J'ajouterais même qu'elle me paraîtrait devoir en priorité s'adresser aux agents au revenu le plus modeste.

Pas à vous donc ?
Eh bien ! si un choix doit être fait, je pense qu'il faut privilégier les plus modestes. Cela dit, le régime indemnitaire permet aussi de récompenser le fait d'assumer des responsabilités importantes au sein d'une collectivité territoriale.

Quelle a été la dernière mission qui vous a le plus intéressée dernièrement ?
Oh ! il y en a plusieurs, mais je choisirai l'élaboration du schéma départemental d'élimination des matières de vidanges et des sous-produits de l'assainissement.
Il y a plusieurs milliers d'installations concernées. C'est pourquoi mon chef de service m'a chargée, en collaboration avec mon collègue du service assainissement non collectif, de rédiger un cahier des charges pour qu'une étude puisse être réalisée par un prestataire extérieur afin d'élaborer ce schéma.

Vous avez réalisé ce travail à deux ?
Non. Nous avons constitué un groupe de travail afin de faire les meilleurs choix possibles. Il y avait des représentants de l'ADEME, de l'Agence de l'eau, du SPANC, des vidangeurs, etc.

Pour quels résultats ?
Il a été décidé que 80 % des matières à vidanger seraient traitées en station d'épuration et 100 % des sables, des produits de curage et des graisses. Mais ces décisions doivent être annexées au plan départemental d'élimination des déchets ménagers.

Pourquoi, vu votre diplôme, ne pas avoir passé le concours de technicien au lieu de celui de contrôleur ?
Tout simplement parce que le premier concours programmé à l'époque par le CNFPT était celui de contrôleur. Comme mon métier me passionnait et me passionne toujours autant, j'ai préféré tenir que courir, car j'étais contractuelle. Et comme j'ai été reçue, mon métier et ma vie de famille ont fait que je n'ai plus eu le temps jusqu'à aujourd'hui de présenter un concours ou un examen.

Comment définiriez-vous la qualité ?
La qualité est une mesure sur une échelle de valeurs objectives. Je veux dire qu'il faut d'abord définir des critères vérifiables quand on veut mesurer, par exemple, la qualité de l'eau ou d'un agent, ou d'une structure.

Ensuite, il faut se demander quelle qualité on veut atteindre. Et enfin, il est possible de mesurer.

Et la sur-qualité ?
Eh bien ! c'est justement quand le curseur a été placé trop haut. Dimensionner exagérément une station d'épuration par exemple.

Pourriez-vous nous donner trois verbes qui définissent selon vous le management ?
Impulser.
Encadrer.
Décider.

Si vous ne pouviez être nommée dans quelques années sur le poste de votre chef, que feriez-vous ?
C'est une question difficile, car j'aime mon travail et je ne souhaite pas le quitter, sans parler de ma vie de famille. D'un autre côté, je pense que dans cinq ans j'aurais envie d'avoir plus de responsabilités qu'actuellement. Je pense donc que je postulerais ailleurs au sein du département ou dans une autre collectivité sans toutefois devoir trop m'éloigner de mon domicile.
Par exemple, je pourrais postuler sur un emploi de responsable du service voirie dans une commune. C'est un poste qui m'intéresserait, car je pourrais utiliser mes compétences et en acquérir de nouvelles. De plus...

Ah ! Pardonnez-nous de vous interrompre, mais le minuteur vient de retentir.
Au revoir madame.
Au revoir messieurs.

Analyse : Au cours de cet entretien, la candidate démontre qu'elle possède les qualités d'un technicien principal de 1re classe.
Sa présentation est claire, structurée, précise.
Durant les échanges, on l'imagine à l'aise, ne serait-ce que parce que son expression est correcte, fluide. Elle emploie les bons termes, utilise des phrases courtes.
Sur le fond, elle démontre qu'elle connaît le patrimoine qu'elle a à gérer. Elle se présente également comme un manager à l'écoute de ses agents, mais sans pour autant refuser ses responsabilités. Elle n'oublie pas de mentionner les acteurs avec lesquels elle travaille, au sein du conseil général comme à l'extérieur. Enfin, elle n'hésite pas à s'engager sur des questions qui pourraient mettre en difficulté plus d'un candidat.
On peut penser que n'importe quel jury serait convaincu des qualités professionnelles de cette candidate pour assumer les fonctions d'un technicien principal de 1re classe.

Annexe : les programmes officiels par spécialités

L'arrêté du 15 juillet 2011 fixe le programme des épreuves des concours et des examens professionnels pour l'accès au grade de technicien, technicien principal de 2e classe et technicien principal de 1re classe du cadre d'emplois des techniciens territoriaux.

Spécialité : Bâtiments, génie civil

Construction et bâtiment

Connaissances de base :
Cadre réglementaire et institutionnel :
- connaissance des principaux textes réglementaires et normatifs ;
- l'acte de construire : rôle, obligations et responsabilités des intervenants, procédures administratives relatives aux travaux, assurances ;
- notions générales sur les règlements de la construction et normes en vigueur ;
- réglementations applicables dans les établissements recevant du public ;
- notions de marchés publics.

Aspects généraux :
- sols et fondations ;
- notions sur la résistance des matériaux des structures : règlements de calcul, prédimensionnement ;
- technologies, matériaux, maintenance et normes en vigueur de tous les corps d'état du gros œuvre et du second œuvre ; notions générales sur les équipements : courants forts, courants faibles, chauffage, ventilation, climatisation, éclairage, circulation des fluides ;
- lecture de plans et métré.

Hygiène, santé et sécurité :
- étude des risques ;
- l'arbre des causes ;
- élaboration de procédures appliquées sur les chantiers de bâtiments.

Ingénierie :
Programmation : faisabilité et pertinence des opérations, notion de coût global, approche qualité et développement durable dans les constructions ;
Réalisation de projet : dispositions constructives, choix de matériaux et équipements, élaboration de pièces techniques contractuelles, rédaction de descriptifs, estimation des coûts de construction ;
Organisation et suivi des chantiers de bâtiment.
Organisation et gestion de service :
Gestion d'un service et encadrement ;
Organisation d'un service bâtiment ;
Conduite d'opération : organisation de la maîtrise d'ouvrage et de la maîtrise d'œuvre ;
Gestion de patrimoine : organisation des contrôles et entretiens réglementaires ;
Conduite de dossier.

Génie climatique

Connaissances de base :
Cadre réglementaire et institutionnel :
- connaissance des principaux textes réglementaires et normatifs ;
- réglementation thermique ;
- règles sanitaires liées aux installations de génie climatique ;
- réglementations applicables dans les établissements recevant du public ;
- équipement de travail ;
- notions de marchés publics.

Aspects généraux :
Énergétique : les énergies et les fluides ; thermique bâtiment ;
Bâtiment : technologies, matériaux, maintenance et normes en vigueur de tous les corps d'état du second œuvre ;
Chauffage, ventilation, climatisation ;
Notions de courants forts, courants faibles et éclairage.
Hygiène, santé et sécurité :
- étude des risques ;
- l'arbre des causes ;
- connaissance des procédures appliquées sur les chantiers de bâtiments.

Ingénierie :
Énergie : production, transport et consommation, approche qualité et développement durable, utilisation des énergies renouvelables ;

Bâtiments : diagnostic thermique, conception en termes de coût global, optimisation de la consommation énergétique, outils domotiques ;
Conception et prédimensionnement des installations climatiques ;
Gestion des consommations : chauffage, climatisation, électricité, eau, téléphone, carburants ;
L'apport de la gestion et maintenance assistée par ordinateur et de la gestion technique centralisée.
Organisation et gestion de service :
Gestion d'un service et encadrement ;
Organisation d'un service énergie ;
Analyse des coûts et raisonnement en coût global ;
Gestion financière et comptable : comptabilité analytique et coût global ;
Conduite de dossier.

Spécialité : Réseaux, voirie et infrastructures

Connaissances de base :
Cadre réglementaire et institutionnel :
- connaissance des principaux textes réglementaires et normatifs ;
- documents d'urbanisme, de protection et de valorisation de l'environnement ;
- notions de marchés publics.

Aspects généraux :
- sols et fondations : notions de géologie, de géotechnique et de mécanique des sols ;
- ouvrages d'art : notions sur les types d'ouvrages et leur prédimensionnement.

Réseaux divers :
- notions d'hydraulique et d'hydraulique des sols ;
- évacuation des eaux pluviales : réglementation et techniques.

Ingénierie :
Conception et réalisation de la voirie et des réseaux :
- élaboration de projet à partir des données de trafic, d'environnement, de sécurité et d'économie ;
- éléments topographiques et géométriques de calculs de tracés pour voirie, réseaux et espaces publics, pour tous modes de déplacements ;
- conception géométrique d'aménagement des voies et des carrefours ;
- structures de chaussée : dimensionnement ;
- terrassements, déblais, remblais : exécution et types de matériel ;
- matériaux utilisés en voirie et en réseaux : provenance, caractéristiques, conditions de mise en œuvre et d'utilisation ;
- organisation des chantiers, planification et phasage des travaux ;
- coordination des interventions et occupation du domaine public.

Équipements de la voirie :
- signalisation routière, signalisation des chantiers ;
- éclairage public ;
- mobiliers urbain et routier ;
- équipements de sécurité.

Organisation et gestion de service :
Gestion d'un service et encadrement.
Suivi et exploitation du patrimoine de voirie :
- programmation de l'entretien du patrimoine ;
- surveillance, contrôle et entretien des voiries et des équipements ;
- traitement hivernal et nettoiement des voies.

Conduite de dossier.
Routes et chemins : terminologie, technologie, technique de construction.
Domaine public. Conservation et police des routes et chemins.
Prévention des accidents.

Spécialité : Prévention et gestion des risques, hygiène, restauration

Sécurité et prévention des risques

Connaissances de base :
Cadre réglementaire et institutionnel :
- connaissance des principaux textes réglementaires et normatifs ;
- connaissance des acteurs institutionnels et des enjeux de la sécurité et de la prévention des risques ;
- notions de marchés publics ;
- autorités de police, pouvoirs et obligations de mise en œuvre ;
- connaissance du territoire : inventaire des risques naturels et technologiques, implication des différents services ;
- information et communication écrite et orale, interne et externe.

Connaissances générales :
- connaissances de base en chimie organique et inorganique, toxicologie et écotoxicologie, biologie, microbiologie ;
- connaissances environnementales et sanitaires des milieux naturels : air, eau, sols et autres écosystèmes ;
- connaissances de géologie générale et appliquée, hydrologie, géomorphologie ;
- connaissances des matériaux, des produits et gestion des déchets des activités : propriétés physiques et chimiques ; mise en œuvre : consignes d'utilisation de transport, de stockage, de manutention des procédés.

Dangers et intoxications potentiels et accidentels :
- nature des expositions physiques et matériels ;
- risques environnementaux, sanitaires, chimiques, biologiques.

Ingénierie :
Méthodes d'analyse et de traitement des risques : applications aux risques naturels et technologiques ;
Méthodes d'évaluation et grilles d'acceptabilité. Application aux risques environnementaux, sanitaires, toxiques, chimiques : incendies, catastrophes naturelles, évolution des produits et matériaux ;
Réalisation de documents de référence : études d'impact, plans d'intervention, documents d'information et communication sur les risques ;
Mobilisation des acteurs internes et externes requis dans les réglementations ;
Normes applicables aux équipements, produits et activités des secteurs publics et privés ;
Documentation juridique et technique ;
Politiques de prévention et culture du risque.

Organisation et gestion de service :
Gestion d'un service et encadrement ;
Conduite de dossier.

Hygiène, laboratoires, qualité de l'eau

Connaissances de base :
Cadre réglementaire et institutionnel :
- connaissance des principaux textes réglementaires et normatifs ;
- connaissance des acteurs institutionnels ;
- notions de marchés publics.

Chimie, microbiologie, immunologie, risques sanitaires, hygiène des milieux.
Données fondamentales de ces disciplines appliquées aux activités du domaine : les eaux, l'environnement, l'agroalimentaire, les diagnostics biologiques.
Maîtrise et interprétation des données fondamentales issues de laboratoires et autres mesures pour réaliser les documents techniques :
- diagnostics, études des risques environnementaux et sanitaires ;
- études des impacts sur les milieux et les populations ;
- validations des mesures, interprétation et communication ;
- culture de prévention par les suivis scientifiques et techniques des milieux.

Ingénierie :
Techniques de base :
- prélèvements ;
- analyses chimiques ;
- analyses microbiologiques : bactériologie, virologie, parasitologie ;
- analyses immunologiques ;
- mesures de terrain : méthodes, outils, interprétations.

Statistiques appliquées aux analyses, notions de base :
- définition et objectifs des outils statistiques ;
- les tests statistiques simples ;
- les normes ISO et autres référentiels.

Métrologie pratique de laboratoire et des méthodes de mesures et observations :
- introduction à la métrologie ;
- métrologie et respect des normes : appareil, mesures et analyses.

Estimation des incertitudes :
- l'incertitude associée à une mesure issue d'un appareil ;
- applications pour les masses, les températures et les volumes.

Hygiène et sécurité des biens et des personnes : en situation normale, en cas de crise :
- les agents des services ;
- les populations.

Organisation et gestion de service :
Gestion d'un service et encadrement ;
Assurance qualité, démarche qualité ;
Conduite de projet.

Déchets, assainissement

Connaissances de base :

Cadre réglementaire et institutionnel :

- connaissance des principaux textes réglementaires et normatifs, relatifs à l'option ;
- connaissance des acteurs institutionnels ;
- notions de marchés publics ;
- les services publics locaux : définition, organisation, mode de gestion.

Physique, chimie, microbiologie, risques sanitaires, hygiène des milieux.

Données fondamentales de ces disciplines appliquées au domaine : les déchets, les eaux usées, l'environnement.

Ingénierie :

Les déchets et les eaux usées : leur collecte, leur traitement, leur élimination et leur valorisation ;

Éléments techniques, technologiques, économiques, sociologiques, environnementaux : impacts sur les milieux et les populations ;

Interprétation des analyses ;

Données économiques : financement et coût des services ;

Hygiène et sécurité des biens et des personnes.

Organisation et gestion de service :

Gestion d'un service et encadrement ;

Assurance qualité, démarche qualité ;

Conduite de dossier lié à l'option.

Sécurité du travail

Connaissances de base :

Cadre réglementaire et institutionnel :

- connaissance des principaux textes réglementaires et normatifs ;
- connaissance des acteurs institutionnels ;
- notions de marchés publics ;
- réglementation applicable aux collectivités territoriales, en matière de sécurité au travail ;
- obligations de l'employeur public : mise en place d'une politique de prévention des risques professionnels efficace et continuellement réévaluée. Fonctionnement des acteurs internes : autorité, encadrement, ACMO, ACFI, comité technique paritaire, commission d'hygiène et sécurité, agents ;
- information et communication orale et écrite, interne et externe.

Connaissances générales :

- notions de base en chimie, toxicologie et écotoxicologie ;
- connaissance et identification des dangers : conditions climatiques, bruits, rayonnements, vibration, travail en hauteur, utilisation de produits chimiques ;
- connaissance des matériaux, des produits et des procédures de travail : propriétés physiques et chimiques : mise en œuvre : consignes d'utilisation, de manutention, de stockage ;
- élaboration et mise en place de procédures de travail ;
- accidents de travail et maladies professionnelles : dangers susceptibles de porter atteinte à l'agent dans son travail, risques encourus : risques chimiques, chute de hauteur, mécanique, électrique ;
- moyens de prévention.

Ingénierie :

Analyse, évaluation des activités de travail :

- conception des locaux et des situations de travail mobiles et secondaires : ergonomie, facteurs d'ambiance, moyens de protection collectifs et individuels ;
- recensement des risques professionnels ;
- planification des moyens de prévention.
- Organisation de la prévention des risques professionnels :
- mise en place des mesures de prévention et contrôle de leur efficacité ;
- habilitations, certifications et normes.

Mobilisation des acteurs internes et externes.

Organisation et gestion de service :

Gestion d'un service et encadrement ;

Conduite de dossier.

Restauration

Les formules de restauration.

Les concepts de production.

Les produits.

L'organisation et l'approvisionnement.

L'organisation des locaux et les matériels.

L'organisation du travail et du contrôle.

Les modes de cuisson.

L'hygiène et la prévention générales en matière de restauration.

L'ergonomie et le secourisme liés à ce secteur d'activité.

Spécialité : Aménagement urbain et développement durable

Environnement architectural

Connaissances de base :
Connaissance des principaux textes réglementaires et normatifs.
Les collectivités territoriales et leurs compétences.
L'histoire de la ville :
- ville historique et ville contemporaine ;
- notions sur le patrimoine architectural et urbain.

Notions juridiques sur le droit de l'urbanisme et de la construction :
- les différentes échelles de la planification urbaine, du schéma de cohérence territoriale au plan local d'urbanisme ;
- les procédures d'urbanisme opérationnel ;
- l'application du droit des sols, permis de construire, certificat d'urbanisme... ;
- politiques de renouvellement urbain et de réhabilitation des centres anciens ;
- notions de base sur la fiscalité de l'urbanisme.

Notions de marchés publics.
Ingénierie :
Qualité architecturale et urbaine :
- morphologie du bâti ;
- notions de qualité architecturale ;
- mise en œuvre traditionnelle ou contemporaine des matériaux ;
- réhabilitation de l'habitat existant.

Qualités environnementales et paysagères :
- insertion paysagère du bâti ;
- habitat et environnement : maîtrise des nuisances urbaines.

La ville et ses habitants :
- la mixité sociale et la prise en compte des besoins spécifiques des différentes populations : personnes âgées, enfants, personnes à mobilité réduite... ;
- notions d'élaboration d'un programme d'aménagement : abords d'un bâtiment public, espace public, cheminements piétons.

Systèmes d'information géographique :
- notions de base sur les SIG et leur utilisation dans la planification urbaine ;
- utilisation et lecture de documents cartographiques.

Organisation et gestion de service :
Gestion d'un service et encadrement ;
Gestion financière et comptable : comptabilité analytique et coût global ;
Conduite de projet.

Génie urbain

Connaissances de base :
Cadre réglementaire et institutionnel :
- connaissance des principaux textes réglementaires et normatifs ;
- connaissance des acteurs institutionnels ;
- notions de marchés publics.

Les différentes échelles de la planification urbaine, du schéma de cohérence territoriale (SCOT) au plan local d'urbanisme (PLU), les procédures d'urbanisme opérationnel.
L'application du droit des sols, permis de construire, certificat d'urbanisme...
Notions de maîtrise d'ouvrage publique.
Ingénierie :
Projet urbain :
- prise en compte de la qualité urbaine et paysagère dans les projets urbains ;
- le projet d'aménagement : les étapes de la conception, prise en compte des besoins des utilisateurs, site propre, circulation spécifique : bus, cycles... ;
- notions de base sur l'accessibilité aux personnes à mobilité réduite ;
- qualité des matériaux et matériels utilisés : mobilier urbain, sols, éclairage... ;
- utilisation d'éléments naturels : eau, végétation, plantations... ;
- la notion de sécurité liée aux aménagements : normes, identification et prévention des risques, sécurité routière, chantier propre... ;
- traitement des entrées de villes : pollution visuelle et sonore, aménagements urbains et paysagers ;
- études d'impact ;
- notions de base d'écologie urbaine : les implications concrètes du développement durable dans les projets d'aménagement ;
- les différents types de nuisances générés par un aménagement ou une infrastructure : route, transport, autres réseaux : définitions de base sur les indicateurs bruit, qualité de l'air... ;

– le contenu technique de l'étude d'impact d'un projet d'aménagement.
Génie urbain :
– les composantes du génie urbain : concevoir, réaliser et gérer des réseaux urbains ;
– la prise en compte des réseaux dans la planification urbaine, à l'échelle des SCOT, des PLU et de l'urbanisme opérationnel ;
– notions de base sur les systèmes d'informations géographiques et leur utilisation dans la gestion de réseaux et l'aménagement urbain, aux différentes échelles de projet.
Organisation et gestion de service :
Gestion d'un service et encadrement ;
Communication : actions de sensibilisation, réunions publiques, concertation ;
Gestion financière et comptable : comptabilité analytique et coût global ;
Conduite de projet.

Spécialité : Déplacements, transports

Connaissances de base :
Cadre réglementaire et institutionnel :
– connaissance des principaux textes réglementaires et normatifs ;
– les fonctions urbaines ;
– définition d'une politique de déplacements ; plan de déplacements urbains, loi SRU ;
– les différents acteurs : État, collectivités locales, associations, usagers ;
– la réglementation et les pouvoirs de police ;
– élaboration des plans de déplacements : enquêtes, prévision de trafic ;
– notions de marchés publics.
Transports publics urbains et non urbains :
– contexte institutionnel et réglementaire : autorités organisatrices, entreprises... ;
– composantes économiques et sociales ;
– études de transports ;
– techniques des transports publics : organisation, exploitation, matériel, information... ;
– compétence transport ferroviaire dans les régions.
Ingénierie :
Recueil des données.
Organisation des déplacements.
Conception et évaluation des aménagements :
– les caractéristiques géométriques ;
– les carrefours.
Théorie de l'accessibilité urbaine :
– la prise en compte des piétons, des personnes à mobilité réduite, des deux roues (vélos et motos), des transports en commun.
Stationnement, transports de marchandises, livraisons.
La sécurité des déplacements - politique locale de sécurité routière.
La signalisation routière :
– la signalisation de police ;
– la signalisation horizontale ;
– la signalisation de jalonnement.
La signalisation tricolore et la régulation du trafic.
Les contraintes liées aux travaux :
– les itinéraires de déviations ;
– la signalisation temporaire.
Information des usagers.
Systèmes d'information géographique (SIG).
Organisation et gestion de service :
Gestion d'un service et encadrement ;
Entretien et mise aux normes des équipements ;
Communication : actions de sensibilisation, réunions publiques, site internet... ;
Conduite de dossier.

Spécialité : Espaces verts et naturels

Paysages, espaces verts
Connaissances de base :
Cadre réglementaire et institutionnel :
– connaissance des principaux textes réglementaires et normatifs ;
– connaissance des acteurs institutionnels ;
– notions de marchés publics ;
– connaissance des documents d'urbanisme, des programmes d'aménagement et d'équipement.

Connaissances générales :
- botanique, physiologie végétale : reproduction, développement, reconnaissance, association végétale ;
- pédologie, hydrologie : constituant, propriétés du sol, besoin et rétention d'eau dans le sol ;
- histoire des jardins ;
- diagnostic et prévention des pathologies végétales.

Ingénierie :

Techniques d'horticulture et de travaux :
- production végétale : floriculture et pépinière, arboriculture ;
- agronomie : irrigation, drainage, travail de serre, fertilisation et protection des cultures, traitement phytosanitaire ;
- gestion du patrimoine technique et du vivant : arbres, aires de jeux, eau... ;
- entretien et maintenance des équipements sportifs.

Aménagement paysager :
- analyse et diagnostics des espaces publics et des besoins des usagers ;
- intégration des paysages et espaces verts dans le projet urbain ;
- élaboration d'un projet paysager, notions de voirie et réseaux divers ;
- coordination des travaux paysagers et sécurité des chantiers ;
- plans de gestion durable et différenciée des espaces jardinés, agricoles, naturels et de loisirs ;
- valorisation des ressources naturelles : eau, déchets verts et traitement des pollutions.

Organisation et gestion de service :

Gestion d'un service et encadrement ;

Relations aux usagers des espaces publics. Animation et sensibilisation ;

Conduite de projet.

Espaces naturels

Connaissances de base :

Cadre réglementaire et institutionnel :
- connaissance des principaux textes réglementaires et normatifs ;
- connaissance des acteurs institutionnels ;
- notions de marchés publics ;
- protections, préservations, ouverture au public, valorisations économiques et sociales des milieux et des espaces naturels et paysagers ;
- connaissance des documents d'urbanisme et des règlements spécifiques sur les zones urbaines, périurbaines et rurales ;
- politiques contractuelles nationales, régionales, départementales et locales.

Connaissances scientifiques :
- botanique, zoologie et phytosociologie ;
- géologie, pédologie, hydrologie et hydraulique ;
- les notions d'habitats pour les flores et les faunes locales et importées :
- diversité des écosystèmes ruraux et urbains naturels et créés ;
- écosystèmes ruraux remarquables et ordinaires ;
- écosystèmes littoraux et lacustres remarquables et ordinaires ;
- valorisation des espèces végétales et animales locales ;
- approche sanitaire de la flore et de la faune.

Connaissance des statuts, missions et fonctionnement des organismes spécifiques dans la gestion des espaces naturels :
- collectivités territoriales ;
- établissements publics de l'État ;
- autres établissements publics locaux ;
- associations.

Ingénierie :

Méthodes d'expertise faunistique et floristique d'espaces urbains, ruraux et naturels ;

Diagnostics écologiques et paysagers des espaces à aménager : entités paysagères, circulations, patrimoine naturel, agricole, urbain ;

Schéma directeur paysager et plans de gestion durable des espaces agricoles, naturels et aménagés : élaboration des documents de références, objectifs, préconisations, évaluation ;

Maîtrise des techniques douces et alternatives pour l'entretien et la restauration des espaces et des paysages ;

Stratégie des modes de maîtrise et de gestion en régie, convention, contrats, marchés ;

Cartographie des paysages et des espaces naturels ;

Communication scientifique et technique.

Organisation et gestion de service :

Gestion d'un service et encadrement ;

Conduite de projet ;

Création d'équipements et de services d'éducation à l'environnement des espaces verts.

Spécialité : Ingénierie, informatique et systèmes d'information

Systèmes d'information et de communication

Connaissances de base :

Cadre réglementaire et institutionnel :

- connaissance des principaux textes réglementaires et normatifs relatifs à l'option : droits du citoyen (CNIL), droit d'auteur, propriété intellectuelle, directives européennes, lois et décrets appliqués aux champs de l'informatique et systèmes d'information ;
- connaissance des acteurs institutionnels ;
- notions de marchés publics.

Concepts et notions de système d'information.

Principes généraux d'architecture matérielle et logicielle.

Système de gestion de bases de données.

Logiciels, progiciels et applicatifs.

Ingénierie :

Langages de programmation - algorithmique.

Conception, intégration d'application :

- méthodes, normes, outils de développement et maintenance applicative ;
- applications métiers.
- Internet :
- dématérialisation, gestion électronique des documents, travail collaboratif, coopératif... ;
- services de l'internet dans l'administration : téléprocédures, téléservices : standards et normes d'échange ;
- l'informatique au service de l'usager citoyen.

Connaissance des outils de la communication écrite et numérique de la PAO et de l'internet.

Gestion et maintenance des infrastructures techniques.

Assistance fonctionnelle et technique aux services et aux utilisateurs.

Organisation et gestion de service :

Gestion d'un service et encadrement ;

Administration, sécurité et qualité de service ;

Conduite de projet.

Réseaux et télécommunications

Connaissances de base :

Cadre réglementaire et institutionnel :

- connaissance des principaux textes réglementaires et normatifs relatifs à l'option : droits du citoyen (CNIL), droit d'auteur, propriété intellectuelle, directives européennes, lois et décrets appliqués aux champs de l'informatique et systèmes d'information ;
- connaissance des acteurs institutionnels ;
- notions de marchés publics.

Concepts de base et architecture réseau local, d'entreprise, global, topologie.

Matériel actif de réseau : adressage, acheminement, routage, commutation, qualité de service.

Normes réseaux et supports de transmission associés :

- couches réseaux, liaisons... ;
- systèmes de transmission, infrastructure, câblage et connectique ;
- fibre optique et réseaux métropolitains ;
- technologie des réseaux : filaires, sans fils...

Ingénierie :

Réseaux publics et réseaux constructeurs, réseaux haut débit ;

Théorie générale en radiocommunications, normes et standards ;

Convergence voix-données : téléphonie, l'exploitation et l'administration : du réseau téléphonique, de la messagerie vocale, de la vidéotransmission, systèmes dédiés PABX... ;

Internet, aspects techniques : protocoles et services ;

Maintenance et sécurité des réseaux : aspects techniques, mise en place des outils et contrôle, mesure de performance ;

Administration, contrôle, suivi des ressources, ingénierie des réseaux : modélisation, cahier des charges... ;

Gestion et maintenance des infrastructures techniques.

Organisation et gestion de service :

Gestion d'un service et encadrement ;

Sensibilisation des services et utilisateurs à la sécurité du travail en réseau ;

Conduite de dossier.

Spécialité : Services et interventions techniques

Ingénierie, gestion technique

Centres techniques.

Connaissances de base :
Cadre réglementaire et institutionnel :
- connaissance des principaux textes réglementaires et normatifs ;
- les obligations de l'employeur en matière d'hygiène et de sécurité ;
- réglementations applicables dans les établissements recevant du public ;
- les contrôles réglementaires périodiques concernant les bâtiments, les équipements de travail et les matériels ;
- notions de marchés publics.
Aspects généraux :
- notions générales sur les technologies et matériaux mis en œuvre dans les parcs et ateliers, dans la maintenance des bâtiments, des espaces publics, de la voirie et des réseaux ;
- prescriptions techniques applicables à l'utilisation des équipements de travail.
Hygiène, santé et sécurité :
- étude des risques, consignes générales, fiches de poste ;
- l'arbre des causes ;
- élaboration de procédures.
Ingénierie :
Principes de l'organisation, de l'ordonnancement et de la gestion de la production ;
L'approche qualité ;
Les moyens de coordination et de planification ;
L'élaboration de pièces techniques contractuelles.
Organisation et gestion de service :
Gestion d'un service et encadrement ;
Organisation d'un service technique et d'un centre technique ;
Gestion financière et comptable : comptabilité analytique et coût global ;
Notions de contrôle de gestion ;
Conduite de dossier.

Logistique et maintenance
Connaissances de base :
Cadre réglementaire et institutionnel :
- connaissance des principaux textes réglementaires et normatifs ;
- les obligations de l'employeur en matière d'hygiène et de sécurité ;
- réglementations applicables dans les établissements recevant du public ;
- les contrôles réglementaires périodiques concernant les bâtiments, les équipements de travail et les matériels ;
- notions de marchés publics.
Aspects généraux :
- courant fort, courant faible et réseaux : appareillage électrique, réseaux de distribution, installations provisoires ;
- automatismes : analyse fonctionnelle d'automatismes, régulation, asservissement et suivi, diagnostic de dysfonctionnement et processus de contrôle.
Hygiène, santé et sécurité :
- étude des risques, consignes générales, fiches de poste ;
- l'arbre des causes ;
- élaboration de procédures.
Ingénierie :
Problématique générale et stratégies de la maintenance : entretien préventif, curatif ;
Établissement d'un programme d'entretien ;
L'approche qualité appliquée à la maintenance ;
Les contrats d'entretien, contrats de services, contrats de contrôle technique ;
L'élaboration de pièces techniques contractuelles ;
L'évaluation de la qualité de travail des prestataires ;
L'apport de la gestion et maintenance assistée par ordinateur et de la gestion technique centralisée ;
La maintenance technique appliquée aux parcs automobiles et centres techniques ;
La maintenance des constructions.
Organisation et gestion de service :
Gestion d'un service et encadrement ;
Organisation d'un service logistique et maintenance ;
Gestion financière et comptable : comptabilité analytique et coût global ;
Gestion des stocks ;
Conduite de dossier.

Mécanique-électromécanique
Systèmes de fabrication.
Systèmes de montage et d'assemblage.

Techniques d'assemblage.
Agencement et gestion des outillages de coupe.
Agencement et gestion des outillages d'installation de produit.
Sécurité, conditions du travail, ergonomie.
Mesures électriques, usage des appareils.
Notions sur les ouvrages.
Production et transport d'énergie en haute tension et basse tension, postes de transformation, tableaux de distribution, dynamos et alternateurs moteurs ; connexions des moteurs, redresseurs et convertisseurs, monte-charge, installations d'éclairage.

Imprimerie
La chaîne graphique (processus de fabrication d'un produit imprimé).
Les matières premières et matières consommables :
- encres (caractéristiques, composition et fabrication des encres) ;
- support (composition et fabrication du papier) ;
- blanchets.

Forme imprimante (différents types de forme imprimante, confection/montage, repérage, calage, fixation, contrôle de positionnement de l'élément imprimant).
Les procédés d'impression.
Les procédés de transformation (exemple : tracés de coupe, perforation, pliage).
Le contrôle de qualité (conformité des couleurs, conformité de la maquette, contrôles relatifs aux encres, vernis et adjuvants).
Informatique (logiciels de contrôle de qualité, de surveillance et de maintenance, gestion de production assistée par ordinateur).
Gestion de production :
Plannings (général, de charge, d'approvisionnement, de maintenance) ;
Cahier des charges ;
Processus de fabrication : choix et méthodes ;
Gestion des stocks : manuelle, informatisée.
Ergonomie/hygiène et sécurité :
Ergonomie du poste de travail ;
Normes.

Spécialité : Métiers du spectacle

Connaissances de base relatives aux métiers du spectacle
Cadre réglementaire et institutionnel :
- connaissances des principaux textes réglementaires et normatifs ;
- connaissance des acteurs institutionnels ;
- notions de marchés publics.

Connaissance des formes et structures du spectacle vivant.
Maîtrise du vocabulaire et des termes techniques des techniciens du spectacle.
Connaissance de base des organismes de reproduction et de perception des droits directs, voisins et indirects en matière d'image, son, scénographie, arts visuels.
Connaissances de base sur la résistance des matériaux.
Modalités de gestion et de production d'un spectacle : les licences d'entrepreneurs de spectacle, notions d'employeur occasionnel, régimes des salariés.
Hygiène et sécurité :
- sécurité et électricité. Les différentes habilitations électriques ;
- la sécurité incendie dans les établissements recevant du public : protection des personnes et des biens, acteurs institutionnels. Plan d'urgence ;
- la sécurité des manifestations extérieures : chapiteaux, tentes, structures, feux d'artifices... ;
- sécurité des agents au travail. Les équipements de protection individuels. Les règles de sécurité du travail en hauteur ;
- le registre de sécurité ;
- la responsabilité du technicien et des autres acteurs.

Ingénierie :
Maîtrise théorique et pratique des outils et techniques dans les domaines de la sonorisation, de la lumière, de la machinerie, des structures métalliques et composites, de l'acoustique, de la scénographie et des techniques de production image : vidéo... ;
Interprétation et adaptation d'une fiche technique ;
La scénographie dans les établissements recevant du public ;
Conditions de maintenance, de gestion et d'exploitation des salles. Le plan de feu ;
Traduction de la commande artistique en projet technique ;
Gestion et maintenance du parc matériel et des locaux d'exploitation.
Organisation et gestion de service :